16	3	2	13
5	10	11	8
9	6	7	12
4	15	14	1

COLEÇÃO
TODOS OS
CANTOS

Goli Guerreiro

A TRAMA
DOS TAMBORES

A MÚSICA AFRO-POP
DE SALVADOR

GRUPO PÃO DE AÇÚCAR

editora 34

EDITORA 34

Editora 34 Ltda.
Rua Hungria, 592 Jardim Europa CEP 01455-000
São Paulo - SP Brasil Tel/Fax (11) 3816-6777 www.editora34.com.br

Edição conforme o Acordo Ortográfico da Língua Portuguesa.

Imagem da capa:
Carlinhos Brown e a Timbalada no carnaval de Salvador

Imagem da 4ª capa:
Daniela Mercury e dançarinas do Ilê Aiyê

Capa, projeto gráfico e editoração eletrônica:
Bracher & Malta Produção Gráfica

Revisão:
Adrienne de Oliveira Firmo
Alexandre Barbosa de Souza
Cide Piquet

1ª Edição - 2000, 2ª Edição - 2010

Catalogação na Fonte do Departamento Nacional do Livro
(Fundação Biblioteca Nacional, RJ, Brasil)

Guerreiro, Goli
G386t   A trama dos tambores: a música afro-pop de
Salvador / Goli Guerreiro; prefácio de José Carlos
Capinan — São Paulo: Ed. 34, 2000.
320 p. (Coleção Todos os Cantos)

Inclui discografia e bibliografia.

ISBN 978-85-7326-175-2

1. Música popular - Salvador, BA - Brasil.
I. Capinan, José Carlos. II. Título. III. Série.

CDD - 780.9

LEI DE
INCENTIVO
À CULTURA

MINISTÉRIO
DA CULTURA

A TRAMA DOS TAMBORES

A MÚSICA AFRO-POP DE SALVADOR

Parte IV
CARNAVAL: A FESTA DOS RITMOS

Apêndice
A LINGUAGEM DO SAMBA-REGGAE

A TRAMA DOS TAMBORES

A MÚSICA AFRO-POP DE SALVADOR

para Vladi

AGRADECIMENTOS

A minha mãe amada, a minhas irmãs queridas, à memória de meu pai e a toda a minha família, pelo apoio e afeto. Meu muito obrigada a todos os personagens do meio musical de Salvador que me concederam entrevistas, todas elas valiosas. Aos meus amigos e amigas pela torcida. A todos os colegas que colaboraram com o trabalho com leituras, sugestões e troca de figurinhas. A Tárik de Souza pela atenção preciosa. E ao CNPq pela bolsa de doutorado que financiou a pesquisa que serviu de base para este livro.

Goli Guerreiro

PREFÁCIO

Com essa dinâmica processual de "entra em beco, sai em beco", *A trama dos tambores*, de Goli Guerreiro, percorre literalmente a cidade da Bahia, no tempo e no espaço, nos levando a desvendar a extensa rede tecida pelos inúmeros atores da cena afro-pop no meio musical da Bahia, explorando múltiplas variáveis e nos envolvendo em revelações históricas, minuciosas reconstruções, orquestrando fatos, conceitos e atitudes, num belo concerto de informações e toques que nos transformam num elétrico leitor da manifestação cultural brasileira que mais tem desconcertado a crítica, sobretudo porque parece uma natural, caótica e desenraizada manifestação coletiva de prazer e arte.

Organizado por um modelo acadêmico de pesquisa sobre o objeto de seu estudo, o seu enredo vai descontruindo o modelo, na proporção em que percebemos o envolvimento de Goli, acompanhando com o fôlego de entrega de foliã pipoca o desenrolar da trama, o percurso humanizado dos tambores baianos, no grande teatro popular que é a Cidade do Salvador. Goli botou seu coração na mão que toca o tambor do samba-reggae e vai levando o seu leitor aos segredos deste fenômeno cultural contemporâneo, que é a emergência de uma contagiante linguagem musical que entrou na cena regional e mundial, acompanhando o tom e a levada das vogas dominantes nas últimas décadas deste século.

Sua lógica é precisa e bem substanciada. Não defende uma tese. Tece os fios de sua trama acompanhando cada um dos focos com sua presença física antes que intelectual, deixando a verdade se demonstrar através dos testemunhos, que ela exaure com a condição básica que o carnaval baiano requer: cumplicidade e tesão. E assim, de capítulo em capítulo, apresenta e faz existir seus personagens, acompanhando o percurso que fizeram da cozinha para a sala de estar, dos guetos ao grande palco do show mundial, animado pela *world music*.

Seu livro é um instrumento inventivo e dinâmico, como o próprio mundo da percussão que o inspira, e vai deixar o investigador ou o interessado mergulhado na vasta variedade dos ritmos, melodias e sonoridades, gozando a intimidade dos processos formativos, sentindo a respiração de seus atores, acompanhando o movimento deste corpo aparentemente anônimo, desencadeado pelo desejo de evoluir da periferia ao centro, ocupando os espaços vivencial e culturalmente reservados. O que antes soou nos porões dos navios negreiros, nas senzalas, no culto aos orixás e atendia apenas à demanda de etnomusicólogos, ocupou com diversos transes e rótulos o cenário e a mídia, não só determinando o gosto estético nacional como criando um ambiente e uma economia de grande significado.

Essa trama Goli nos deixa ver, recuperando suas fontes. Vai aos terreiros, individualiza as virtudes dos testemunhos, qualifica a história de cada um, e em cada parte deste ensaio vai demonstrando como será o desenlace da vivência que nos propõe. O Ilê Aiyê da Liberdade, o Ara Ketu de Periperi, Malê Debalê de Itapuã, o Olodum do Pelô, Muzenza do Reggae, tudo e todos que enviaram os sinais de uma grande revolução, acontecida aos toques dos tambores que soavam de Itapagipe a Itapoã, passando pelo Pelourinho, tornam-se visíveis. O caldeirão onde o mundo negro-mestiço baiano sincretizou suas manifestações é revelado por este livro que parece arte de uma cúmplice menina de rua, que pode falar do fenômeno que tomou as avenidas e grandes praças do mundo desde a intimidade dos becos, terreiros e guetos, onde deu os primeiros passos para a grande invenção.

Goli visita com jeito de quem é da casa todos esses lugares onde se cria essa arte, reanima as condições próximas e remotas desses artistas guerreiros, indo até a ancestralidade dos tambores, para responder às perplexidades sobre a invenção do ritmo. E assim desvenda cada uma das interrogações que propõe, reduzindo o espaço dos preconceitos sobre o que é samba-reggae. Que batuque é esse que tira de cena a música harmônica e nascida da tradição erudita? Goli conta essa fábula de libertação, revisitando a África, ouvindo a Jamaica, recuperando no testemunho de Neguinho do Samba um longo processo de uma pedagogia da percussão, que clubes negros, afoxés, os blocos de índio, respondendo aos embates das disputas mundiais pela hegemonia cultural do planeta, sustentaram no surdo ou nos tambores.

A antropologia de Goli não está sustentada num instrumento de pesquisa acadêmica. Ela gosta de suingar. Ela tem compromisso com o prazer. E um compromisso que observa os negócios e a tecnologia de ponta que acompanham as transformações estéticas. Visita e conhece as prateleiras dos supermercados culturais. Percebe também a entrada em cena de estreantes personagens que apontam o desconcertante caminho da invenção, com inusitadas formas que a infinita e imprevisível lógica combinatória dos ritmos permite explorar. Carlinhos Brown e mulheres no batuque.

Quem se agarrar ao corpo suado que Goli oferece neste livro não vai se dar mal. Vai pulsar com precisão e alegria nesta festa que ela recriou como forma de entendimento amoroso do carnaval baiano, reconstituído com os suores de quem vai atrás do trio elétrico ou vive aos pés do poeta o gozo pleno dessa fé tão profana. Nas ladeiras do Pelô, na Praça da Sé, na Praça Castro Alves, no funil da avenida, no Campo Grande, em cima dos trios, ela reanima todos os toques e mãos que nos envolvem e abraçam quando experimentamos ser levados por esse oceano de explosões desejosas, orientados apenas pelo impulso dos tambores. *A trama dos tambores* atualiza essas referências, deixando em cena desde as ancestrais mulheres que gestaram esta contemporaneidade nos candomblés até as rainhas de hoje, Margareth, Daniela e Ivete. Seu minucioso corpo a corpo nos põe abadá, nos tira a roupa, esfrega nas cordas, oferece o repertório, as danças. Goli segura o tchan.

Todos estão presentes ao seu banquete. Em seu camarote estão os personagens que você gostaria de ouvir ou percutir com os dedos. Interagem atores empresariais, políticos e as estrelas todas dessa constelação performática. Não há voz baiana ou planetária que não esteja implicada nesta trama. Tudo o que antes soou no marco que se atribui aos inventores do trio elétrico, Dodô, Osmar e Temístocles Aragão, em 1950, remontando aos navios negreiros — naves remotas do samba —, e tudo o que soou após ou durante, na batida da bossa nova, nos toques do tropicalismo mais rebelde e delirante, tendências mundiais e regionais ancestrais e contemporâneas estão aqui nesta grandiosa trama dos tambores.

A Bahia virou Jamaica? Salvador é Kingston ou Dacar? O samba-reggae encerra a infinita combinatória que movimentos e diásporas podem oferecer ao coração dos inventores? Ou esse espírito livre ainda nos apontará outras estações e circunstanciais identidades de um panorama humanamente impossível de acabar? Goli oferece um desfecho propositivo de que o afro-pop produzido em Salvador, em sua imensa variação, é música brasileira, como se confessasse a existência de uma negação. É bem modesta a conclusão de sua busca, embora a resistência reacionária e conservadora que oferecem ao desejo de inserção das novas expressões da invenção popular na cultura brasileira seja historicamente tão real e imensa.

Enfim, sua condição feminina não nos abandonaria sem uma sedutora insinuação à descontínua continuidade deste prazer da criação, deixando em aberto as surpresas que esta grande festa dos ritmos nos pode oferecer.

Imprescindível conhecer esta trama da invenção, tocada pelos tambores.

José Carlos Capinan
Salvador, 2000

Apresentação
DA COZINHA PARA A SALA DE ESTAR

"A cozinha é o lugar onde se prepara o som."

Carol, percussionista

O mundo da percussão é tão vasto quanto a variedade de ritmos, melodias e sonoridades de seus instrumentos. Apesar de sua imensa riqueza, ou talvez por isso mesmo, ele quase sempre esteve distante do foco de análises mais abrangentes. Longe do brilho dos grandes teatros, espaços dominados pela música harmônica e erudita, a percussão popular costumava interessar apenas a etnomusicólogos dispostos a desvendar seus mistérios.

Nas últimas décadas, com a ascensão da música produzida nas Américas, a percussão popular começa a entrar na pauta de músicos pop e de estudiosos de várias áreas. Inventivo e dinâmico, o mundo da percussão vem exercendo seu fascínio, e se afirma como um campo aberto de investigação, anunciando a extrema diversidade deste universo musical, típico de camadas populares dos grandes e pequenos centros, espalhados pelos quatro cantos da Terra.

A trama dos tambores mergulha neste "mundo" para falar sobre a musicalidade afro-baiana, um dos polos mais atraentes da produção artística em Salvador e um dos principais eixos do debate cultural da cidade. Através de sua música, bem ou mal recebida, a Bahia alcança um pico de evidência em todo o país, ao mesmo tempo em que se afirma como uma referência musical no Novo Mundo.

Nos anos 80, o meio musical de Salvador estava tramando um novo movimento. A música percussiva produzida pelos blocos afro — o samba-reggae —, cujas letras celebravam o universo negro, saía das periferias da cidade para ocupar um lugar de destaque na cena musical baiana e não tardaria a aparecer nos cadernos de cultura do país como um criativo polo do mundo da música no Brasil.

A força da linguagem dos tambores influenciou diretamente a musicalidade dos trios elétricos — uma das trilhas carnavalescas do Brasil.

As bandas de trio, atentas ao interesse que a percussão despertava, rapidamente incorporaram o samba-reggae e não demoraram a alcançar projeção nacional com um repertório basicamente montado a partir das composições dos blocos afro mais famosos da Bahia, como Ilê Aiyê, Olodum, Muzenza, Ara Ketu e Malê Debalê. Imprimindo um aparato pop ao samba-reggae, as bandas de trio eletrizaram as canções produzidas nos guetos de Salvador, sem dispensar a percussão de tambor que as identifica.

A mídia batizou a nova música produzida em Salvador de *axé-music*. Axé[1] é um termo ioruba oriundo do candomblé, espaço sagrado de tambores e ritmos. Esta etiqueta cabia tanto para a música dos blocos afro, que utilizavam somente percussão, para fazer samba-reggae, quanto para a música executada em instrumentos harmônicos, feita pelas bandas de trio. Esta última, conhecida como "frevo baiano", uma mistura de frevo, fricote, galope, merengue, salsa, passou a ser mesclada com o samba-reggae, armazenado em *sampler*. A partir desta mestiçagem estética, que fazia a fusão entre a nova musicalidade percussiva e o frevo trieletrizado, a música que balançava as periferias de Salvador alcançou os consumidores de classe média que, desde os anos 70, já corriam atrás do trio elétrico.

Em 1987, o Ara Ketu e o Olodum colocam seus tambores dentro dos estúdios WR, em Salvador, e gravam seus primeiros discos. A penetração no circuito eletrônico se deu através do desenvolvimento de uma tecnologia capaz de "capturar a percussão", como diz o pesquisador Antônio Godi, em estúdios de gravação. Os blocos afro passam a fazer parte do elenco das gravadoras *majors*, atingindo visibilidade no cenário da mídia. No final da década, incorporaram instrumentos harmônicos a suas baterias. Com isso, o samba-reggae sofre transformações estéticas e se consolida enquanto estilo musical.

A musicalidade afro-baiana, aparentemente regionalizada, se espalha pelo mapa do Brasil. Os artistas locais começam a alcançar as melhores vendagens de discos e a disputar o mercado de shows com os maiores nomes da MPB. E mais: a chamada "música baiana" se insere no mundo da *world music*, a fatia do mercado fonográfico internacional que

---

[1] Segundo Juana Elbein dos Santos, o axé do terreiro de candomblé é "a força que assegura a existência dinâmica, que permite o acontecer e o devir [...] É o princípio que torna possível o processo vital. Como toda força, o axé é transmissível; é conduzido por meios materiais e simbólicos e acumulável. É uma força que só pode ser adquirida pela introjeção ou por contato. Pode ser transmitida a objetos ou a seres humanos". In *Os nagôs e a morte*, Petrópolis, Vozes, 1976, p. 39.

trabalha com expressões musicais "exóticas" nas mais variadas partes do planeta e alimenta os mercados mais importantes do mundo, como o dos EUA, França e Inglaterra. Esse fluxo global, que coloca a percussão em posição de destaque no mundo da música em escala internacional, repercute fortemente em Salvador, que a partir dos anos 90 passa a ser um centro exportador de *world music*.

No terreno da *world music*, que privilegia uma musicalidade "étnica", o samba-reggae se encaixa como uma luva, na medida em que recria sonoridades africanas, mesclando-as com ritmos brasileiros e caribenhos, desenhadas em tambores de vários tipos, como surdo, repique, tarol, timbau, timbales (instrumento caribenho), entre outros. Salvador começa a aparecer no cenário mundial como um importante centro de produção musical. A música afro-baiana deixa de ser local para ser global. A inserção nesse mercado sinaliza a vitória da estética percussiva e a percussão assume um novo lugar na arena estético-cultural de Salvador.

A percussão vai deixando para trás a imagem que carregou durante muito tempo. Conhecida como "cozinha" dos grupos musicais, situava-se em um espaço obscuro, pouco notado, onde o percussionista era um músico desvalorizado. Essa denominação, já identificada por Carlos Albuquerque como "manifestação de racismo sonoro", está, no plano imaginário, diretamente ligada à senzala em relação à casa-grande e, no plano concreto, remete ao fato de que os percussionistas sempre foram os instrumentistas mais mal pagos do mundo da música. No final do milênio, numa entrelaçada malha de interações locais e internacionais, a percussão ganha uma nova imagem e passa a ocupar a "sala de estar" do mundo da música.

Apoiada numa recente visibilidade midiática e ascensão comercial, a percussão alça voo e inaugura um novo lugar para o músico percussionista, que passa a ser reconhecido enquanto criador. No mundo da música afro-baiana, os grupos se formam em torno do percussionista. Ele é a atração principal, o articulador de uma linguagem musical que tem nas sonoridades dos tambores seu elemento de força. O percussionista vem garantindo o seu lugar em cenários privilegiados do mundo da música como festivais e prêmios internacionais.

A trama que se desenrola no meio musical de Salvador tem sido alvo da mídia, de produtores e de músicos do Brasil e do mundo. Mesmo situado na periferia do mundo atlântico, as informações musicais estrangeiras, captadas também através de festivais internacionais como o Percpan, imprimem um ar cosmopolita a sua polêmica paisagem sonora. A percussão afro-baiana move-se num cenário pop-eletrônico sem fronteiras e a cidade da Bahia aparece como "capital mundial da percussão".

Este livro quer contar como as coisas chegaram até aí; recortando a história musical baiana, visitando os blocos afro, mostrando a cara dos personagens, suas trajetórias, apontando as pistas que levaram à criação do samba-reggae, revelando as estratégias mercadológicas das bandas baianas e acompanhando as transformações estéticas da percussão — uma linguagem musical sofisticada, corporal, poderosa e universal.

Parte I
A CENA MUSICAL AFRO-BAIANA

"E o desafio agora é a cidade.
Cidade de São Salvador.
Enquanto dança ela prepara a novidade,
enquanto aguarda ela batuca o seu tambor."

Gilberto Gil

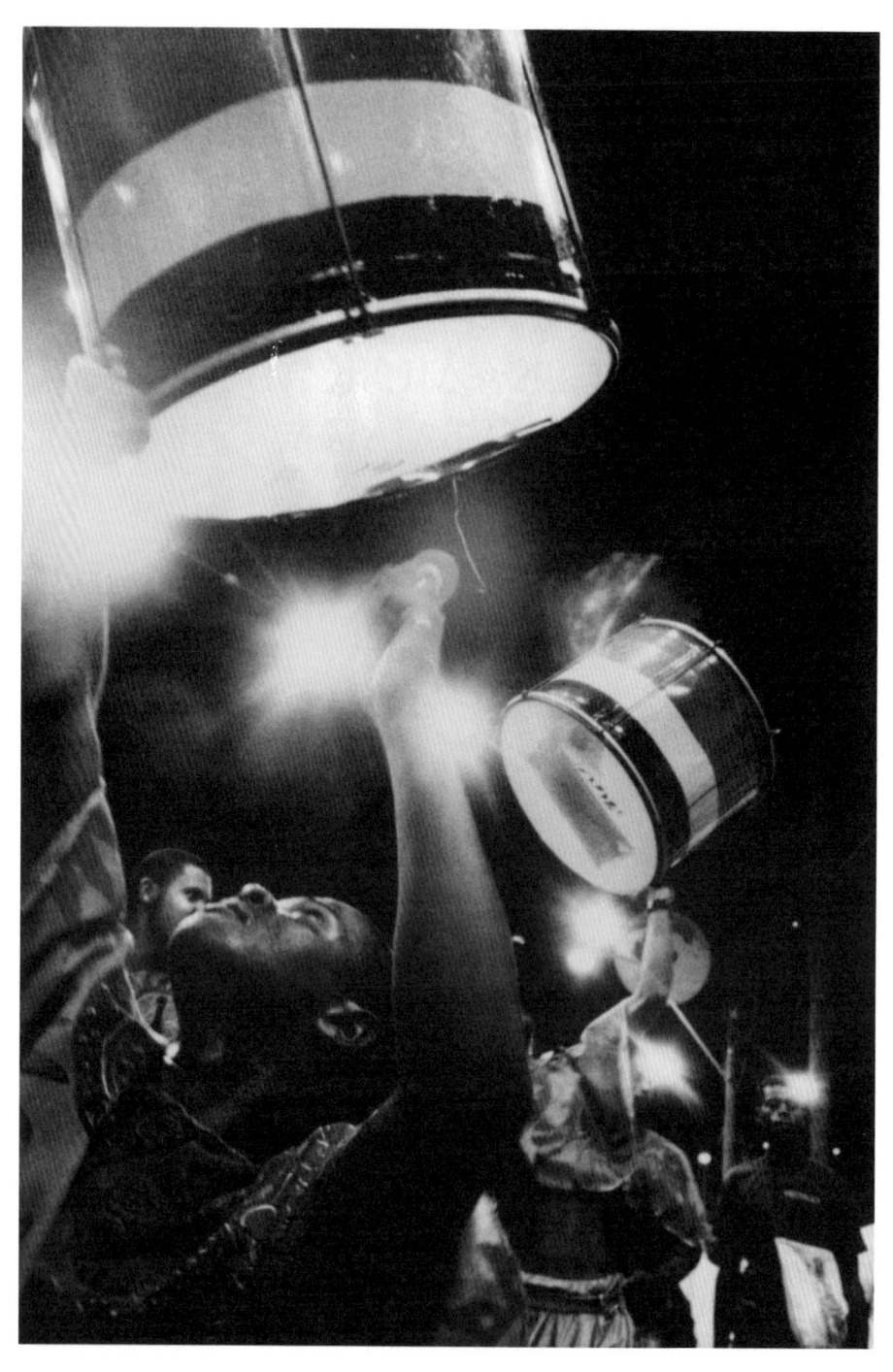

No final dos anos 80, os tambores do Olodum levantam a bandeira
da negritude. O Brasil descobre a cena afro-baiana.

1.
O SAMBA-REGGAE ENTRA EM CENA

Alguma coisa forte e criativa estava acontecendo na paisagem sonora de Salvador nos últimos anos da década de 80. Uma efervescência musical se espalhava pelos três cantos da península, que avança para o mar, desenhando, de um lado, a Baía de Todos os Santos e, de outro, o Oceano Atlântico. Os tambores que soavam de Itapagipe a Itapuã, passando pelo Pelourinho, começavam a enviar seus sinais para o resto do Brasil. A imprensa nacional desembarcava para investigar a novidade musical que vinha da Bahia: a música percussiva produzida pelos blocos afrocarnavalescos de Salvador — e, voltando ao eixo Rio-São Paulo, a *Folha de S. Paulo* alardeava: "a Bahia virou Jamaica".

Em 88, a mídia anunciava que em Salvador os blocos afro haviam inventado o samba-reggae, um novo ritmo que mesclava samba duro[2] com reggae jamaicano, transformando a música em bandeira política com força suficiente para barganhar cidadania para o negro baiano, chamando atenção para a vitalidade da cultura negra na Bahia. Enquanto as matérias traçavam um perfil do movimento musical afro-baiano, as imagens mostravam a performance corporal dos percussionistas, que elaboravam coreografias vigorosas enquanto tocavam seus tambores multicoloridos.

A música de Gerônimo "Macuxi Muita Onda", mais conhecida como "Eu Sou Negão", gravada num disco *single* pela Continental em 1986, havia se transformado num verdadeiro manifesto afro. Frequentador dos populosos bairros negro-mestiços da cidade, vistos como guetos, como Pelourinho e Liberdade, Gerônimo se encharcou de música caribenha e não hesitou em misturá-la com o ijexá, um dos ritmos do candomblé, do qual é adepto, colocando em cena uma poderosa diversidade rítmica.

Além disso, havia um conteúdo político que não podia ser desprezado. A música foi composta de improviso durante o carnaval de 86,

---

[2] O samba duro, também chamado de *baiano*, para alguns entendidos, se diferencia dos ritmos presentes no candomblé pela forma como é tocado, para outros, ele se constitui numa variação rítmica do samba de roda.

quando Gerônimo assistiu a invasão do espaço do bloco afro pela potência sonora do trio elétrico. Situação bastante comum no período da festa carnavalesca, quando se arma uma disputa pelo espaço entre as manifestações musicais negras e brancas, denotando as tensões do tecido sociorracial de Salvador. Segundo Gerônimo, "o que estava em jogo naquele momento era a luta pelo respeito às manifestações negras. E a gente não queria isso só no carnaval, não". Narrando o que via e lutando por uma melhor posição para os negros da Bahia, compôs "Eu Sou Negão". Há um trecho falado na canção, no qual se ouve o acento do reggae, que diz:

> "[...] e aí chegaram os negros com toda a sua beleza, sua cultura, sua tradição, com toda sua religião, tentada, motivada a ser mutilada pelos heróis brancos da história, e estamos aqui, eles sobreviveram no bum bum bum, no seu tambor, e o negão vai cantando assim: pega a Rua Chile, desce a ladeira, tá na Praça Castro Alves, fazendo seu deboche, transando o corpo, e o negão assume o microfone e na beirada da multidão em cima do caminhão ele fala: 'Alô rapaziada do bloco, esse é o nosso bloco afro, vamos curtir agora o nosso som, a nossa levada que é a nossa cultura e segura comigo: Eu sou negão, eu sou negão meu coração é a liberdade/ sou do Curuzu, Ilê, igualdade nagô, essa é a minha verdade'. E de repente aparece ao longe um carro todo iluminado, é um trio elétrico. 'Que é isso, meu irmão? Venha devagar, calma, segura essa aí' e o cara do trio lá de cima olha: 'legal, massa, pessoal do bloco afro, é uma beleza tá aqui com vocês, vamos levar o som' e o negão lá de baixo falando: 'qual é, meu irmão, aqui é boca de zero nove,[3] é o suingue da gente, vá, pegue seu caminhão e siga seu caminho que a gente vai seguir o nosso, e na levada: Eu sou negão, meu coração é a liberdade, eu sou negão' [...]."

A música transformou o sentido do termo "negão". Todo fã da cena musical afro-baiana passava a se chamar assim. Negões e negonas são pessoas espertas, conscientes de sua negritude e antenadas com os movimentos culturais locais, africanos, jamaicanos e norte-americanos. Exi-

---

[3] "Zero nove" era o número da linha de bonde que ia para o bairro da Liberdade; "boca de 09" se tornou uma gíria que significa "barra pesada".

O compositor Gerônimo, autor de "É d'Oxum", pioneiro na mistura dos sons do Caribe com os ritmos do candomblé.

bem roupas coloridas, cabelos extravagantes com a postura de quem admira a si mesmo. Pretos e brancos se identificaram com o *hit* do verão de 1987 e Gerônimo era um dos negões mais famosos da cidade.

Uma outra canção-símbolo do movimento é o samba-reggae "Deuses, Cultura Egípcia, Olodum" ou simplesmente "Faraó", de Luciano Gomes dos Santos, compositor do bloco afro Olodum. Ensaiada na quadra do bloco desde meados de 86, a música é símbolo da mudança do panorama musical soteropolitano. A letra da canção estabelecia uma relação entre os Faraós do Egito e os negros baianos. E, segundo Marcelo Dantas: "logo a discussão extrapolava o Olodum e atingia a comunidade. O Egito iria despertar grande interesse, principalmente com tão impressionante 'novidade': as pirâmides, toda a grandeza da civilização antiga, na verdade eram obra da raça negra".

> "Eh faraó clama Olodum Pelourinho/ eh faraó, pirâmide a base do Egito/ que maravilha ê Egito, Egito ê Faraó ó ó ó/ Pelourinho uma pequena comunidade/ que o Olodum uniu em laços de confraternidade/ despertai-vos para a cultura egípcia no Brasil/ em vez de cabelos trançados teremos turbantes de Tutancâmon/ e as cabeças se enchem de liberdade/ e o povo negro pede igualdade/ e deixemos de lado as separações/ eh faraó."

Em 87, com o Carnaval do Egito, o Olodum realizou talvez o seu desfile mais vibrante e significativo, pois segundo Milton Moura, "'Faraó' era cantada por todos, numa participação nunca vista antes. Era o êxito pleno do método de divulgação de base e do trabalho do bloco. Num esforço de acompanhar a corrente, vários trios aprendiam a letra e já tocavam 'Faraó' na terça-feira [de carnaval]". Este é o momento-marco em que o samba-reggae vai além dos espaços musicais afro-baianos e a estética negra torna-se visível no cenário da mídia. O jornal O *Estado de S. Paulo* afirmou em dezembro de 1987: "Salvador é o único oásis da música brasileira cosmopolita que não ignora as influências externas, não alimenta preconceitos e transforma tais influências em algo genuíno e vital".

Mas enquanto a mídia nacional reverenciava a nova cena afro-baiana, a produção musical dos blocos negros era objeto de um debate acirrado. Uma companhia de teatro da Bahia, Los Catedrásticos, colocou em cartaz, no verão de 88, a peça "Novíssimo Recital da Poesia Baiana", na qual os atores declamavam as letras das músicas dos blocos afro fora do contexto musical e buscavam, através da performance, tornar ridículos

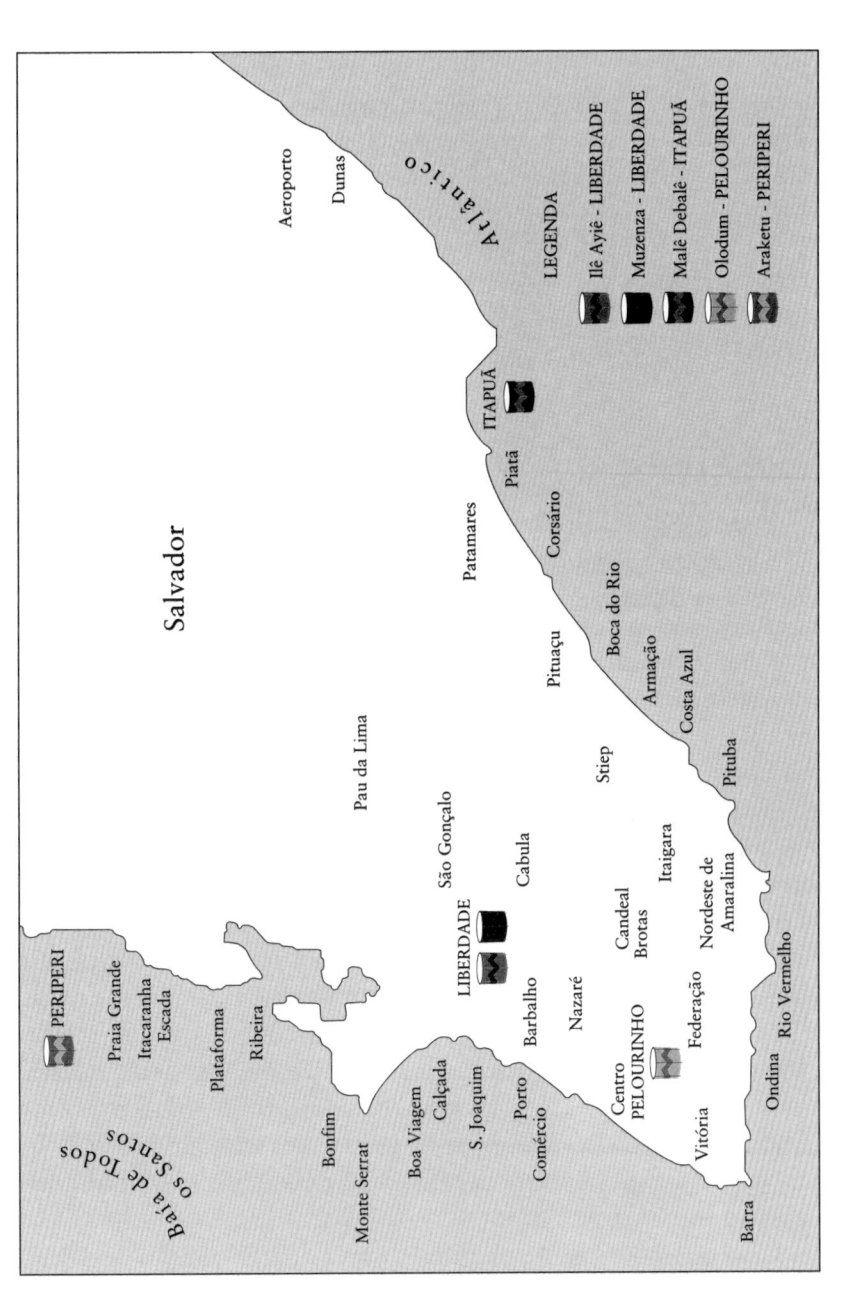

Em toda a cidade, os blocos afro batem seus tambores, demarcando territórios diferenciados onde uma estética negra é desenhada.

e *nonsense* seus conteúdos. A plateia formada por brancos-mestiços em sua maioria se divertia bastante e chegava às gargalhadas quando a letra de "Faraó" era recitada.

A peça atingiu em cheio os grupos negros, que reagiram afirmando que certos setores da *intelligentsia* baiana pareciam navegar contra a maré da negritude, que a produção musical dos blocos afro buscava valorizar. O Olodum afirmava que as primeiras dinastias de faraós eram negras, e que a elite branca baiana, que considerava absurda a teoria do bloco, teria que aceitar a validade das ideias dos negros do Pelourinho.

Muito antes de chegar aos palcos de teatros, "Faraó" já era um sucesso na cidade, mesmo que para muitos fãs do samba-reggae o soberano egípcio fosse confundido com o Farol da Barra ou o Farol de Itapuã. Grande parte da juventude negro-mestiça, que não necessariamente interpretava as letras das canções do ponto de vista da militância, via ali uma simples referência aos monumentos de Salvador que compõem a paisagem dos seus programas de fim de semana.

O que desencadeava a popularidade das canções afro não era a informação midiática, que até 1987 praticamente ignorava essa produção musical. As rádios não as veiculavam, a imprensa não lhes dava espaço e a TV nem sequer mencionava os fluxos culturais dos guetos da velha cidade embebidos de musicalidade negra. A popularidade dessas canções nascia da informação passada de boca em boca, o "correio nagô", na gíria local.

O samba-reggae "Faraó" se tornou conhecido primeiramente pelas pessoas que frequentavam os ensaios do Olodum e se espalhou pelas ruas da cidade, passando a ser tocado e cantado durante as festas de largo que começam em dezembro na Conceição da Praia, antigo cais da cidade da Bahia, e se estendem até o carnaval, a maior das festas de rua.

Durante os ensaios dos blocos afro, ao longo do ano, as músicas são continuamente tocadas e rapidamente tornam-se conhecidas nos populosos bairros negro-mestiços da cidade, tais como Liberdade, Pelourinho, Itapuã, Periperi etc., locais de origem das organizações afrocarnavalescas mais famosas de Salvador. Nos anos 80, a produção musical, associada a uma estética afro, tornou-se uma forma de militância que buscava um padrão de negritude que fosse uma referência para o grande contingente negro de Salvador.

Aliado ao comportamento manifesto havia uma produção de discurso antirracista, que se expressava nas letras das canções, nas quais os bairros negros são sempre reafirmados e exaltados como espaços autônomos. Confira no trecho da canção "Minha História", de Tatau, do Ara Ketu:

"Vou me embalar ô s'embalaê ê/ Peripeti faz parte da minha história/ e o subúrbio presente na minha memória/ chega o domingo subo de trem, desço de trem/ vou pro Ara Ketu curtir o suingue/ com você meu bem na quadra do Ketu/ exaltando e encantando/ mostrando o suingue do povo de lá/ quem vem lá com seu ofá/ trazendo justiça e sorte/ nada de morte [...]"

Nesses bairros periféricos de Salvador, os espaços musicais onde os blocos afro se originaram, uma estética negra tinha ganhado forma. Ali, já era possível ouvir o samba-reggae, ver os percussionistas executando seus instrumentos nas quadras de ensaios, descobrir as formas da gestualidade afro-baiana, aprender as coreografias, conversar com os integrantes dos grupos, e conhecer de perto a riqueza da cultura negra na Bahia. Por isso é interessante percorrer o mapa afromusical da cidade.

Com sua moda tribal, o Ilê Aiyê desperta o
"orgulho negro" no carnaval da Bahia.

2.
ILÊ AIYÊ DA LIBERDADE

"Quem é que sobe a ladeira do Curuzu?/ e é a coisa mais linda de se ver, é o Ilê Aiyê/ o mais belo dos belos, sou eu, sou eu/ bata no peito mais forte e diga: eu sou Ilê/ não me pegue não, me deixe à vontade/ deixe eu curtir o Ilê, o charme da Liberdade/ é tão hipnotizante o suingue desta banda/ a minha beleza negra/ aqui é você quem manda [...]" ("O Mais Belo dos Belos/ Charme da Liberdade", de Guiguio, Valter Farias e Adailton Poesia)

A Liberdade é o bairro de origem do Ilê Aiyê, o bloco afro pioneiro, organizado em 1974. Andando na Liberdade, pode-se ver o traçado da periferia urbana, que desenha o maior bairro negro-mestiço da América Latina, uma espécie de Harlem soteropolitano. Os pretos deste bairro foram os primeiros a manifestar sinais da consciência de negritude, procurando demonstrá-la através das roupas coloridas, dos cabelos trançados, das gírias africanizadas e sobretudo pela sua musicalidade percussiva.

O bloco afro Ilê Aiyê e o bairro da Liberdade, mais especificamente a área do Curuzu, são indissociáveis. Ali nasceu e se cristalizou a ideia de mostrar o universo negro em sua grandeza e modificar a autoimagem dos pretos de Salvador. Mobilizados em torno do carnaval, um grupo de moradores da Liberdade elaborou um novo tipo de organização carnavalesca cuja música mesclava o samba duro com a batida matriz ijexá, originária dos candomblés.

Movido por um "orgulho racial" recém-construído, o Ilê Aiyê tem uma característica que o diferencia especialmente: o fato de ser um bloco de negros no qual é rigorosamente vetada a entrada de brancos. Lançando mão do exclusivismo étnico baseado na cor da pele (antes nunca explicitado como regra), denuncia, às avessas, a intolerância dos brancos em relação aos pretos, buscando assim demolir o mito da democracia racial. Essa prática discriminatória tem sido admitida como estratégia de preservação das expressões culturais negras. Segundo declarou

Vovô, Antônio Carlos dos Santos, presidente do bloco, em depoimento ao jornal *A Tarde*, em dezembro de 1991: "O que acontece com entidades mistas é que os negros começam a perder sua referência como pessoas de outra etnia. E nós do Ilê tentamos passar que o negro é bonito, se assumindo e agrupado entre si. Nossa postura faz parte de uma pedagogia de reeducar o povo negro para que ele se aceite. Daí, as pessoas por não compreenderem nossa proposta, ou por maldade, espalham que nós somos racistas".

O nome inicial escolhido para o bloco foi "Poder Negro", mas isso gerou problemas com a polícia, que via ali uma ameaça de levante dos negros. "Como estávamos impedidos de adotar aquele nome, fomos consultar os búzios para encontrar outro. Foi indicado Ilê Aiyê, que, em ioruba, significa 'Casa de Negros', 'Abrigo de Negros' ou ainda 'Terreiro de Negros'", conta Vovô. Já segundo Antonio Risério, "quem deu esse nome de Ilê Aiyê ao bloco foi um rapaz iugoslavo, criado na França, que durante algum tempo trabalhou como geólogo em Salvador". A afirmação de que o nome do bloco foi ditado pelo jogo de búzios pode fazer parte da construção da imagem de africanidade que o bloco elabora.

Tanto o núcleo fundador do Ilê Aiyê como uma grande parcela dos integrantes do bloco são ligados aos terreiros de candomblé. A saída do bloco do Curuzu para o centro da cidade no sábado de carnaval recria um ritual inspirado no universo religioso, o *padê* (que já era praticado durante o carnaval pelo bloco Filhos de Gandhy desde 1949), momento em que uma das fundadoras do bloco, Mãe Hilda de Jitolu, mãe de Vovô, e que é mãe de santo, espalha pipocas na área e um "pó santo" preparado ritualmente em seu terreiro para alcançar harmonia, ao pé da ladeira, pedindo paz e proteção para seus filhos. Em seguida, solta pombos brancos — símbolos da paz — e todos fazem um minuto de silêncio, antes do rufar dos tambores. O breve ritual, para abrir os caminhos e reverenciar o orixá Exu, é a senha para a tradicional subida da ladeira do Curuzu, que já rendeu letras de canções e reúne todos os anos milhares de afro-baianos, turistas, artistas, personalidades políticas e jornalistas nos sábados de carnaval.

Como qualquer bloco carnavalesco, o Ilê Aiyê se caracteriza pela indumentária e pela música. A composição das roupas do bloco é cuidadosamente preparada a partir de pesquisas sobre povos e regiões da África que o bloco tematiza a cada ano. Os cabelos aparecem presos em torços ou trançados de variadas maneiras ou ainda em forma de gomos, popularizando o estilo rastafári. O Ilê Aiyê usa na estamparia dos tecidos e

Da sacada de sua casa na Ladeira do Curuzu,
Vovô, presidente do Ilê Aiyê, assiste à saída do bloco:
único momento que conta com a participação de "brancos".

À direita, Mãe Hilda realiza o *padê* — ritual de
saída do Ilê Aiyê — na sede do bloco.

nos instrumentos o vermelho do sangue derramado na escravidão, o amarelo do apogeu e do poder, o preto da cor e o branco da paz.

O Ilê Aiyê realiza um importante trabalho social com a sua comunidade de origem. Na sede do bloco, pode-se visitar as escolas que atendem a até 4.000 crianças e as oficinas de profissionalização que a entidade mantém. Nas oficinas, algumas mulheres especializam-se na preparação dos torços estampados, enquanto outras se profissionalizam na arte de trançar cabelos, cuja agilidade das mãos impressiona.

Os blocos afro estabelecem uma relação com a África que, mítica ou concretamente, povoa o imaginário dos grupos. O Ilê Aiyê, grupo criado em um contexto urbano altamente midiatizado, se volta para uma "África tradicional" em busca de seus sinais de identificação. Pinça seus elementos estéticos em pequenas comunidades africanas que representam uma "África tribal", anterior às lutas de independência dos anos 70, e constrói a sua ancestralidade simbólica.

No ano-marco de 1987, quando o Brasil descobre a nova cena afro--baiana, o Ilê Aiyê já contava treze anos de existência. Tempo suficiente para difundir sua experiência e para ser reconhecido como pioneiro pelos vários blocos afro, fundados na virada dos anos 80, como Ara Ketu, Malê Debalê, Olodum, Muzenza, entre muitos outros que se organizaram sob sua inspiração. Portanto, não era somente no populoso bairro da Liberdade que a afrobaianidade tomava corpo. Outros espaços essencialmente negros e também considerados periféricos davam nuances ao movimento, e embora não excluíssem a participação de brancos, não perdiam de vista a herança do bloco matriz.

3.
ARA KETU DE PERIPERI

"Ara Ketu ritual do candomblé/ exalta as cidades de Ketu e Sabé/ ferido vingou-se o homem utilizando seus poderes/ passaram-se anos difíceis/ sofreram muitos seres [...]/ guerreiros lutaram entre si/ com golpes de vara era o ritual/ durante várias horas travou-se a batalha entre o bem e o mal/ depois retornaram com o rei para a floresta sagrada/ onde comeram a massa de inhame bem-passada/ onde será comida por todos os seus negros homens/ em comunhão com Deus/ ele, ele, elejigbô, elejigbô." ("Uma História de Ifá", ou "Elejigbô", de Ytthamar Tropicália e Rey Zulu)

Bem longe do Curuzu, que fica na cidade alta, está o bairro de Periperi, na cidade baixa, reduto do bloco afro Ara Ketu. Para ir de um lugar a outro, pode-se descer o Plano Inclinado da Liberdade, um elevador para o bairro da Calçada, área da Leste Brasileira — a estação onde se pega o trem para o subúrbio ferroviário. Depois de viajar pelos trilhos que passam junto ao mar, chega-se à estação de Periperi, que não fica longe do Esporte Clube Periperi, vizinho à sede do bloco.

Observando os detalhes, pode-se ver que os elementos do Ara Ketu em muito se assemelham aos do Ilê Aiyê. A presença da africanidade é inquestionável. O nome ioruba do bloco significa: povo do reino de Ketu, região da África Ocidental de onde vieram os povos ioruba e que se situa atualmente na fronteira da Nigéria com o Senegal. Os seus enredos para o carnaval contam a história do povo negro e homenageiam os deuses africanos. Oxóssi, o orixá da caça, é considerado protetor do bloco. Vera Lacerda, historiadora e presidente da entidade explica por quê: "O primeiro ano do Ara Ketu [1981] talvez tenha sido o mais importante. Nós havíamos escolhido como tema uma homenagem ao rei caçador. Isso por que nos búzios tinha dado que o orixá protetor do Ara Ketu era Oxóssi. Inclusive o símbolo do bloco é o *ofá* que é símbolo de Oxóssi". Suas cores são azul e branco, como as do orixá.

Ainda no formato original, o Ara Ketu desfila no carnaval de 1988, exibindo
nos tambores o *ofá* — símbolo de Oxóssi, o protetor do bloco.

Próximo à sede do Ara Ketu está o Parque São Bartolomeu, e o bloco chama a atenção para a necessidade de conservação da área, considerada espaço sagrado, pela presença de plantas de fundamental importância para os rituais dos candomblés. São Bartolomeu é apenas uma das áreas do Parque Metropolitano de Pirajá, "um dos remanescentes da Mata Atlântica que resta no Brasil, tem mais de 1.500 hectares de floresta. Antiga aldeia indígena, foi engenho e quilombo de negros fugidos da escravidão".

Segundo Vera Lacerda, idealizadora do Ara Ketu, a história do bloco "é muito interessante, porque, na verdade, nós somos uma grande família e saíamos em blocos separados. Eu sempre tive um grilo muito grande, com referência a bloco afro, porque por diversas vezes eu tentei sair no Ilê e não podia. Aí, um dia resolvemos fazer um bloco". Um cunhado de Vera, Virgílio, sugeriu um bloco de trio. "Mas bloco de trio era uma coisa que não me animava muito. Quando ele me falou sobre fazer um bloco afro, eu achei a ideia ótima. E aí nós partimos para idealizar o Ara Ketu", conta Vera.

No seio do Ara Ketu se misturam a visão histórica de sua presidente Vera Lacerda e a visão estética e religiosa do artista plástico e pai de santo Augusto Cézar, diretor cultural do bloco. "Nosso trabalho é muito em cima da religião africana, como maior força de resistência da cultura negra neste país", explica Vera. Candomblé e ciência se misturam para dar consistência ao projeto de emancipação social de uma população urbano-periférica, essencialmente negra.

Durante os anos 80, enquanto a relação com o bairro era bastante intensa, os carros alegóricos do bloco eram confeccionados na praça central de Periperi e nos domingos de carnaval o desfile acontecia na Avenida Suburbana, que liga o bairro à zona central da cidade. O Ara Ketu realizava também um conjunto de atividades no bairro de Periperi, relacionadas com o universo cultural negro, como a capoeira, entendida como uma filosofia de vida: "Mostramos para crianças e adolescentes que a capoeira ajuda muito na formação das pessoas. E estamos trabalhando basicamente com o pessoal das invasões [favelas] [...] A gente está trabalhando também com dança, com teatro e estamos promovendo o futebol de praia de Periperi, cuja liga estava desativada", diz a presidente. Este trabalho social voltado para a comunidade se assemelha ao conjunto de atividades desenvolvidas pelo Ilê no Curuzu-Liberdade.

Mas nem tudo é semelhança entre os blocos afro. Enquanto o Ilê Aiyê se volta para uma "África tribal", o Ara Ketu se espelha numa "Áfri-

Apesar das transformações ocorridas nos anos 90, o Ara Ketu
ainda mantém alguns elementos da estética afro.

ca moderna". É para os grandes centros urbanos do continente negro, como Dacar, no Senegal ou Lagos, na Nigéria, que os diretores do Ara Ketu viajam, a fim de pesquisar a modernidade musical africana, que não dispensa uma tecnologia altamente sofisticada para empreender seus experimentos sonoros.

O Ara Ketu foi o primeiro bloco afro a mesclar, em 91, o som acústico dos tambores com a instrumentação elétrica. Na época, em entrevista à *Bizz*, Vera Lacerda explicou: "Até na África a música popular está se universalizando, misturando elementos da música caribenha, europeia, norte-americana. Queremos inclusive desmistificar esta busca de raízes africanas que alguns grupos procuram. Nem na África isso existe mais", afirma a diretora. No decorrer dos anos 90, o Ara Ketu se afastou cada vez mais de seu formato original e acabou por se descaracterizar enquanto bloco afro.

Inspirado na revolta dos escravos islamizados na Bahia,
o Malê Debalê se orgulha de ter sido o primeiro a trazer
para a avenida uma sofisticada ala de dança afro.

4.
MALÊ DEBALÊ DE ITAPUÃ

"Lendas e magias, mistérios da evolução/ esse é o Malê Debalê, riqueza de uma nação/ entoação de canto afro/ Ibá Fokomim criou/ me levou ao Abaeté e ali me batizou/ não entre em transe seja transado no Malê Debalê [...]/ eu sou feliz porque sou negão/ eu sou feliz porque sou Malê/ olha a lenda ê ê/ olha a lenda Malê." ("Lendas e Magias", de Josélio de Araújo)

No extremo oposto de Periperi, seguindo pela orla marítima, em direção ao litoral norte, chega-se à praia de Itapuã. O longo trajeto à beira-mar desenha as duas pontas da península que forma a cidade. Itapuã era uma antiga aldeia de pescadores, mais tarde transformada em balneário para as classes média e alta. A área já abrigou moradores ilustres como Dorival Caymmi e Vinicius de Moraes. Compositores famosos imortalizaram o lugar com suas "canções praianas" que festejavam a malemolência do povo, o sabor e o cheiro exalado pelos tabuleiros das baianas de acarajé, sem esquecer de descrever suas paisagens paradisíacas. Itapuã era o lugar da poesia. Mas, no fim dos anos 80, já era um grande bairro pobre da cidade da Bahia, habitado por numerosa população negro-mestiça de baixa renda, que encontrava moradia em zonas distantes do centro.

Ao chegar a Itapuã, vê-se a estátua da sereia, uma Iemanjá estilizada. Ao lado, há imensa feira de frutos do mar onde só se veem negros, como na costa da África. No fim da feira, fica a Praça de Janaína, caminho para a Lagoa do Abaeté — o quartel-general do bloco afro Malê Debalê, que, segundo seus integrantes, significa em ioruba "negros felizes islamizados".

O bloco afro Malê Debalê saiu pela primeira vez no carnaval de 1980, um ano antes do Ara Ketu. A estrutura do bloco não difere das demais. Como as outras entidades afrocarnavalescas, também realiza atividades dirigidas à comunidade local. Segundo o presidente da entidade, Josélio de Araújo, o bloco tem como principal honra o fato de ter sido o precursor da organização de uma ala de dança em blocos afro.

"Fomos nós que percebemos a força do movimento de dança que nasceu nas quadras de ensaios dos blocos. Foi o Malê Debalê o primeiro a trazer para a avenida sua ala de dança organizada", que conta com 300 dançarinos e dançarinas.

Na sede do Malê Debalê, em dia de ensaio da ala de dança, pode-se ver os bailarinos realizando coreografias inspiradas na dança de Oxum, o orixá que protege o bloco, no cenário da Lagoa do Abaeté, onde a deusa da água doce habita. Observando o ensaio nota-se a habilidade dos dançarinos para fazerem movimentos com uso simultâneo de pernas, braços, quadril e cabeça. Os gestos sinuosos parecem exigir força e no entanto fluem livremente.

Pode-se aprender com as instruções dos dançarinos que coordenam a ala: "É preciso sentir o ritmo e procurar a linguagem natural do corpo; atenção para a postura, a consciência corporal facilita a improvisação dos movimentos". As pessoas referem-se a este modo de dançar como *suingue*, em que o requebro dos quadris e a agilidade para desenvolver o jogo de pernas e braços são imprescindíveis. A forma da coreografia pode lembrar a dança dos orixás dos terreiros de candomblé, mas o misto de vigor e molejo dos corpos daqueles dançarinos realça a sensualidade dos gestos.

O Malê Debalê era, juntamente com outros blocos afro, uma das mais importantes entidades negras da Bahia, com uma visão bastante direcionada para a luta antirracista, na qual a expressão estético-musical, que afirmava as raízes africanas, era seu principal trunfo. No entanto, um ano depois de sua fundação, disputas de ordem política destroçaram internamente a organização, e deste racha nasceu o Nigerokan, uma entidade negra estritamente política, sem atividades culturais específicas, que levou consigo uma boa parte dos integrantes do bloco.

O Malê Debalê perdeu com isso sua capacidade de negociação com os órgãos públicos que facilitavam os contatos diretos com a África. Sua referência cultural mais forte está na história dos negros islamizados da Bahia, que protagonizaram a revolta dos Malês em 1835, uma das mais vigorosas insurreições de escravos de nossa história, que envolveu africanos nagôs e haussás convertidos ao Islã. O bloco tematiza, a cada carnaval, uma "África mística", que mistura islamismo e candomblé.

Nos anos 90, o Malê incorporou um naipe de sopros à sua bateria, a partir da direção musical de Cícero Antônio, líder da banda de afro-jazz Agbeokuta.

5.
OLODUM DO "PELÔ"

"Força e pudor/ liberdade ao povo do Pelô/ mãe que é mãe no parto sente dor/ e lá vou eu/ declaro à nação: Pelourinho contra a prostituição/ Aqui se expandiu e o terror já domina o Brasil/ faz denúncia Olodum Pelourinho/ na Bahia existe Etiópia/ pro Nordeste o país vira as costas/ mas mesmo assim nós somos capazes/ e o Olodum a verdade nos traz [...]" ("Protesto do Olodum", de Betão)

A meio caminho entre Itapuã e Periperi está o Pelourinho, o bairro de origem do Olodum. Descendo na Praça da Sé e encaminhando-se para o Terreiro de Jesus chega-se ao Largo do Pelourinho, centro histórico da cidade, onde o Olodum esquenta seus tambores durante todo o ano, para desfilar no carnaval. Aos domingos, dia de ensaio aberto do bloco, pode-se ter dificuldades para chegar ao local por causa da intensa movimentação de transeuntes, e ao longe já se escuta o peso dos surdos. Aquela multidão, cantando e dançando na rua, acompanhada de mais de duzentos tambores, provoca um forte impacto estético.

O cenário barroco do Pelourinho serve de moldura. Seu casario colonial, sacadas e janelas, suas igrejas exuberantes, suas ladeiras, praças secretas, suas ruas estreitas de pedras, suas cores fortes e cheiros úmidos, sua musicalidade permanente e variada, constroem uma ambiência peculiar. Muitos frequentadores que não chegam até a área do ensaio gostam de ficar sentados na Cantina da Lua, um bar tradicional, que tem bebidas interessantes, como infusões contra inveja e mau-olhado, toca muito reggae e oferece uma visão da Praça do Terreiro, onde sempre acontecem rodas de capoeira, bom para ouvir o som dos berimbaus e ver o jogo de corpo dos capoeiristas. Subindo e descendo as ladeiras, pode-se admirar a beleza dos pretos que usam boinas coloridas e exibem uma moda própria.

Quando se organizou em 1979, o Olodum não despertava grande interesse e seus ensaios não atraíam muito a atenção dos moradores e transeuntes do Pelourinho. Em 81, um racha dividiu o grupo e uma parte de

De frente para a Igreja de Nossa Senhora do Rosário dos Pretos,
o Olodum, ainda desconhecido do grande público,
ensaiava as primeiras canções de samba-reggae no Pelô.

seus membros fundou o bloco afro Muzenza. Em 83, o Olodum sofria um esvaziamento tão grande que nem sequer desfilou no carnaval. Isto levou o grupo a uma reestruturação, capitaneada pela entrada de alguns dissidentes do Ilê Aiyê, como seu atual presidente, João Jorge, e o mestre Neguinho do Samba, responsável pela transformação da musicalidade do bloco, que até então fazia samba duro, como o Ilê Aiyê.

Fortalecido, o Olodum começa a ensaiar duas vezes por semana: aos domingos na praça principal do Pelourinho e às terças na quadra do Teatro Miguel Santana, situado em uma das ladeiras do Pelô. (Em 1995, o Olodum deixaria de utilizar a quadra do Teatro Miguel Santana, e passaria a realizar seus ensaios fechados no Largo Tereza Batista, também no Pelourinho.) Naqueles anos 80, quando o movimento de negritude em Salvador se desenhava através dos blocos afro, o ensaio era um ambiente efervescente onde ritmos eram criados, letras construídas, coreografias elaboradas. Uma estética afro estava sendo atualizada. Ir ao ensaio do Olodum ouvir samba-reggae e dançar durante horas a fio era um programa quente na cidade. Estes ensaios reuniam (e ainda reúnem) pretos e brancos, brasileiros e estrangeiros.

O Olodum nasceu no bairro matriz da cidade da Bahia, que pela riqueza de sua arquitetura barroca foi tombado como patrimônio histórico da humanidade. Era habitado por prostitutas, traficantes e vagabundos que viviam da mendicância fomentada por turistas brasileiros e estrangeiros, que se arriscavam a transitar pelo local, além daqueles que viviam do comércio de bebidas e de produtos regionais. Sua população, quase toda negra, sempre foi amante da arte musical.

No início dos anos 80, esse gosto pela música tomou contornos de movimento social. Tal como os outros blocos afro, o Olodum realiza uma série de trabalhos com a comunidade carente de seu bairro de origem, investindo alto na educação de crianças do bairro, que passaram a ser alfabetizadas pela entidade. Além disso, possui uma biblioteca com duzentos livros sobre a questão do negro e uma videoteca de documentários africanos.

No decorrer dos anos 80, o bloco afro Olodum — termo diminutivo de Olodumaré, que em ioruba significa "Deus dos Deuses" — transformou-se, tal como já havia ocorrido com o Ilê Aiyê e o Ara Ketu, em um grupo cultural. Quanto mais se impregnava de um discurso antirracista acadêmico, mais se constituía enquanto uma intelectualidade orgânica, de grande peso no movimento negro baiano, dedicada a uma pesquisa histórico-antropológica que visava o resgate da ancestralidade negra culta, apontando dessa maneira para uma "África científica". João Jorge, diretor do Olodum, contou à *Folha de S. Paulo* em 1988: "Como Pierre Verger, que provou o comércio triangular de escravos com documentos, acho que enredo de bloco também precisa de bases científicas".

A proposta do Olodum de trilhar os caminhos da ciência levou Gilberto Gil a afirmar na mesma matéria da *Folha*: "Adoro o Olodum, mas o cientificismo branco e cartesiano é resíduo da colonização. Eles buscam este enfoque para ter trânsito imediato na cultura oficial". O etnólogo-fotógrafo Pierre Verger, finalizando a matéria, pensava diferente: "É saudável essa seriedade, mostra que as pessoas não estão lá só para bailar". A estratégia do Olodum o levaria em poucos anos a ser o bloco afro mais importante de Salvador, e o Pelourinho, o espaço negro mais festejado da cidade.

6.
MUZENZA DO REGGAE

"Eh Mama África Mama África Muzenza/ rum pi lé rompeu a cor/ trazendo canção, amor, ijexá/ quem ouviu não vacilou se encantou e africanizado está/ a galera do mal, Muzenza, guerrilheiros/ Mama África/ Bob Marley semeou e o reggae se espalhou/ difundiu em Salvador/ jamaicanizados a galera do mal/ Muzenza guerrilheiros/ Mama África." ("Guerrilheiros da Jamaica", de Ytthamar Tropicália e Roque Carvalho)

O bloco afro Muzenza foi fundado na Liberdade como o Ilê Aiyê, em 81. Diferentemente dos outros blocos, nomeados com nomes em ioruba, Muzenza é um termo bantu. Barabadá, fundador do bloco, explica seu significado: "Você não sabe dizer que tem uma dança aí chamada Muzenza? Que é uma dança bem horrorosa, tipo gafieira, 'vamos dançar a Muzenza!'. Mas a dança que eu me refiro — a dança do bloco Muzenza — é a saída de iaô [filha de santo]; quando as filhas de santo se recolhem, aí vão dar o nome, a mãe de santo vai dar o nome, começa a tocar e elas vêm. A essa dança que elas vêm saindo do roncó [ou camarinha, quarto sagrado onde as iaôs se recolhem para a iniciação no candomblé] chama-se saída de iaô". A inspiração, neste caso, vem dos candomblés de Angola, de onde partiram os povos bantu.

Apesar do nome africano, o Muzenza usa as cores da bandeira da Jamaica, verde, amarelo e preto, pois o bloco, completamente sintonizado com as ondas do reggae, segue a filosofia dos rastafáris. Grande parte dos seus membros usa os cabelos em forma de gomos, traja camisetas com fotos de Bob Marley e adota a dieta vegetariana, além do uso ritualístico de maconha.

O Muzenza se originou de um racha no bloco Olodum. Segundo o antropólogo Ericivaldo Veiga: "Geraldão, um dos fundadores do Olodum, depois de conflitos e desconfianças, desistiria dele para, imediatamente, fundar o Muzenza — acompanhado de alguns membros da ala de canto, como Mundão, que se tornaria o artista plástico do bloco

O bloco afro Muzenza reverencia seu ídolo máximo,
Bob Marley, na Passarela do Carnaval.

recém-fundado, e Barabadá, que compartilharia o poder de mando no Muzenza".

Os primeiros ensaios do Muzenza aconteceram na praia da Ribeira, vizinha ao bairro do Bonfim. Barabadá explica a escolha: "Nós escolhemos a Ribeira porque era um local, dia de domingo, que aglomerava a maioria dos negros. Como era um bloco afro, nós tínhamos que procurar uma área que o povo negro pudesse participar. E a Ribeira [...] é praia de negros".

A galera que compõe o Muzenza tem fama de arruaceira e o próprio texto da canção "Guerrilheiros da Jamaica" parece reforçar esta imagem. Os ensaios na Ribeira muitas vezes exaltavam os ânimos de banhistas e a barra pesou várias vezes, provocando inclusive mortes. Ainda segundo Veiga, "criticado pelas constantes violências físicas atribuídas aos participantes dos ensaios, o Muzenza se vê em peregrinação [...]. Enquanto formava legiões de novos admiradores por onde passava, o bloco atraía fama de violento e de ser integrado por marginais". Por isso mesmo, o bloco teve grande dificuldade em conquistar um local permanente de ensaios.

Apesar disso, o Muzenza costumava "arrebentar" nos carnavais dos anos 80 e ganhou três vezes consecutivas o concurso de melhor bloco afro. Para Veiga, na visão dos "muzenzianos", "o termo 'arrebenta' tem o sentido valorativo da potência do bloco [...] Na semana que antecede o desfile, aumentam as expectativas e as conversas onde todos afirmam, profetizando, um insuperável sucesso do bloco. Os rapazes que integram a banda afirmam constantemente entre si e para os conhecidos: 'O Muzenza vai arrebentar na avenida'". A expressão é uma constante nas letras rastafári que os compositores do bloco elaboram, como em "Brilho e Beleza": "Muzenza trazendo Jamaica, arrebentando neste carnaval", também gravada por Gal Costa em *Gal Plural* (1990).

O Muzenza apresenta uma estrutura semelhante à dos outros blocos afro, mas diferentemente do Ilê Aiyê, do Ara Ketu, do Malê Debalê e do Olodum, é o único entre esses sem território fixo. O Muzenza já ensaiou na Ribeira, na Massaranduba, no Largo do Tanque, mas sua sede voltou a ser na Liberdade (local onde a entidade se organizou inicialmente), sendo que seu escritório funciona no Pelourinho.

Este caráter itinerante do bloco aponta para uma "África nômade", que tem como pilar signos jamaicanos como o pan-africanismo, que prega o retorno à Mãe África. O símbolo do bloco é o Leão de Judá, título que cabe a Hailé Selassié ou Ras Tafari, o imperador da Etiópia, endeusado na Jamaica pelos seguidores do rastafarianismo.[4] O bloco é também chamado Muzenza do Reggae, tal o seu envolvimento com o ritmo, tendo Bob Marley como ícone maior. Estabelece assim um contato indireto com a África através de uma ligação simbólica com um dos países da diáspora africana.

A influência da pequena ilha do Caribe sobre os muzenzianos e afins é tão grande que o bloco chegou a mobilizar a população da Liberdade para mudar o nome da rua onde se situava a sede do Muzenza, Alvarenga Peixoto, que passou a se chamar Avenida Kingston, numa homenagem à capital jamaicana.

---

[4] A Etiópia é considerada pelos rastafáris uma "terra santa" e o seu imperador Hailé Selassié (morto em 1975), visto como o salvador da raça negra. Cf. Carlos Albuquerque, *O eterno verão do reggae*, São Paulo, Editora 34, 1997.

Goli Guerreiro

7.
A ESTÉTICA AFRO-BAIANA

Os blocos afro são considerados a forma mais visível de expressão e mobilização afro-baiana. Essas organizações carnavalescas se identificam e são identificadas como unidades culturais em defesa do negro e de sua cultura, constituem-se em polos nos quais questões étnicas são colocadas em pauta e seus membros se conscientizam de sua negritude, através da construção de uma identidade que busca a valorização do negro em termos estéticos e culturais. A África é celebrada em seus múltiplos aspectos e os contatos das cúpulas dos blocos afro com a África são intensos. Viagens de membros dos blocos ao continente negro são frequentes. Muitas vezes têm mesmo o objetivo de buscar elementos que sirvam para delimitar o contraste identitário, outras de mostrar o trabalho do grupo em eventos relacionados com a luta dos povos negros.

A movimentação negra nos espaços dos blocos afro está calcada no sentido genérico de "raízes africanas". Essa referência a uma origem ancestral pretende ser uma rejeição aos padrões culturais europeizados da camada dominante da sociedade e procura afirmar uma memória coletiva localizada numa África muitas vezes mítica.

A constituição de uma identidade afro-baiana na qual as tradições africanas estão sendo reinventadas modifica fortemente o cotidiano das camadas negro-mestiças que frequentam esses espaços musicais. Para o sociólogo e historiador Clovis Moura, a valorização de modelos estéticos negros, inspirados na moda africana, "projeta o anseio de um *revival* no *hoje* dos padrões de *culturas milenares* que seriam a base da estrutura sentimental e existencial do negro brasileiro". Referindo-se ao Ilê Aiyê, o antropólogo Valdeloir Rego declarou à *Folha de S. Paulo* em 1988: "o Ilê foi uma revolução no comportamento do negro baiano. Foi quando o negro deixou de alisar o cabelo, assumiu sua beleza e começou a retomar sua tradição rítmica".

A imagem de africanidade dos blocos afro se desenha também através da incorporação de elementos da religião afro-brasileira — o candomblé, que aparece neste contexto como uma referência fundamental. São

Os elementos da estética africana recriados no contexto dos blocos afro.
Aqui exibidos pela mãe de santo Hilda de Jitolu do Ilê Aiyê.

muitos os elementos pinçados pelos blocos afro do vasto repertório dos candomblés baianos.

A percussão, tocada nos atabaques nos terreiros, é a base da musicalidade dos blocos. Além dos ritmos, o recurso vocal também encontra paralelos nos rituais sagrados. A técnica responsorial utilizada nos cultos do candomblé, que consiste em uma pergunta puxada pelo solista e respondida pelo coro e/ou pelos atabaques, foi apropriada pela produção musical dos blocos afro e inspirou a estrutura de várias canções, onde a voz do cantor/cantora aparece antes do som dos tambores (repiques, taróis, surdos), servindo para puxar a bateria.

Tal como nas narrativas míticas, a história do povo africano é recontada nas letras das canções. Todos os blocos afro realizam pesquisas sobre a história da África. Vovô do Ilê Aiyê afirma: "Esta pesquisa é transformada em tema de música e reescrevemos a história sob nossa ótica e não a ótica dos colonizadores". A forma como os blocos afro veiculam os conhecimentos adquiridos nas pesquisas sobre a África ("anualmente cada bloco escolhe um país africano como tema, contando nas letras das músicas alguns aspectos históricos, geográficos, culturais e políticos dessa porção do continente", destaca Milton Moura) se dá pela confecção de apostilas distribuídas entre os compositores dos blocos para que as letras das canções possam ser elaboradas.

Outro importante elemento atrelado à construção das letras de músicas é o uso de expressões em ioruba. O recurso à língua africana, muito presente nas canções, funciona como sinal afirmativo da identidade africana, pois remete imediatamente à cultura ancestral partilhada pelos membros dos grupos.

A língua ioruba, embora exerça influência no modo de falar baiano, mantém-se sobretudo no campo da linguagem litúrgica do candomblé e foi, a partir daí, apropriada pelo blocos afro como símbolo de africanidade. Os nomes dos blocos, como já foi indicado, são, em sua grande maioria, traduções livres do ioruba e, em menor medida, do bantu.

A presença do candomblé também pode ser observada nas danças elaboradas pelos blocos afro. Mantendo a tradição africana da inseparabilidade entre música e dança, os blocos recriam as danças dos orixás. Segundo Pierre Verger, no interior dos candomblés, através da dança, os orixás encarnados assumem características relativas ao mito de sua origem e contam a história da organização da sociedade.

Nos blocos afro, as danças rituais são estilizadas, trabalhadas de uma maneira muito mais livre. Nas coreografias afro-baianas, pode-se ver alguns elementos da dança africana, na qual o sentido do movimento se volta para a terra, o chão (diferentemente do *ballet*, em que as pontas dos pés e os braços erguidos sobre a cabeça indicam o sentido do movimento para o alto). "Nas danças rituais dos candomblés, os movimentos rasteiros servem para cumprimentar os alabês [percussionistas que tocam nos terreiros de candomblé] e os orixás", segundo a professora de dança Leda Muana. Na gestualidade dos dançarinos dos blocos, essa mesma postura se evidencia nos joelhos flexionados que tendem para baixo, em movimentos rasteiros.

Embora não esteja presa aos preceitos da religião, a dança afro tem função narrativa nos enredos dos blocos, e aparece para descrever os temas. "Através da ala de dança nós fizemos o Ara Ketu na rua como se fosse o cotidiano de uma aldeia da Nigéria, que é a nossa referência cultural. E foi lindíssimo, nós ganhamos o carnaval", diz a diretora do Ara Ketu, Vera Lacerda.

A indumentária é mais um elemento estético exibido com grande cuidado pelos blocos afro. A preparação das fantasias dos blocos está vinculada ao tema do desfile carnavalesco. Num primeiro momento, tecidos africanos foram importados, mais tarde, quando passaram a ser confeccionados localmente, inspiravam-se em suas estamparias. Além disso, a palha da costa, conchas e búzios também são utilizados, valorizando a indumentária e conferindo-lhe mais africanidade; os cabelos também são criativamente trabalhados. Esta moda, difundida principalmente nos ensaios dos blocos, é um forte elemento de identificação entre os membros dos grupos.

A principal atividade nesses espaços negro-mestiços é a realização dos ensaios dos blocos. Todas as semanas estão reunidos nas quadras dos blocos afro os seus diretores, os mestres das baterias, os percussionistas, os compositores e os associados com seus parentes e/ou amigos simpatizantes. Os ensaios, que funcionam como local do encontro, da troca, da afirmação de valores, gostos e interesses, se constituíram no espaço ideal do processo de construção da identidade afro-baiana. Segundo Jeferson Bacelar, "a cultura torna-se ideologia e política, na construção da identidade do ser negro em Salvador. O seu poder de atração é enorme pela aproximação com a vivência cotidiana dos segmentos negros". A música movimenta milhares de jovens que se dirigem para os eventos afro a fim de cantar, dançar e reafirmar a força e a beleza da cultura afro-baiana.

Mas não é apenas a movimentação dos ensaios que garante a constituição dos espaços negros. Também as atividades desenvolvidas com as

Na quadra do Ara Ketu, em Periperi, crianças e adolescentes
aprendem coreografias afro-baianas.

comunidades locais têm grande importância. Há todo um trabalho educacional voltado para crianças e adultos que implica a formação de oficinas de música e de dança, nas quais são formadas as bandas de percussionistas mirins e as coreografias afro-baianas são elaboradas. Outras atividades, como cursos de capoeira e cursos de teatro que formam atores negros, também são oferecidas pelas organizações mais estruturadas. Os cursos de teatro do Olodum formaram os atores da companhia Bando de Teatro Olodum, que estreou em 1990 com a peça "Essa É a Nossa Praia", a primeira de uma trilogia que retratava o cotidiano do Pelourinho, e se apresentava nas escolas públicas de Salvador. Depois do espetáculo, havia um debate sobre a questão étnica. O diretor teatral Gerald Thomas declarou na época, ao *Correio da Bahia*, que "o trabalho de Márcio Meireles (diretor do grupo) com o Bando Olodum é a grande novidade do teatro no Brasil".

Essas atividades permitiram que os grupos afro desempenhassem um papel significativo nas comunidades locais. Esta foi mesmo a intenção da presidente do Ara Ketu, Vera Lacerda, que declarou ao jornal *A Tarde*, em 1991: "Não queria que o Ara Ketu fosse apenas uma entidade carnavalesca, mas sim que exercesse um trabalho social mais amplo, que conseguisse melhorar o nível de informação e vida da periferia marginalizada". O trabalho social realizado pelos blocos afro levou a Prefeitura de Salvador a considerá-los entidades de utilidade pública.

Mas para além das semelhanças entre os blocos afro, existem certas nuances que os diferenciam no plano do imaginário e, como já foi dito, apontam para diversas Áfricas. Essas sutis diferenciações de perfil, entretanto, não desagregam os blocos afro enquanto movimento articulador de uma estética afro-baiana e suas atividades indicam uma importante mudança: a nova produção de cultura negra na Bahia, a partir do sucesso crescente da estética percussiva, sai dos espaços tradicionais como o candomblé, a capoeira e o carnaval, passando a atuar no cenário da mídia. A invenção do samba-reggae — o ritmo dos blocos afro — é o pivô deste processo.

Parte II
A INVENÇÃO DO RITMO

"Bata na pele de um tambor com uma baqueta. Seu ouvido se enche de ruído. Bata uma segunda vez e depois uma terceira. Isto é ritmo."

Mickey Hart, baterista

Vários tipos de tambores e fusão de sonoridades
põem em cena o samba-reggae.

8.
O QUE É SAMBA-REGGAE

Musicalmente falando, o samba-reggae é o principal produto da movimentação afro-baiana. É um estilo percussivo que se caracteriza, em termos conceituais, pela apologia do negro e, em termos musicais, pela recriação de sonoridades afro-americanas. A nova rítmica foi elaborada a partir do diálogo entre instrumentos de percussão e vocais. Diferentemente do reggae, que é feito a partir de instrumentos harmônicos como a guitarra e um baixo que se impõe, o samba-reggae encontra em tambores como surdos, taróis e repiques a sua forma privilegiada de expressão. O ritmo foi concebido tendo como elementos de base: uma banda (ou bateria) formada por vários tipos de tambores, onde cada executante realça seu instrumento; a coreografia dos percussionistas; os temas das canções que mergulham no universo da comunidade; e as danças permanentemente inventadas.

Para o compositor Gerônimo, o samba-reggae consiste na apropriação do contratempo do reggae. O contratempo implica uma acentuação dos tempos fracos, realizada nos instrumentos de percussão que fazem o samba duro, havendo, portanto, uma fusão de ritmos. Milton Moura concorda com a hipótese da fusão quando afirma que "o acento do contratempo e o andamento mais lento que o de outros tipos de samba revelam a influência do reggae. Além disso, o reggae está presente no desenho melódico da maioria das composições de blocos afro". Para o percussionista Ubaldo Waru, não se trata apenas da fusão do samba com o reggae, mas sim de uma mistura entre os vários ritmos africanos, dos quais o samba e o reggae são também herdeiros.

Contra a hipótese da fusão entre samba duro e reggae se levantam pelo menos duas opiniões: a da filha de santo do Gantois, a percussionista Mônica Millet, para quem o samba-reggae é uma mescla entre o samba de roda e o maracatu, ritmo percussivo pernambucano; e a do musicólogo Tom Tavares, que vê no ritmo uma mistura de marcha-rancho, o ritmo dos ternos de reis, com o *twist*, ritmo norte-americano. Ainda assim, estudos mais sistemáticos de alguns músicos apontam para uma confirmação da fusão rítmica.

Em seu ateliê de investigação musical, o músico/pesquisador Bira Reis experimentou o processo de separar duas equipes percussivas, enquanto uma fazia samba a outra fazia reggae, e concluiu que dessa junção resultava o samba-reggae: "se você toca um ritmo em cima do outro você prova que uma coisa advém da outra", observa ele. Para Bira Reis, que foi saxofonista do Olodum durante sete anos, o mestre Neguinho do Samba utilizou a célula básica do reggae (que determina um contratempo), a clave cubana e uma outra clave invertida, que é a do candomblé de Angola. Seguindo este raciocínio, a célula rítmica do samba-reggae é uma combinação de células já existentes no candomblé, nos sambas urbanos, na salsa e no reggae, então rearranjadas. Segundo João Jorge, diretor do Olodum: "O reggae deu a modernidade que os jovens negros baianos estavam procurando. A tradição apenas não nos contentava mais".

A fusão de universos rítmicos do Caribe e do Brasil pode também ter como fonte os ritmos do candomblé. O ijexá, ritmo ioruba, percutido com as mãos nos atabaques rum, rumpi e lé e tocado para todos os orixás, é talvez o ritmo mais popular do candomblé, por ser bastante veiculado nos espaços profanos. Segundo a leitura etnomusicológica da percussionista alemã Christiane Gerischer, o ijexá (já utilizado pelo bloco afro Ilê Aiyê) contém um contratempo semelhante àquele que caracteriza a batida do reggae. Considerando o trânsito entre o contexto ritual e a música popular (através dos alabês, que sempre marcaram presença no meio percussivo popular), é possível afirmar que o diálogo entre o samba baiano e o reggae jamaicano assentou-se em bases mais sólidas, fincadas em células rítmicas coincidentes, do que até então se vislumbrava.

Não há consenso sobre a origem do samba-reggae. É bem provável que ele não tenha surgido a partir de um só foco, já que sempre houve troca de informações entre os blocos afro: alguns desses grupos se dividiram dando origem a um novo bloco, além disso, compositores como Tonho Matéria, Tatau, Ytthamar Tropicália e Rey Zulu fizeram canções para vários blocos. A filiação aos blocos não exige nenhum tipo de exclusividade quanto à participação nos ensaios e, em muitos casos, personagens-chave dessas organizações atuaram em mais de uma delas. Um dos primeiros mestres da bateria do Ilê Aiyê, por exemplo, Neguinho do Samba, deixa o bloco matriz em 1983 para atuar como mestre da equipe percussiva do Olodum, onde conquistou o *status* de criador do samba-reggae.

O consenso em torno do nome de Neguinho do Samba se deu quando a mídia passou a veicular o samba-reggae, apontando-o como criador

Músico, pesquisador e fabricante de instrumentos percussivos,
o ex-saxofonista do Olodum Bira Reis acredita que a origem do samba-reggae
está na fusão de universos rítmicos do Brasil e do Caribe.

do estilo, em 1987. Até então, Olodum, Muzenza e Malê Debalê disputaram a primazia da concepção do ritmo, já que o Ilê Aiyê mesclava samba com ijexá e não com reggae. Alguns personagens do meio musical de Salvador conferem ao Muzenza o papel de criador do samba-reggae, pela relação simbólica que ele estabelece com a Jamaica. Outros conferem ao compositor do Malê Debalê, Djalma Luz, a autoria do primeiro samba-reggae feito na Bahia, chamado "Coração Rastafári", veiculado em 81. No entanto, esta canção não garantiu ao Malê Debalê o *status* de criador do ritmo, que foi creditado ao bloco afro Olodum.

É muito provável que esse crédito diga respeito ao reconhecimento mais amplo de sua contribuição para uma renovação da tradição rítmica negra, empreendida por Neguinho do Samba. Esta renovação incluiu tanto a modificação de instrumentos percussivos quanto uma nova forma de tocá-los, além de um novo papel para o mestre da bateria, que dispensou o uso do apito e adotou a utilização do timbales (um instrumento caribenho, ver Apêndice).

9.
NEGUINHO DO SAMBA

"Nilza Alves de Souza na sua bacia aprendi/ que a música sai do vento e do tempo também/ aprendi com Nilza aprendi/ que a bacia de roupa não lava somente a roupa/ mas faz o suingue que aprendi..." ("Barrela", Neguinho do Samba)

Neguinho do Samba começou a fazer música nas bacias de sua mãe, D. Nilza, uma lavadeira do Tanque do Meio, no Largo do Tanque, bairro popular de Salvador, onde o menino cresceu. "Eu tocava nas bacias de roupa dela, tanto que ela botava fundo de madeira porque o fundo de alumínio eu furava de tanto batucar."

Aos 13 anos o jovem Antônio Luís Alves de Souza ingressou na banda Os Lordes. Era um dos mascotes. Um dia o mestre estava ensinando um ritmo e num intervalo ouviu uma "variação" rítmica como resposta. Perguntou quem tinha feito, o menorzinho levantou sua baqueta e desse dia em diante passou a tocar o seu repique na linha de frente da banda.

Os Lordes eram uma banda de carnaval que tocava frevos e sambas e ensaiava seu repertório no Pelourinho durante todo o ano. A mãe de Neguinho não gostava de vê-lo sair de casa para os ensaios, por isso mesmo o garoto fugia e não se importava de tomar algumas palmadas ao chegar em casa, pois filho de peixe, peixinho é. "Minha escola foi o candomblé, meus irmãos são ogãs,[5] meu pai também, ele tocava bongô. A gente teve uma formação musical diferente, antiga, então eu acho que é uma coisa de universo mesmo, a gente é o que merece ser".

Talvez tenha sido a intimidade com a música ritual do candomblé que levou Neguinho do Samba a participar como percussionista de uma série de entidades carnavalescas da Bahia. Ele fez parte de baterias de escolas de samba como Ritmistas do Samba e Diplomatas de Amaralina, e mais tarde se envolveu com as baterias dos blocos de índio, como Apa-

---

[5] "Os ogãs são protetores do candomblé, com a função especial, e exterior à religião, de lhe emprestar prestígio e lhe fornecer dinheiro para as cerimônias sagradas." Edison Carneiro, *Candomblés da Bahia*, Rio de Janeiro, Ediouro, s.d., p. 105.

ches do Tororó, Caciques e Comanches, além de ter tocado também nos blocos de trio mais antigos da cidade, como Corujas e Internacionais.

Em meados dos anos 70, Neguinho trocou os blocos de índio pelo primeiro bloco afro da Bahia: foi um dos formadores do Ilê Aiyê, onde passou onze anos como compositor e mestre da bateria. Mas o bloco afro matriz tem a tradição musical como eixo e não estava aberto às inovações rítmicas que o mestre propunha para o samba. O espaço de criação ficou apertado e por isso, junto com outros colegas, Neguinho resolveu participar de um outro bloco em que sua "veia musical" pudesse circular com mais liberdade. Assim, mudou-se para o Olodum, que acabou convidando o mestre para reger sua bateria em 1983. Neguinho do Samba recebeu carta branca para renovar a musicalidade do bloco.

A partir daí, o experiente percussionista passou a ser conhecido como Neguinho do Samba, como ele mesmo conta: "Um dia eu parei em frente ao Bar do Reggae com um carro cheio de instrumentos e aí um amigo disse: você é Neguinho do samba mesmo, né, rapaz? Aí pegou". De posse da carta branca oferecida pelo Olodum, Neguinho do Samba modificou os instrumentos típicos dos conjuntos de samba urbanos, propôs novas formas de percuti-los, contribuindo assim para a renovação rítmica.

A sede do Olodum se situa no Pelourinho e não se pode esquecer que uma ambiência reggae reinava no local, onde bares que executavam o estilo, frequentados por rastafáris, se multiplicavam. Isto, na certa, influenciou na mudança que a batida do samba sofreu, que consiste basicamente na acentuação das caixas de repique nos espaços de contratempo dos surdos que fazem a base do ritmo.

Mas a combinação de células presente no samba-reggae certamente não foi premeditada pelo mestre Neguinho do Samba, detentor de uma cultura oral que desconhece a estrutura musicológica dos ritmos em questão. Muito provavelmente a nova rítmica foi resultado de erros e acertos realizados nos ensaios/experimentos dos milhares de músicos, que sempre fizeram das ruas de Salvador, dos terreiros e das quadras de ensaios de blocos um celeiro percussivo. A biografia do mestre mostra que ele tem uma longa estrada na cena musical e convivência cotidiana com inúmeros percussionistas.

Quando se leva em conta o contexto no qual o ritmo foi produzido, torna-se muito mais plausível indicar uma invenção coletiva que a cada encontro, a cada ensaio reunia músicos que arriscavam combinações de sons. A fala de Bira Reis nos leva nessa direção: "Na hora de tocar o

Neguinho do Samba, mestre maior do samba-reggae, regendo a bateria do Olodum, bloco onde permaneceu por mais de dez anos.

O mestre orienta suas discípulas da Didá na confecção de instrumentos, o que contribui para a renovação da tradição percussiva na Bahia.

que você ouviu de um jeito, sai de outro, o outro já copia, então o que era um erro vira um acerto, porque num outro ensaio começa de novo daí, e tudo isso vai efervescendo".

O samba-reggae é uma forma improvisada de produção musical na qual os elementos em jogo apontam para uma relação entre contextos, personagens, experiências e ritmos diversificados. Por isso mesmo, apesar do consenso construído em torno de Neguinho do Samba e do papel fundamental que ele teve, não se pode creditar a um só músico a invenção do samba-reggae. O ritmo, sem dúvida, resulta de um variado caldeirão musical que o ouvido atento de um mestre soube captar.

10.
DE ONDE VEM O SAMBA-REGGAE?

Por trás do samba-reggae está uma vasta cultura musical construída a partir de inúmeras fontes, e uma dimensão política do movimento afro-baiano. É essa dimensão que o compositor Gilberto Gil enfatiza quando fala sobre o novo ritmo. Gil não vê uma fusão do samba com o reggae, mas sim uma atitude que aponta para essa mescla, e afirma: "É o negro liberando sua energia criativa e unindo isso à instância política". A leitura do compositor baiano, que focaliza mais o comportamento musical dos grupos negros do que sua música propriamente dita, indica que para compreender a invenção do samba-reggae é preciso situá-lo em um contexto ao mesmo tempo musical e ideológico, de maior latitude histórica, que leve em conta a grande influência dos candomblés sobre as expressões musicais afro-baianas e a importância dos movimentos de negritude para a elaboração de uma estética negra.

É preciso então reconstruir esse cenário, pano de fundo do repertório rítmico e estético que a história musical baiana deixou disponível. Pelo menos três pistas podem levar a conhecer o contexto em que o ritmo foi criado. A primeira delas é a própria transformação do meio musical de Salvador, ao longo de um século, através das recriações estéticas das manifestações carnavalescas negras. Segundo Raphael Vieira Filho, é preciso levar em consideração "a migração de elementos e signos entre os vários folguedos carnavalescos afro-brasileiros". Um olhar retrospectivo mostra que a estética musical das organizações afrocarnavalescas — batuques, clubes, afoxés, escolas de samba, blocos de índio, blocos afro — é resultado de migrações e mesclas tecidas na ponte que liga o candomblé aos sambas urbanos. A renovação de sonoridades promovida pelo samba-reggae também está pautada no deslocamento destas matrizes para o espaço profano do carnaval.

Além das recriações estéticas que deram origem ao samba popular urbano, elemento básico do samba-reggae, a segunda pista são as referências internacionais, que vêm dos Estados Unidos, da África e da Jamaica e se somam às informações produzidas em Salvador. Esse processo, que está na base da invenção do ritmo, representa a formação de uma "negritude soteropolitana", que se desenhou em meados dos anos 70 e decorrer da década de 80. O movimento de negritude origina-se na tomada de consciência do negro, gerada nos vários países que abrigaram a diáspora africana. Focalizar o panorama internacional do movimento de negritude é fundamental para compreender o sentido e os trunfos da nova musicalidade afro-baiana, que vai ser alimentada por múltiplas referências.

A terceira pista é a estratégia política dos grupos negros que se organizaram como representantes de um segmento estético do movimento negro no Brasil para mostrar que "a arma é musical". Assimilando as novas referências jamaicanas, americanas e africanas, veiculadas pela mídia, e ao mesmo tempo voltando-se para o próprio umbigo, os negro-mestiços encabeçaram o movimento de negritude local que se desenha com a formação dos blocos afro, espaços próprios de negro-mestiços no seio dos quais a mistura de matrizes rítmicas se alia a um discurso político. Neste contexto o novo ritmo vai ganhar a denominação de samba-reggae, que é o principal capital simbólico dos blocos afro, na medida em que se constitui num estilo musical próprio, capaz de veicular uma identidade afro-baiana, que luta, por vias estéticas, pela valorização do negro.

São estas três pistas que seguiremos a partir de agora para descobrir como o meio musical de Salvador tramou uma nova musicalidade.

11.
QUE BATUQUE É ESSE?

Pesquisando a musicalidade do Recôncavo baiano, região bastante diferenciada do sertão da Bahia, muitos autores demonstraram a estreita relação existente entre o candomblé e os sambas urbanos. A partir desta literatura, é possível reconstruir o quadro histórico das formas que têm no candomblé uma fonte primeira de inspiração. Elas ganharam espaço primordialmente no cenário carnavalesco, através de um trajeto evolutivo das organizações negras.

Os relatos históricos que se reportam ao fim do século XIX e início do século XX apontam a música e a dança como parte integrante do cotidiano dos negros e a presença do candomblé observável no dia a dia, nos cantos (onde ofereciam seus serviços), nas lojas (onde habitavam coletivamente), ou nos terreiros (onde cultuavam seus deuses). Além de atividades religiosas, ligadas ao candomblé, os negros elaboravam ainda uma série de divertimentos que também envolviam estas artes. Segundo Pierre Verger, "este gênero de distração sempre foi admitido e mesmo encorajado pelas autoridades, bem que se suspeitasse ser um pouco misturado a costumes supersticiosos". A presença de instrumentos percussivos e os ritmos que acompanhavam danças e cantos, tanto no espaço sagrado quanto no profano, indicavam uma certa indefinição entre as manifestações lúdicas e religiosas. Segundo Jocélio Teles dos Santos, somente no fim do século XIX, "os batuques, os sambas e os candomblés adquiriram sentidos que lhes retiravam de uma mesma sinonímia".

O batuque, estilo musical do passado colonial, próprio da população de escravos e libertos, permaneceu vivo até as primeiras décadas do século XX. O termo batuque foi empregado para todas as manifestações de um repertório musical acompanhado de percussão, que se relaciona diretamente com a dança e o canto, e tem origem na África. Segundo Câmara Cascudo, "batuque é denominação genérica para toda dança de negros na África". No século XIX, aparece a definição de batuque para identificar os candomblés, "'batuques de negros acompanhados de feitiçaria', como para denominar a 'dansa com sapateados e palmas, ao som de cantigas acompanhadas só de tambor, quando é de negros, ou também de viola e pandeiro quando entra gente mais asseada'".

Segundo algumas análises, o batuque é o precursor do samba. Para Câmara Cascudo, "à dança que outrora se chamava batuque damos agora, em geral, o nome de samba". O samba, enquanto estilo musical, ganhou denominação no século XIX e, inicialmente, também era entendido como um nome genérico dado a quase todas as manifestações musicais desenvolvidas pelos negros. Da mesma forma que o termo batuque servia para designar práticas lúdicas e religiosas, o vocábulo samba apresentava a mesma indefinição.

Analisando as letras de antigos sambas, o antropólogo Jocélio Teles dos Santos mostra como essas manifestações musicais eram "práticas relacionadas ao universo religioso", enfatizando a íntima relação entre sagrado e profano na cultura afro-baiana. Esse interfluxo aparece também em análises do etnomusicólogo Gérard Béhague, que, em sua leitura dos estilos musicais do candomblé, observa: "As causas para as correntes atuais e as transformações estilísticas na música ritual afro-baiana em Salvador podem ser ligadas à crescente identificação (e assimilação) dos membros do candomblé com o contexto urbano em que vivem".

Os estilos musicais carnavalescos são os exemplos mais evidentes da ponte entre os ritmos sagrados e profanos. O carnaval era um espaço privilegiado das manifestações negras, e a polícia agia contra os batuques e contra os sambas submetendo-os às sanções penais, tal como fazia nos terreiros de candomblé que não conseguiam licença para realizar seus rituais. Mas, apesar do controle policial sobre as práticas negras, os batuques não foram banidos nem do carnaval, nem do cotidiano da cidade. Os pretos pobres de Salvador insistiam em participar do carnaval em moldes que observadores da época como Nina Rodrigues perceberam como autenticamente africanos: "A festa brasileira é ocasião de verdadeiras práticas africanas".

12.
OS CLUBES NEGROS

Antes do carnaval havia o entrudo, festa de origem portuguesa em que os batuques se intensificavam. Saindo das senzalas, dos cantos e lojas, e dos terreiros, o povo ocupava as ruas da cidade com músicas e danças típicas das camadas negras. O descontentamento das autoridades e o movimento de abolição da escravatura, com seus novos ideais políticos e sociais, configuraram um novo contexto no qual o entrudo foi aos poucos se extinguindo e em seu lugar surgiria o carnaval. A nova festa vinha importada da Europa para a *Terra Brasilis* como signo de civilidade.

Alguns anos depois da cristalização do carnaval, nos anos 1890, negros e brancos passaram a se organizar em clubes carnavalescos, que foram uma das mais importantes manifestações étnicas de rua que a festa conheceu. Segundo Peter Fry, "o carnaval depois da abolição passa a dramatizar duas posições: civilização (riqueza) *versus* barbárie (pobreza); e Europa *versus* África". Uma parte do espaço festivo antes dominado pelos batuques, em forma de blocos e cordões, passa agora a ser ocupado pelos préstitos, espécie de desfile de clubes carnavalescos organizados.

Enquanto os clubes brancos, como Fantoches do Euterpe, Cruz Vermelha, Embaixada Chinesa, Pândegos da Época, Filhos da Harmonia etc., apresentavam em seus desfiles os costumes das cortes europeias, sobretudo da França, usando confetes e serpentinas, os clubes negros, como Pândegos d'África, Embaixada Africana, Guerreiros d'África, Filhos da África etc., tematizavam a África e seus reinados tribais.

Na permissividade da zona festiva, atualizavam sua ancestralidade colorida pelos matizes das diversas etnias africanas em interação na Bahia. Os conjuntos instrumentais dos clubes negros, chamados de *charangas*, eram compostos de instrumentos de sopro europeus, e percussivos, como agogôs, xequerês, ilus ou atabaques (também utilizados nos rituais dos candomblés). E as elites de cor, segundo Thales de Azevedo, organizadoras dos préstitos, ganharam reconhecimento pelos seus padrões de civilidade, pelo luxo e "bom comportamento" adotados nos desfiles, que contavam com a legitimidade da imprensa. A edição do jornal *A Bahia* de 4 de março de 1897 veiculou o seguinte comentário, reproduzido por

Raphael Vieira Filho: "Muito se deve ao distinto e sympathisado club Embaixada Africana o grande êxito do carnaval... Pouco depois do Cruz Vermelha a Embaixada fez sua entrada triunphal no largo Castro Alves, sendo freneticamente vitoriado pela massa popular, que não cessava de acclamal-a a todo momento".

Os clubes negros apresentavam semelhanças com antigas formas carnavalescas como Os Reis do Congo, Cucumbis, Ranchos e Ternos de Reis que se organizaram nos séculos XVII e XVIII. Ao que tudo indica, os préstitos desses clubes do século XIX eram resultado de uma mescla de modelos oitocentistas e informações modernas, como sugere o antropólogo Antônio Godi: "Temos em conta que estas invenções festivas de uma modernidade carnavalesca negra guardam grandes influências de manifestações itinerantes presentes no passado colonial e imperial da história cultural brasileira".

Apesar dos desfiles dos clubes negros contarem com o apoio da imprensa e de desfrutarem de grande popularidade, assistidos e aplaudidos pela "fina flor" da sociedade soteropolitana e pelas muitas pessoas que vinham do interior para os festejos, sua manifestação foi proibida entre os anos de 1905 e 1914. Esta proibição, que pretendia eliminar do carnaval "a exibição dos costumes negros com batuques", entre outros quesitos, sinaliza o conflito étnico que a expressão afrocarnavalesca denunciava, através da exibição de uma estética negra.

Segundo o historiador Raphael Vieira Filho, que lamenta o fato de as fontes bibliográficas nada esclarecerem a respeito das matrizes musicais utilizadas pelos clubes negros, é difícil saber se essas manifestações realmente se desarticularam em função da proibição. O mais provável é que elas tenham se transformado em uma variedade de agrupamentos que exibiam variações estilísticas. Assim, nas primeiras décadas do século XX, havia uma enorme diversidade de manifestações negras coexistindo, tais como batuques, blocos, cordões, clubes e ainda afoxés.

13.
OS AFOXÉS

Desde o final do século XIX havia uma outra forma ainda de divertimento negro, que buscava preservar o patrimônio religioso ao mesmo tempo em que constituía um repertório afro-brasileiro. Eram os afoxés, que traziam, durante o carnaval, a temática do candomblé para as ruas da cidade. Segundo Nina Rodrigues, "as danças e cantigas africanas, que se exibiam com este sucesso no carnaval, são as danças e cantos dos candomblés, do culto jeje-iorubano, fortemente radicado na nossa população de cor".

Segundo o historiador Raphael Vieira Filho, "as bases comuns dos clubes uniformizados negros e dos afoxés [...] proporcionaram a incorporação de novos elementos aos afoxés surgidos a partir da década de 1920, modificando a estrutura do desfile desses grupos mas não interferindo nos temas, músicas e danças que, como no século passado, permaneceram ligados às tradições dos candomblés". Apesar das dificuldades que os grupos tinham em expor sua ancestralidade africana e divulgar o culto, impostas pelas constantes proibições, este tipo de organização carnavalesca atravessa e percorre todo um século sem apresentar grandes transformações.

O etnólogo Edison Carneiro observou alguns afoxés, na década de 30, como o Otum Obá de África, A Folia Africana, A Lembrança Africana, Lutadores de África e Congos de África, entre outros. Sobre a origem dos afoxés, o autor comenta que "esse estranho cortejo de negros que tocam atabaques e entoam canções em nagô, em louvor das divindades do candomblé", são manifestações mais modestas dos préstitos de negros que se apresentavam nos primeiros carnavais, já sob a República.[6]

Os afoxés podem ser descritos como "candomblés de rua". Quase todos os membros dos afoxés se vinculam ao culto. Seus músicos são alabês, suas danças reproduzem as dos orixás, seus dirigentes são baba-

---

[6] O autor os identifica também com antigos cortejos dos Reis do Congo, que surgiram no século XVIII, e dessa forma estabelece uma imbricação entre as manifestações culturais negras.

lorixás (chefes de terreiro que dominam a língua ioruba) e o ritual do cortejo obedece à disciplina da tradição religiosa. No entanto, a preservação dos fundamentos secretos da religião é observada. A orquestra chamada "charanga", que executa o ritmo ijexá, é composta de agogôs, xequerês e três tipos de atabaques (rum, rumpi e lé), tal como nas cerimônias religiosas. Mas, segundo Antônio Godi, eles "não utilizam atabaques 'consagrados', ou seja, os atabaques que 'comeram', termos que identificam os instrumentos musicais ritualmente preparados para as obrigações dos cultos sagrados" e permitem a interação com os orixás. Os afoxés trouxeram para o espaço do carnaval o repertório musical e a estética dos candomblés.

Como descreve Antonio Risério, "antes de iniciar o desfile realiza-se, nos afoxés, uma cerimônia religiosa: o padê, despacho de Exu, entidade mágica [...] Só depois do padê é que o afoxé se entrega aos cantos e danças iniciando sua peregrinação religiosa". Assim os afoxés trazem pela primeira vez às ruas da cidade, no período carnavalesco, a batida matriz ijexá, dos cultos de candomblé, disponibilizando este ritmo para o repertório musical popular.

Outros afoxés, formados entre os anos 70 e 80, como Oju Obá, Olori, e o mais famoso deles, o Badauê, já não obedeciam à tradição religiosa e a participação das pessoas ligadas aos terreiros não era rigorosamente observada. Segundo Gilberto Gil, o Badauê, reverenciado por Caetano Veloso na canção "Sim/Não", "é uma espécie de afoxé jovem, um afoxé pop, progressivo". Estes novos afoxés foram acusados de terem profanado os elementos sagrados, entre eles, a batida ijexá, pois os cânticos já não eram obrigatoriamente recolhidos do repertório litúrgico dos cultos e as danças dos orixás eram apresentadas livremente.

14.
FILHOS DE GANDHY: O AFOXÉ ETERNIZADO

No fim da década de 1940, os afoxés ganham um poderoso ícone. Em 1949, nasce o afoxé Filhos de Gandhy, composto por estivadores do cais de Salvador, praticantes do candomblé. O Gandhy (com y mesmo) pretendia reverter o estigma que os negros carregavam por causa de sua cultura religiosa e, reafirmando sua origem africana, desfilaram no carnaval daquele ano cantando e dançando ijexá.

A ideia de formar o Filhos de Gandhy nasceu durante uma greve nos portos ingleses, que deixou a estiva de Salvador sem trabalho por alguns dias. No Porto, a circulação de informações internacionais era muito grande e a mensagem do líder indiano Mahatma Gandhi, assassinado em 1948, chegou aos ouvidos dos estivadores. O ócio gerou a ideia de organizar um grupo para desfilar no carnaval e, como quase todos os trabalhadores da estiva eram adeptos do candomblé, o modelo afoxé se encaixava bem no perfil do grupo. O Filhos de Gandhy saiu pela primeira vez no carnaval de 1949, com quarenta homens que tinham fama de feiticeiros e valentões.

Humberto Café, membro da diretoria do afoxé, explica o porquê da escolha do nome: "O candomblé era uma religião perseguida pelas autoridades, e nós, quando fundamos o Gandhy, tentamos demonstrar que saíamos pacificamente. Por isso, resolvemos adotar o nome de Gandhi, que era o precursor da paz no mundo".

A intenção de se desvincular da violência levou os estivadores a proibir a participação de mulheres no desfile, bem como a ingestão de bebidas alcoólicas durante o trajeto. Segundo eles, a combinação "bebida + mulher" era explosiva e não se adequaria à ética do grupo. Foram as mulheres, no entanto, mais especificamente as prostitutas do cais do Porto, que ajudaram a providenciar a indumentária dos membros do Gandhy. Seus lençóis brancos serviram de turbante e seus vidros de alfazema foram utilizados como banho de cheiro. Os colares de contas já estavam colados ao corpo daqueles negros religiosos, decididos a só fazer desfilar o afoxé depois de um ritual de padê.

Raimundo Queiroz Lima, sósia de Mahatma Gandhi, na comemoração dos cinquenta anos do lendário afoxé.

Carequinha, integrante do afoxé, diz que "a mensagem do Filhos de Gandhy é de paz e amor, a começar pelo branco do vestuário. O povo se sente emocionado ao ver-nos passar. O Filhos de Gandhy é a grande mancha branca no asfalto negro da cidade. Emociona, é gente chorando. É uma honra para qualquer cidadão pertencer ao Gandhy". Para Anamaria Morales, embora o Gandhy jamais tenha utilizado um discurso étnico-político explícito, ele pode ser visto como um exemplo de resistência da cultura afro-baiana, na medida em que enfrentou o preconceito contra o candomblé.

Talvez por isso mesmo o Gandhy tenha passado por grandes dificuldades nos primeiros vinte anos de existência, quando a licença para o funcionamento de candomblés ainda passava pela delegacia de jogos e costumes. O afoxé se esvaziou e chegou a deixar de desfilar nos primeiros carnavais dos anos 70. Mas o Filhos de Gandhy contava com um habilidoso admirador: Gilberto Gil, um dos principais responsáveis pelo ressurgimento do afoxé. Ele mesmo explica o seu envolvimento nessa história em depoimento concedido a Antonio Risério, no livro *Carnaval ijexá* (1981):

> "Só quando eu voltei de Londres, dentro daquele processo de retomada, de redescoberta, de sofisticação do gosto, é que fui procurar especificamente os afoxés, porque mesmo no carnaval da minha infância, eles me pareciam como bálsamos, oásis de paz naquele caos da rua. Me lembro que assim que voltei, no meu primeiro carnaval aqui, me disseram que os afoxés não existiam mais. E, de fato fui encontrar uns vinte Filhos de Gandhy, com os tambores no chão, num canto da Praça da Sé. Eles não tinham mais recursos, mais força para ocupar um espaço no carnaval baiano. Fui procurá-los para entrar no Afoxé. Foi como uma coisa devocional, uma promessa, uma vontade de pôr o meu prestígio para funcionar em prol daquela coisa bonita que é o afoxé. E aí saí seis anos no Filhos de Gandhy, fazendo todo o percurso das 12 horas, cantando e tocando, parando nos pontos de devoção, obedecendo à disciplina, que é muito rigorosa."

Em 1973, o músico incluiu em seu repertório a canção "Filhos de Gandhy". Compondo um belíssimo ijexá, Gil convida todos os deuses para uma emocionante homenagem. Estava eternizado o antigo afoxé.

O mais famoso filho de Gandhy, Gilberto Gil, em
apresentação do afoxé no Teatro Castro Alves.

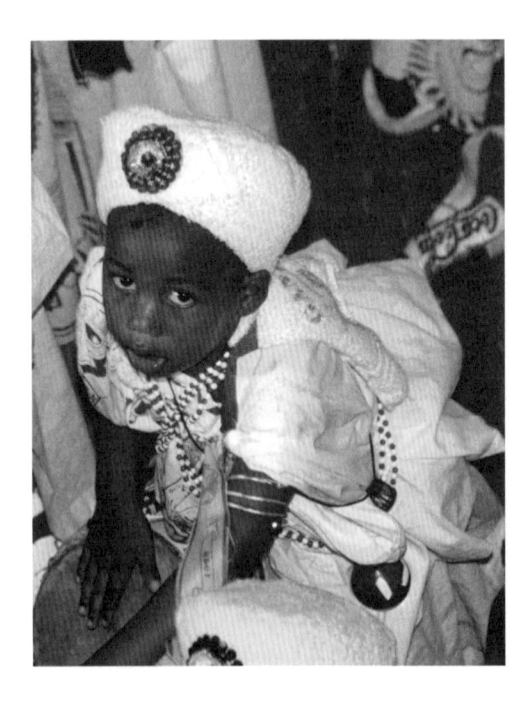

A presença das novas gerações
garante a continuidade da tradição
do afoxé Filhos de Gandhy.

"Omolu, Ogum, Oxum, Oxumaré/ todo o pessoal/ manda descer pra ver Filhos de Gandhy/ Iansã, Iemanjá, chama Xangô, Oxóssi também/ manda descer pra ver Filhos de Gandhy/ mercador, cavaleiro de Bagdá/ oh filho de Obá/ manda descer pra ver Filhos de Gandhy/ Senhor do Bonfim faz um favor pra mim/ chama o pessoal/ manda descer pra ver Filhos de Gandhy/ oh meu pai do céu na terra é carnaval, chama o pessoal/ manda descer pra ver Filhos de Gandhy."

No final dos anos 70, o governo da Bahia passou a patrocinar a entidade. Hermes Agostinho, ex-presidente do afoxé, comenta este apoio: "não existe o carnaval baiano sem o Gandhy, o governo sabe disso. O Gandhy traz muito dinheiro para a Bahia, por isso o governo está com o Gandhy; e se o Gandhy não estiver com o governo, está perdido". Antigos membros do afoxé, que consideravam que o Filhos de Gandhy estava acima de qualquer governo, abandonaram a entidade e deixaram espaço para vínculos ainda mais vigorosos com os poderes públicos. Antônio Carlos Magalhães é o presidente de honra do afoxé.

No carnaval de 80, o Gandhy desfilou com mil integrantes, crescendo continuamente. E já chegou a reunir dez mil homens na avenida. Com seus turbantes, eles desenham na multidão um imenso tapete branco. Essa imagem, de incrível força e beleza, é perseguida, ano após ano, por todas as câmeras.

Em 99, o lendário afoxé completou cinquenta anos de fundação, e, para comemorar a data, Gilberto Gil, então vice-presidente da entidade, promoveu a visita de alguns membros do Filhos de Gandhy à Índia para a realização de um documentário que pretendia tecer as pontes simbólicas entre baianos e indianos. Os quatro integrantes do afoxé que viajaram para a terra dos hindus entraram em contato com músicos e religiosos e realizaram conjuntamente um desfile em Udaipur, uma das cidades onde o documentário foi filmado.

De todos os antigos afoxés que a Bahia conheceu ao longo do século, somente o Gandhy se mantém vivo e fiel a todos os elementos rituais, reafirmando continuamente a relação visceral entre o carnaval negro de Salvador e o candomblé, além de servir de inspiração para os vários novos afoxés.

Manifestação típica do repertório afro-brasileiro,
o samba de roda pode ser visto ainda hoje em sua forma
tradicional, marcado na palma da mão.

15.
OS SAMBAS URBANOS

Além dos afoxés, uma outra manifestação musical ganhava espaço no cenário baiano nas primeiras décadas do século XX. Com muita percussão e improviso, o samba começava a formar o gosto musical de largas camadas da população, que se divertiam tanto nos salões como nas passarelas do carnaval.

O samba é, em termos rítmicos, descendente do lundu, que, segundo José Ramos Tinhorão, teria dado origem ao maxixe. É um gênero musical muito variado que engloba manifestações como samba de roda, samba chula, samba duro, os diversos sambas cariocas, entre outras variações que se particularizam regionalmente em todo o país, e fazem do samba o ritmo mais popular do Brasil. Segundo Antônio Godi, "no cerne de uma pluralidade de matrizes percussivas de origem africana, o samba se reafirmaria como uma matriz vitoriosa, impondo na ambiência cosmopolita sua forma e seu conteúdo estético e étnico". Os sambas urbanos, em suas múltiplas variações, chegaram às ruas da cidade principalmente através do carnaval e dos divertimentos populares em geral.

O samba de roda é um dos primeiros tipos de samba a ser descrito individualmente. Seu conjunto instrumental não é fixo, mas de modo geral é composto de violas, pandeiros e instrumentos como prato e faca, garrafas ou pedaços de madeira, ditos idiofones, além de ser acompanhado por batidas de palmas que orientam uma dança coletiva, circular, composta de homens e mulheres ou crianças, que a partir de uma umbigada escolhem aquele que estará no centro da roda a sambar. A dança tem o mesmo nome do ritmo e implica um movimento de pés, quadris e braços numa coreografia que desenvolve vários passos e leva o corpo a balançar vigorosamente. O samba de roda pode ser observado tanto na recreação dos terreiros de candomblé quanto nas festas de rua de Salvador.

O samba duro, também chamado de baiano, é um dos estilos mais controversos, talvez pela falta de estudos aprofundados. Seus grandes mestres são Batatinha,[7] Riachão, Nelson Rufino e Edil Pacheco, entre outros. Para alguns entendidos, o samba duro se diferencia do candomblé pela forma como é tocado, para outros, ele se constitui numa variação rítmica do samba de roda, executada em instrumentos como surdos, pandeiros, tamborim, cavaquinho e violão. Outros ainda consideram que o samba duro encontra sua melhor expressão nos divertimentos profanos, que espalhavam pelas ruas da cidade uma música percussiva, através das manifestações de grupos informais, mais tarde chamados de batucadas.

As batucadas, embaladas pelos sambas, são uma forma heterogênea, uma mescla dos diversos estilos que construíram uma estética musical negra. Elas se organizaram como grupos carnavalescos e seus instrumentos eram caixas de guerra (espécie de tambores de couro de jiboia), cuícas de madeira, tamborins quadrados também de madeira, ganzás ou reco-recos feitos de bambu, chocalhos, pandeiros e agogôs. Esses conjuntos instrumentais executavam vários tipos de sambas urbanos, infelizmente sem registro.

Segundo Antônio Godi, o samba é o elemento temático e rítmico das batucadas, tal como o foi também nos batuques: "Pode-se arriscadamente afirmar que as batucadas foram batuques africanos que se domesticaram socialmente em função das proibições". As variações rítmicas das batucadas se constituem num elemento fundamental do meio musical de Salvador, e não somente durante o carnaval. Sua presença é cotidiana: nas praias, nos ônibus, nas feiras, nas esquinas da cidade. Em muitas situações, na ausência de tambores, a batucada se faz a partir de instrumentos improvisados como frigideiras, baldes, latas ou qualquer material capaz de produzir som.

Os divertimentos musicais negros eram continuamente recriados, a partir de elementos do repertório afro-brasileiro, no qual referências estéticas variadas foram incorporadas. Alguns desses estilos foram amplamente disseminados e assim, em meados do século XX, Salvador viu surgirem suas primeiras escolas de samba. As escolas de samba do Rio de Janeiro estavam vivendo um momento de glória nesta época, a Mangueira, o Salgueiro, a Portela, entre outras, eram uma das mais importantes expressões da cultura brasileira. Talvez nem seja preciso mencionar que, a partir daí, o samba, uma música de negros discriminada e perseguida,

---

[7] Oscar da Penha, apelidado Batatinha (1924-1998), teve quatro discos lançados: *Samba da Bahia* (1973); *Toalha da Saudade* (1976); *Batatinha: 50 anos de samba* (1994); e *Diplomacia* (1998).

Goli Guerreiro

Um dos mais importantes nomes do samba na Bahia, Batatinha alcançou um discreto reconhecimento fora de sua terra após o lançamento de seu disco póstumo *Diplomacia* (1998), produzido pelo compositor Paquito.

O animadíssimo sambista Riachão, autor do "clássico" "Cada Macaco no seu Galho", se prepara para o lançamento de seu terceiro disco.

se transformou no ritmo nacional, nas malhas de "uma extensa rede de relações entre grupos sociais e indivíduos diversos". Esse processo, já comentado pelo antropólogo Hermano Vianna, levou as escolas de samba cariocas ao prestígio e fama crescentes. A nacionalização do ritmo torna mais visíveis os numerosos grupos de samba que sempre marcaram presença nos meios musicais locais.

Mas além do sucesso das escolas de samba, que já extrapolava as fronteiras nacionais, um elemento muito importante também informava a organização carnavalesca. Trata-se dos intensos contatos culturais entre Bahia e Rio. A velha polêmica sobre a origem do samba só faz evidenciar a proximidade entre as duas cidades, antigas capitais da República de densa população negra.

Fascinados pelo impacto que as escolas de samba cariocas provocavam e apoiados nos intercâmbios culturais (que já haviam se manifestado através da organização simultânea de congadas, cucumbis, cordões, e préstitos no Rio e na Bahia), os jovens negro-mestiços soteropolitanos organizaram-se em entidades semelhantes, tais como Diplomatas de Amaralina, Ritmos da Liberdade, Juventude do Garcia, Filhos do Tororó, entre outras. Além dos mesmos instrumentos percussivos das baterias cariocas, como surdos, repiniques, tamborins, agogôs, cuícas, ganzás e reco-recos, e um apito para o mestre, também usavam fantasias para descrever enredos, tematizados em alas.

Os anos 50 e 60 testemunharam o apogeu e o declínio das escolas de samba soteropolitanas, embora elas jamais tenham alcançado o mesmo êxito das cariocas. Segundo o sambista Ederaldo Gentil, "as escolas não tinham quadras nem terrenos próprios como as do Rio de Janeiro. Os dirigentes preferiam o romantismo". Menos que as razões do desaparecimento das escolas de samba baianas, o que importa ressaltar é a disseminação do samba carioca, através do sucesso das escolas de samba, que se tornou uma pauta de referência rítmica também utilizada por um outro tipo de organização carnavalesca: os blocos de índio.

16.
OS BLOCOS DE ÍNDIO

Desde o final dos anos 60 e durante toda a década de 70, uma parte da população negro-mestiça de Salvador passou a se organizar em blocos de índio. Muitas pessoas antes de se filiar a esses blocos já haviam participado das escolas de samba da Bahia, inclusive Vovô, fundador do Ilê Aiyê, e Neguinho do Samba, dois dos maiores representantes atuais da cultura musical afro-baiana.

Junto com a informação musical carioca, que deu origem à formação das baterias pelas organizações carnavalescas baianas, os blocos de índio estavam se identificando com as informações e imagens que chegavam pela mídia (cinema e TV) dos grupos indígenas norte-americanos. Além dos nomes dos blocos, elas inspiravam também suas fantasias (compostas de tangas, cocar, arco e flecha e machadinhas) e seus gritos de guerra.

Os desfiles dos blocos de índio como Apaches do Tororó (1966), Comanches do Pelô (1975), Sioux (1977), entre outros, exibiam um gosto pela violência, muito temido pelos foliões brancos, a ponto de as autoridades locais imporem limites para o número de participantes desses blocos (que chegava a alcançar cinco mil homens — a participação de mulheres era proibida) em cerca de mil pessoas, a fim de melhor controlar, nos dias de festa, os embates étnicos e classistas entre os blocos.

Roberto da Matta dá uma pista interessante para pensar a utilização da imagem do índio por camadas negro-mestiças de Salvador. Segundo ele, o carnaval é "um campo social cosmopolita e universal, polissêmico por excelência [...]; o mundo da metáfora". O recurso a outro grupo étnico também oprimido, porém temido, como eram os índios do Oeste norte-americano, tinha o sentido de recolocar metaforicamente a opressão vivida pelos pretos da Bahia, onde se pode ler também a sua disposição de luta contra os brancos, vistos como opressores. Segundo Antônio Godi, a identidade negro-mestiça aparece nos blocos de índio de maneira velada, travestida. Ou seja, o negro se disfarça de índio para manifestar sua força no espaço do carnaval.

O tradicional bloco de índio Apaches do Tororó se aliou a
Carlinhos Brown para reconquistar seu espaço na avenida.

O Comanches do Pelô atrai uma garotada mais identificada
com o mundo indígena do que com os blocos afro.

Mas esse modelo não era exatamente uma novidade. No fim do século XIX e na primeira metade do século XX, os negros baianos já haviam se organizado em blocos de índio, inspirados nos aborígines do Brasil e nos índios do México. Pierre Verger chegou a fotografar a Embaixada Mexicana, no carnaval de Salvador, em 1949. Este tipo de entidade começou a se organizar a partir das proibições a que foram submetidos os préstitos dos clubes com temáticas africanas.

Tal recurso, provavelmente uma estratégia para driblar as proibições, não teve sucesso, pois elas se estenderam aos blocos que levavam para as ruas "temáticas selváticas", e dessa forma os enredos indígenas foram temporariamente banidos do carnaval de Salvador. Nos anos 60, livres de qualquer proibição, os negro-mestiços baianos voltaram a se organizar em blocos de índio.

A formação dos blocos de índio consolidou mais um modelo de organização negra que repensou elementos já presentes na estética afrocarnavalesca e a eles somou informações provenientes de outros contextos culturais, nacionais ou internacionais. No entanto, no final dos anos 70, essas organizações foram perdendo força e chegaram a desaparecer completamente no início dos anos 90.

O carnaval de 98 marcou a volta do bloco Apaches do Tororó à avenida, depois de cinco anos fora da festa. Esse retorno foi viabilizado pelo apoio do cantor, compositor e instrumentista Carlinhos Brown, e pelo empenho dos seus integrantes em manter a entidade que faz parte da história do carnaval da Bahia. A participação de Brown passa por aí. Segundo ele, "do Apaches vieram todos os blocos da Bahia. Porque afro-brasileiros e não afro-ameríndios? Não foi só o negro que sofreu neste país, os índios também", afirma o percussionista, muito frequentemente chamado de cacique, que colocou na rua, ao lado dos Apaches, cerca de cem timbaleiros.

Com saias de sisal, colares e penas sintéticas coloridas em forma de cocar, os percussionistas chamavam com seus timbaus o outrora temido grito de guerra dos Apaches do Tororó, "Eh, eh, eh, índio quer apito, se não der pau vai comer". Este grito de guerra, tomado de empréstimo da marchinha carnavalesca "Índio Quer Apito" (1961), de Haroldo Barbosa e Milton de Oliveira, já não assusta os foliões brancos, antes aterrorizados pelo embate étnico que os blocos de índio protagonizavam nos carnavais dos anos 60/70. Os segmentos "brancos" compuseram a imensa plateia que disputou espaço na rua para ver o espetáculo.

No início da carreira, Margareth Menezes lembrava
as cantoras de *soul* norte-americanas.

17.
OS ECOS DOS ESTADOS UNIDOS

A referência norte-americana é um dos elementos que vêm delinear o movimento de negritude de Salvador, contexto ideológico no qual nasce o samba-reggae. A questão da negritude é muito ampla e engloba várias facetas nos diversos contextos culturais em que se expressou. Aqui interessa detalhar apenas a vinculação do movimento com as manifestações musicais.

A conexão negritude-musicalidade remete inicialmente aos Estados Unidos. Nos anos 60, os negros americanos passaram a se organizar em movimentos étnicos que vinham sinalizar a "revivescência da etnicidade", na expressão de J. G. Reitz. Nesse contexto, nasce um gênero musical conhecido como *soul music*, uma música dançante, feita por negros, que tematizava e celebrava o universo negro.

Depois de mobilizar imensas camadas da juventude norte-americana, a *soul music* chega ao Brasil, via Rio de Janeiro, quando então se delineia o movimento Black-Rio, analisado por Hermano Viana. Na zona norte do Rio de Janeiro, milhares de jovens negro-mestiços se reuniam em grandes bailes de final de semana para dançar ao som da música *funk* — uma derivação mais agressiva do *soul*. As patrulhas ideológicas qualificaram o gosto da juventude autodenominada *black* de alienado e imposto pelo imperialismo cultural norte-americano, que, neste caso, promovia a identificação do negro brasileiro com o negro norte-americano. No entanto, o movimento *black* fez nascer entre os pretos do Brasil um interesse pela cultura afro-brasileira, contribuindo para seu processo de afirmação.

Na primeira metade dos anos 70, em apogeu no Rio de Janeiro, o movimento *black* chega a Salvador, ganhando novos contornos e reforçando a intensidade dos contatos culturais entre Rio e Bahia. A maior população negro-mestiça do país reinterpreta os pilares do movimento e faz a passagem do *black* ao afro e do *soul* ao ijexá. As informações musicais que chegavam a Salvador, a partir dos discos e das imagens de artistas negros norte-americanos, influenciaram o comportamento dos negros baianos. Como observou Milton Moura: "No bojo das importações chegavam a música *soul* de James Brown, o rock de Jimi Hendrix e a coreografia do conjunto Jackson Five, com um Michael Jackson ainda adolescente. Pouco a pouco foi-se formando um modelo negro de imagem". Essa estética norte-americana foi assimilada inicialmente pelos negros baianos responsáveis pela criação do Ilê Aiyê, em 1974. Embora ritmicamente se mantivesse fiel à mescla entre samba e ijexá, as letras das canções apontavam um cruzamento ideológico entre Bahia, EUA e Jamaica. Como no trecho da canção "América Brasil", do Ilê Aiyê:

> "Sou Ilê Aiyê da América africana/ senzala barro preto Curuzu/ sou negro Zulu/ Garvey Liberdade e Brooklin Curuzu Aiyê/ Johnson com seu pulso/ encantou a todo o mundo/ Jimi Hendrix com seu toque universal/ reverendo Luther King/ a liberdade e a palavra de fé [...]"

O que estava em jogo naquele momento era a articulação de um discurso afirmativo. A luta por um melhor posicionamento dos negros na sociedade norte-americana (que emergiu sob *slogans* como "black power", "black is beautiful", entre outros) não passou despercebida pelos membros dos blocos afro.

Os ecos da América do Norte ganhavam forma através das letras das canções, recurso de veiculação de uma ideologia e de uma identidade afro. E também através de uma estética adotada pelos pretos, não raro considerada de mau gosto ou brega. A referência a esta estética deu origem à gíria "brau" (variação da palavra inglesa *brown*), termo que resumia um tratamento pejorativo dado aos baianos que assumiam a sua negritude, exibindo cabelos crespos e roupas consideradas extravagantes, mas que no final dos anos 90 deixaria de caracterizar o "mau gosto" para nomear uma estética criativa, sintonizada com os movimentos de negritude e que tem nas várias músicas negras do Novo Mundo sua principal forma de comunicação.

18.
A ÁFRICA REVISITADA

Além dos EUA, outra referência internacional fundamental para configurar o movimento de negritude na Bahia foi a repercussão da descolonização da África portuguesa nos anos 70. A luta dos povos africanos em direção à independência injeta uma grande dose de ufanismo dentro e fora da África, levando à revalorização de suas raízes ancestrais e desencadeando o movimento pan-africanista, que prega a unidade dos povos negros e o retorno à Pátria Mãe. Mas a força do intercâmbio entre África e Bahia é a estética afro, que traz implícita a intenção de se afastar de um eurocentrismo tão presente no imaginário brasileiro.

A "Mama África" sempre representou para os negros baianos uma fonte de inspiração e de informação muito próxima. E a formação dos blocos afro atualizou o velho intercâmbio. Segundo Vera Lacerda, do Ara Ketu, "os blocos representam, hoje [1988], na Bahia, a revolução cultural que esperamos que extrapole nossas fronteiras e ganhe espaço no cenário nacional, pois o resgate e perseverança da nossa cultura têm como ponto de referência para todos nós a volta às nossas raízes, à nossa querida mãe África".

No final dos anos 80, havia cerca de quarenta blocos afro organizados na cidade inscritos na Federação de Clubes Carnavalescos (onde se cumprem os procedimentos legais das entidades). Segundo Ericivaldo Veiga, "no sentido de ressaltar o caráter afro das entidades, os fundadores procuram registrar em atas o estilo afro-brasileiro para participar do carnaval baiano, ou que o bloco foi fundado baseado nos costumes africanos, reconhecendo o valor que teve o negro na raça brasileira".

Os blocos afro de grande porte realizam festivais de música que mobilizam o meio afro-baiano. É o momento da escolha da canção que vai ser tema do carnaval. Isso envolve um processo de pesquisa, considerado uma fonte de aprendizado sobre povos e países africanos. A diretoria dos blocos coordena o levantamento do material disponível sobre o assunto em pauta e se encarrega de elaborar as apostilas que servem de guia para os compositores-letristas dos blocos.

A presidente do Ara Ketu, Vera Lacerda, que viu na cena senegalesa
um caminho para renovar a musicalidade afro-baiana.

Quase todos os blocos afro acreditam que a produção dessas apostilas representa a possibilidade de veicular entre as comunidades negras um conhecimento legítimo sobre a África, além de cobrir as lacunas existentes nos livros didáticos que abordam a África de maneira preconceituosa, e nos meios de comunicação que se interessam em mostrar apenas a face miserável do continente negro, como a seca, a fome e as guerras.

No entanto, os conteúdos veiculados nas apostilas nem sempre são bem assimilados pelos compositores. Muitas letras de canções mais parecem descrições enciclopédicas que não atendem aos objetivos de divulgar as culturas negras. Como na letra da canção "Negros Sudaneses", do compositor Lázaro Boquinha, do Malê Debalê:

> "Negros sudaneses partidários da religião mulçumana/ os malês pretendiam abolir a escravidão/ no dia 25 de janeiro de 1835 começou a revolta dos malês/ atacando quartéis/ vitoriosamente avançaram pela Rua de Baixo, atual Carlos Gomes/ quando foram dissolvidos por forte contingente militar/ e mesmo assim não pararam de lutar/ oh negros sudaneses, oh negros malês."

Os próprios idealizadores reconhecem que as apostilas não são exatamente a melhor maneira de transmitir conhecimentos. Segundo Arany Santana, do Ilê Aiyê, "o ideal seria que cada bloco promovesse seminários com a orientação de historiadores, antropólogos, sociólogos e outros profissionais ligados às artes. O compositor aprenderia melhor as informações, pois discutiria e debateria cada tema abordado". Vera Lacerda aponta outra solução: "Nós procuramos explorar mais a mitologia, pois evita-se assim que compositores copiem textualmente as apostilas. As lendas dão mais possibilidades aos autores de viajar em torno da temática, criando letras mais livres e poéticas".

Às vezes, o modelo de apostilas surte efeitos poderosos. O Festival de Música do Olodum (FEMADUM) trouxe à tona, em 87, a canção "Faraó", eleita como tema do Carnaval do Egito, que se transformou num símbolo do movimento afro-baiano. Segundo João Jorge, "os temas desfilados são polêmicos, mas se baseiam em forte pesquisa, que inclui uma visão histórica, cultural, biopolítica, uma visão abrangente da questão do negro". Mas, apesar de todo o empenho num processo educativo e da presença, quase sempre garantida, de personalidades ligadas à cau-

As candidatas a Deusa do Ébano — rainha do Ilê Aiyê —
devem estar envolvidas com as questões da negritude.

sa negra nos festivais de música dos blocos afro, o que realmente mobiliza as imensas plateias são os ritmos e as danças.

Entre as estratégias de afirmação de uma estética, aparecem também os concursos para escolher a Rainha dos blocos afro, que deve representar toda a beleza das mulheres negras. O evento mais importante é a Noite da Beleza Negra, organizado anualmente pelo Ilê Aiyê. O concurso elege a Deusa do Ébano entre dançarinas de 15 a 25 anos, mas os critérios de escolha vão além da beleza plástica e da habilidade para a dança afro. Segundo Arany Santana, uma das organizadoras do evento, "nossa rainha não deve exibir coxas e outras partes do corpo. Em cima do carro ela tem que passar a magia e a força da dança negra e deve ter consciência de negritude. Beleza só não basta". As vinte candidatas são selecionadas através de entrevistas que verificam os conhecimentos e o envolvimento da possível Deusa do Ébano com a causa negra. Só depois de passar por esse crivo elas poderão mostrar a sua precisão na arte das coreografias de inspiração africana.

As diversas atividades dos blocos afro funcionam como uma antena que rastreia o continente negro. Gilberto Gil, em depoimento à *Folha de S. Paulo*, em 1994, definiu bem essa espécie de culto que os povos do Novo Mundo prestam à África: "Acho que o entrecruzamento de informações difusas e diversas é inevitável, é uma complicação. Mas é também o espírito genuíno da ancestralidade, das matrizes culturais, da música. É preservar, manter, fazer crescer, esse é o lado mãe. É a mãe África".

A figura e a mensagem ao povo negro de Bob Marley inspiram manifestações estéticas e rituais, como acontece durante o desfile do bloco Muzenza.

19.
OUVINDO A JAMAICA

A outra referência formadora da negritude baiana vem da Jamaica. Trata-se do movimento rastafári, que tem na música reggae e em Bob Marley seus principais divulgadores. O cantor rastafári, mesmo antes de sua morte, transformara-se num símbolo da luta antirracista e ícone do estilo rasta-reggae. O rastafarianismo ganhou corpo nas cidades jamaicanas, principalmente nos bairros proletários de Kingston, enquanto movimento político-religioso. Seus adeptos popularizaram os cabelos em forma de gomos e as roupas coloridas usadas pelos negros jamaicanos. Ericivaldo Veiga afirma que "um componente especial associado ao rastafárianismo é o ritmo musical conhecido como reggae. E o principal difusor dos princípios e da crença rasta".

O reggae se difundiu na Jamaica na década de 70, como evolução de ritmos caribenhos notadamente de base africana, e não demorou a se expandir pelo mundo, modificando o gosto musical das novas tribos londrinas e nova-iorquinas, fortemente influenciadas pelos imigrantes afro-caribenhos, que tiveram sua música divulgada através de astros da música pop como Eric Clapton, Rolling Stones, entre outros.

O movimento rastafári encontra alguns adeptos na Bahia, mas a principal absorção da cultura jamaicana se dá pela via da música reggae, que passa a ocupar lugar de destaque no gosto musical de grupos negros. Como apontou Milton Moura: "O reggae era conhecido através de alguns discos [...] Sua difusão maior, contudo, se deu com a vinda dos jamaicanos Bob Marley, em 1980, e Jimmy Cliff, no ano seguinte". Bob Marley desembarcou em março de 1980 no Rio de Janeiro como convidado da gravadora alemã Ariola, que acabava de entrar no mercado fonográfico nacional. Marley, o primeiro nome do reggae a penetrar no *mainstream*, "endeusado na Jamaica, amado na Inglaterra e cultuado na América", afirmou, segundo Carlos Albuquerque, ainda no saguão do aeroporto: "O reggae tem a mesma raiz, o mesmo calor e o mesmo ritmo do samba. Nós estamos próximos".

Além de *superstar* do reggae, Bob Marley era o representante máximo do rastafarianismo, o movimento étnico-político-religioso originário da Jamaica que orientou decisivamente a estética e o comportamento dos afro-baianos, que passaram a adotar os *dreadlocks* nos cabelos (cabelos em forma de gomos que não podem ser cortados, ou cabelos "rasta") como um dos símbolos mais visíveis de adesão ao rastafarianismo. Quando Bob Marley morreu, em maio de 1981, grupos negros de Salvador organizaram o evento Tributo a Bob Marley, que se repete anualmente no mês de sua morte.

Foi em um ateliê no bairro da Liberdade que se organizou a Legião Rastafári, no início da década de 80, onde se reunia parte da juventude rasta que reverenciava a postura dos cantores de reggae jamaicanos. Mais tarde, como analisou Olívia Gomes da Cunha, "a Legião passa a atrair um público mais variado, de militantes e artistas, interessados em discutir o desenvolvimento das ideias rastafári na cidade": a ideologia rasta-reggae estava se disseminando.

Ídolos, signos, ícones, posturas, passam a ser intercambiáveis, através de uma rede de relações estabelecida entre Bahia e Jamaica, tornando mais densos os contatos Brasil-Caribe. Eles culminam no aquecimento do processo de transnacionalização da negritude, favorecida pela circulação de informações. O antropólogo Lívio Sansone afirma que "nesse processo de difusão através da mídia e das novas tecnologias, certos aspectos da cultura negra tendem a perder especificidade local para se tornarem genuinamente internacionais". No entanto, esta difusão se dava apenas nos espaços musicais negros de Salvador, principalmente na Liberdade e no Pelourinho.

Esse contato entre Bahia e Jamaica atualizava o intercâmbio existente entre Bahia e Caribe que já tinha se estabelecido através da proximidade cultural entre Bahia e Cuba. Salvador se abrira para a música cubana desde os anos 50/60, que, sob o nome de salsa, se tornou muito popular não só na Bahia, mas em várias partes das Américas. Segundo Isabelle Leymarie, a salsa é uma espécie de *pot-pourri* musical que reúne sobre uma base rítmica, sobretudo cubana, diversos ritmos antilhanos.

O cantor e compositor Gerônimo se considera um pioneiro na fusão de ritmos baianos e caribenhos: "Nos anos 50, se ouvia muita música cubana, eu tive acesso no Pelourinho a discos de Célia Cruz, Tito Puente, Paquito de Rivera e isso naturalmente apareceu no meu trabalho, que é muito informado pelo candomblé".

A percussão caribenha se caracteriza pelos solos improvisados e, em Salvador, essas informações chegaram não somente através de discos, mas também através de músicos estrangeiros que buscaram introduzir informações de salsa no repertório afro-brasileiro, e foram acompanhados por músicos percussionistas.

A banda Rumbaiana, formada em 1982 pelo saxofonista alemão Klaus Jaeke e pelo músico italiano Dini Zambeli, amantes do *latin jazz*, também foi responsável pela divulgação dos ritmos caribenhos em Salvador. A orquestra da Rumbaiana, formada por timbales, bongô, congas, além de instrumentos de sopro e dos harmônicos como piano, guitarra e baixo, executa desde o início da década de 80 ritmos caribenhos como merengue, rumba, mambo, bolero, genericamente denominados salsa. Segundo Klaus Jaeke, "nos anos 80, a salsa já não fazia parte do cotidiano baiano como fez até o golpe militar, já não era popular. A Rumbaiana nasceu da nossa paixão pelos ritmos de Cuba, Porto Rico e São Domingos", explica o saxofonista. Alguns percussionistas como Carlinhos Brown, Ramiro Musotto, Toni Mola, Bastola, entre outros, foram integrantes da banda.

Segundo o jazzista Ivan Huol, "na Bahia encontrou-se um berço para este tipo de percussionista que gosta de improvisar, de solar, porque, ao mesmo tempo em que ele tinha uma antena em Cuba, ele tinha, ao seu redor, exímios solistas do candomblé". A improvisação é um traço comum tanto na percussão cubana quanto na baiana, e isso se manifesta ao mesmo tempo na música popular e no candomblé, em que existe uma definição bem clara quanto ao papel dos tambores rum, rumpi, lé (enquanto um sola os outros dois fazem a base). Mais uma vez, revela-se a coincidência entre universos rítmicos do Brasil e do Caribe.

A salsa era popular em todo Brasil antes da Revolução Cubana (1959), mas foi aos poucos substituída pela informação do rock (principalmente no Sul/Sudeste) e do reggae (principalmente no Nordeste). No final dos anos 70, os bairros negros, como o Pelourinho e a Liberdade, estavam apinhados de bares de reggae, onde Bob Marley, Jimmy Cliff e Peter Tosh eram celebrados e a bandeira da *Free Africa* era orgulhosamente exibida nas paredes, trazendo o gosto pelas cores verde, vermelha, preta e amarela. A Jamaica (cuja bandeira é verde, amarela e preta) é um dos principais redutos do pan-africanismo, que prega o retorno à Etiópia (cuja bandeira é vermelha, amarela e verde), pátria sagrada dos rastafáris. A bandeira da *Free Africa* — nação africana livre — mistura as cores das duas bandeiras. Nascem os grupos de reggae como Nação Rastafári e Amigos do Reggae, os primeiros de uma longa série como Guerrilheiros de Jah, Djamba, Dendê Cum Jah, Morrão Fumegante etc. Em 1980, o jamaicano Jimmy Cliff lota o estádio da Fonte Nova com seu reggae dançante ao lado de Gilberto Gil, onde a canção de Bob Marley "No Woman No Cry", um dos maiores *hits* do gênero, foi acompanhada por cerca de 60 mil pessoas. Esse foi o primeiro sinal de que o reggae começava a se expandir para além dos espaços musicais negros.

A receptividade do reggae impulsionou músicos como Diadorina e Lazzo — este abandonou o bloco afro Ilê Aiyê para integrar a banda de Jimmy Cliff em uma turnê de quase três anos pela Jamaica, África, Europa e Estados Unidos. Outro nome de peso do reggae baiano é Edson Gomes. Ele explica que teve uma dificuldade inicial em se apropriar do reggae. "Para fazer reggae é preciso sacar a rítmica. A primeira vez que consegui foi na canção 'Rastafári' em 84, com ela consegui o segundo lugar no extinto Festival Canta Bahia. A partir daí, converti todos os meus balanços em reggae."

A identificação de certos grupos negros baianos com a música reggae pode ser pensada através da noção de "Atlântico Negro". Segundo Paul Gilroy, "as culturas negras da diáspora mostram-se abertas, inacabadas e internamente diferenciadas. Elas são formadas a partir de múltiplas fontes por movimentos que se entrecruzam no mundo atlântico [...] Elas são continuamente criadas e recriadas com o tempo e a sua evolução é marcada pelos processos de deslocamento e de reposição dentro do mundo atlântico, e pela disseminação através de redes mundiais de intercâmbio de comunicação e cultura". O reggae é uma dessas expressões culturais negras que se internacionalizaram, tornando-se disponível no meio musical soteropolitano, que o transformou em uma das fontes rítmicas e ideológicas para a constituição de um estilo musical particular.

Algumas letras de canções de samba-reggae demonstram a identificação dos negros baianos com o universo jamaicano, como "Brilho e Beleza", de Participação, do Muzenza, e "Luz e Blues", de Paulo Jorge e Jamoliva, do Olodum:

> "O negro segura a cabeça com a mão e chora sentindo a falta do rei/ quando ele explodiu pelo mundo ele mostrou seu brilho de beleza/ Bob Marley pra sempre estará no coração de toda raça negra/ quando Bob Marley morreu foi aquele chororô na Vila Rosenval/ Muzenza trazendo Jamaica, arrebentando neste carnaval [...]"

> "[...] Forte revolucionário/ Olodum miscigenado/ o teu canto me seduz/ quero samba, quero reggae/ quero samba, quero reggae/ quero jazz e quero blues [...]"

Depois de chamar a atenção dos jovens negros e mestiços dos bairros periféricos da cidade, o reggae começou a ser veiculado nos meios de comunicação de massa, em que radialistas como Baby Santiago, Ray Company e Lino de Almeida se interessaram em divulgar a mensagem politizada das canções de reggae, cujas letras quase sempre apontam para um tipo de consciência negra. Diferentemente da salsa, a presença do reggae foi difundida como música de protesto, e sua essência foi captada por uma parcela dos negros baianos, apesar da barreira da língua inglesa. Mas, muito antes de ganhar uma difusão significativa nas rádios de Salvador, através de programas como *Raízes* e *Rock, Reggae e Blues*, o ritmo jamaicano já tinha sido apropriado pelos jovens negros que estavam se organizando em blocos afro, os espaços onde o samba-reggae nasceu.

Ao microfone, o peso pesado do reggae na Bahia Edson Gomes, ao lado do *reggaeman* da Costa do Marfim Alpha Blondy (à esquerda) e João Jorge, num dos debates sobre a causa negra na Casa do Olodum, sede do bloco.

20.
OS BLOCOS AFRO MOSTRAM SUAS ARMAS

Além de serem organizações culturais e recreativas, os mais importantes blocos afro são também entidades do movimento negro baiano que, de certa forma, estabelecem um contraponto ao Movimento Negro Unificado (MNU), enquanto entidade estritamente política. Na Bahia, o MNU encontrou alguma dificuldade para se firmar pela falta de habilidade em estabelecer um diálogo com as entidades do movimento negro local, assentado em organizações culturais como Ilê Aiyê, Malê Debalê, Olodum, Ara Ketu, Badauê, Afreketê, Mundo Negro, entre outras.

O MNU e as entidades culturais (quase todas blocos afro) constituem tendências diferenciadas na luta antirracista. Segundo o ex-conselheiro do Olodum Zulu Araújo, o conflito entre as diferentes estratégias de combate ao racismo deve-se ao fato de o MNU "ter-se firmado considerando que os blocos afro e todos aqueles que faziam cultura eram alienados, que era fazer festa, que era não levar a sério a luta contra a discriminação racial, e isso criou um atrito muito forte com praticamente todo o movimento negro baiano". O depoimento de Vovô, presidente fundador do Ilê Aiyê, confirma esta análise: "O pessoal do Movimento Negro disse que a gente tava por fora, que a gente não sabia nada, era uma porção de negão burro que só sabia fazer carnaval. Mas será que eles acham mesmo que a gente vai botar de lado esse lance carnavalesco? A nossa mensagem maior é esta. É a festa, o espetáculo. Eles se reúnem e não fazem nada, e nós, através do Ilê Aiyê e do carnaval, sem discurso nenhum, já conseguimos modificar muita coisa por aqui".

O MNU se organizou a partir do racha, em 1979, do Movimento Unificado Contra Discriminação Racial, uma articulação nacional formada nos anos 70, que buscava reestruturar a Frente Negra Brasileira (extinta nos anos 40) e congregava as entidades políticas, sociais e culturais existentes na sociedade brasileira que, de uma forma ou de outra, trabalhavam a questão da negritude. Com o racha, o MNU passou a constituir uma entidade formalmente política, e por isso mesmo se contrapõe tanto ao candomblé — visto como um movimento conservador que sempre esteve ligado ao poder, através da cooptação de personalidades influentes da esfera da política — como aos blocos afro que começam a se organizar nos anos 70 e ganham mais força nos anos 80,[8] justamente quando começam a fazer coincidir sua munição musical com uma luta contra a discriminação étnica, no reaquecimento do movimento negro no Brasil.

A atuação dos blocos afro indica uma nova proposta de reação ao mundo dos brancos e ao mito da democracia racial. A luta contra a discriminação tinha como campo de batalha a expressão estético-musical e buscava emancipar os negros da posição inferiorizada à qual estavam historicamente submetidos e que lhes conferia uma participação desigual no campo da mídia, da economia e da política. O presidente do Olodum João Jorge afirmava: "Não vamos para a rua exibir fantasias, mas sim para mostrar uma cultura de resistência contra a Babilônia". O termo "Babilônia", comum entre os adeptos do estilo rasta-reggae, é utilizado para se referir ao Ocidente, visto como lugar de opressão e de desigualdade étnica e social.

Em 1989, a abolição da escravidão estava completando cem anos e como os grupos negros estavam divididos sobre comemorar ou não o evento no dia 13 de maio, foi estabelecido que 20 de novembro, data da morte do líder Zumbi dos Palmares, seria o Dia da Consciência Negra, que a partir de então passou a reunir milhares de negro-mestiços na Praça Castro Alves. Os blocos afro compareciam em peso com seus tambores e assumiam o papel de porta-vozes da luta antirracista. No início dos anos 90, num desses eventos, contaram com a presença de Nelson Mandela, recém-libertado da reclusão de ordem política orquestrada pelo regime racista da África do Sul.

Assim, a produção musical tomou proporções de movimento social e começou a se relacionar estreitamente com a esfera da política, na qual alguns importantes compositores e intelectuais, ligados à causa negra, assumiram cargos estratégicos. José Carlos Capinan, Waly Salomão, Arlete Soares, João Jorge e Antonio Risério ocuparam cargos na Fundação Gregório de Matos, órgão da Secretaria de Cultura da Prefeitura Municipal de Salvador. Além de Gilberto Gil, que, durante sua experiência

---

[8] Muitos outros blocos afro se organizaram a partir dos anos 80 e continuam em atividade. São eles: Alabê (1981); Ébano (1982); Abi-Si-Ayiê (1985); Arca de Olorum (1985); Dan (1986); Mundo Negro (1987); Oganzuê (1988); Tô Aqui África (1989); Motubaxé (1990); Oriobá (1991); Filhos de Jah (1992); Tutancâmon (1993) etc.

como administrador na Fundação, anunciou sua intenção de se candidatar a prefeito da cidade. Gil acreditava que "a negritude na Bahia, nossa cultura afro-brasileira, tudo isso é um grande instrumento de defesa da nacionalidade", conforme declarou à revista *Veja* em 1988.

Para Gilberto Gil, havia uma "identificação natural" entre a sua candidatura e a questão da militância negra, pois quando perguntado sobre o assunto, respondeu: "Pela minha situação racial, já carrego símbolos". João Jorge, do Olodum, entusiasmado com o impulso que o movimento negro poderia ganhar, afirmava na época: "Se Gil chegar à prefeitura nem sabemos que proporção isso tudo pode assumir". Mas esta foi uma expectativa que não se concretizou. A candidatura de Gilberto Gil a prefeito não foi viabilizada; o artista acabou sendo o vereador mais votado da Câmara Municipal de Salvador. Sua vocação, entretanto, parece ser mesmo a música, Gil interrompeu a carreira política depois do mandato.[9] Um grande nome da militância negra na Bahia, Vovô do Ilê Aiyê também se candidatou, e, caso tivesse sido eleito, teria sido o primeiro vereador rastafári do Brasil.

A principal arma das entidades afro ligadas ao movimento negro era a sua produção musical, que agregava grandes parcelas da comunidade negro-mestiça de Salvador. Através de uma série de estratégias, a produção musical dos blocos afro extrapola os limites da expressão cultural e ganha proporções de movimento social. Nesse contexto, o samba-reggae aparece como um poderoso trunfo de militância, capaz de apontar os rumos de uma nova intervenção política.

A vigorosa participação do Olodum na militância negra implicou na sua vinculação a entidades antirracistas internacionais. A posição de porta-voz da luta contra o racismo, além de conferir grande respeito ao Olodum, viabiliza constantes viagens à África, onde seus principais membros participam de congressos e seminários. Em uma dessas visitas, a diretoria do bloco conheceu as teorias que indicavam que o elemento negro foi preponderante em toda a história do Egito antigo, na leitura do senegalês Cheikh Anta Diop. O Olodum pesquisou o assunto e elaborou as apostilas sobre a nova visão da história egípcia que foram distribuídas entre os compositores do grupo e inspirou a composição "Faraó".

O presidente do Olodum analisou da seguinte forma o acontecimento: "Nós ficamos embevecidos com o fato de o Carnaval do Egito ter lan-

---

[9] Gilberto Gil tornou-se depois ministro da Cultura do Brasil, cargo que exerceu entre 2003 e 2008.

O ministro da Cultura Francisco Weffort, ao lado do presidente do Olodum João Jorge, ouve as questões levantadas pelos blocos afro da Bahia.

çado o Olodum para a sociedade, para a mídia televisiva, para a mídia escrita e também para que as classes média e alta começassem a ver que existia alguém dentro do movimento negro que estava pensando, que tinha processos, que tinha história, que sabia o que estava fazendo, e acho que aquele carnaval provocou uma grande polêmica".

Ao mesmo tempo, a nova política da Fundação Cultural Gregório de Matos intensificava os contatos entre África e Bahia, através da viabilização de viagens de membros dos blocos afro para o continente negro. O militante negro e então conselheiro do Olodum Zulu Araújo, diretor do departamento de intercâmbios, explica: "Nesse período, nós estreitamos o intercâmbio cultural com os países africanos e enviamos para lá entidades como Ilê Aiyê, Olodum e Ara Ketu, então nós mudamos a cara de quem se mandava para fora da Bahia".

Em uma dessas viagens aos grandes centros urbanos africanos, a cúpula do Ara Ketu conheceu a moderna música africana e viu os instrumentos percussivos dialogando com instrumentos harmônicos e com a tecnologia eletrônica dos equipamentos de som. Em 88, o programa de intercâmbio da Fundação Cultural enviou para o Senegal a presidente do bloco, Vera Lacerda. O ex-diretor do departamento de intercâmbios Zulu Araújo comenta o episódio: "Vera, quando foi, conheceu o trabalho do músico africano Youssou N'Dour, que comanda uma banda de 30 percussionistas, mas tem o mais moderno equipamento tecnológico. Aí, ela viu que era possível fazer essa junção".

Com a nova informação musical, o Ara Ketu combinou as sonoridades dos tambores com as sonoridades harmônicas da guitarra, do baixo, dos teclados e dos sopros, e concebeu em Salvador a música eletrônico-percussiva. Com a remodelagem musical, que aponta para uma estética mestiça, feita primeiramente pelo Ara Ketu, o samba-reggae passaria gradativamente a ser uma das mais importantes expressões da "música étnica" produzida pelas novas culturas negras de países periféricos.

O intercâmbio com os países africanos foi fundamental não somente para ampliar a informação musical dos grupos negros, mas também para o delineamento das diversas Áfricas que alimentam os conteúdos simbólicos dos blocos afro da Bahia. Mas, embora cada bloco afro tenha elaborado para si elementos culturais específicos, que enfatizam a pluralidade da África no imaginário da população negra de Salvador, essa variedade não altera a unidade construída em torno da estética afro.

O sucesso que essa estética alcançou, através do grande destaque que a mídia nacional dava ao movimento musical afro-baiano, trouxe para

A afinidade com a percussão aparece no cotidiano
das comunidades carentes de Salvador.

a Bahia milhares de turistas. As relações dos grupos negros com a Secretaria de Turismo do Estado foram enfatizadas e a atuação dos blocos afro serviu para aumentar a lista dos produtos culturais de apelo turístico que a Bahia vende dentro e fora do Brasil. Na opinião de João Jorge, "o Olodum tem sido o embaixador turístico da Bahia. Nossa expectativa é que sejamos um importante polo de atração internacional para divulgação da Bahia". As relações dos blocos afro com este e com outros núcleos da esfera política rearranjam o movimento sociocultural da cidade.

Um dos aspectos de grande importância que ressalta dessa movimentação político-musical é o processo de dignificação do tambor no meio musical de Salvador. Os tambores adquirem nesse contexto um *status* insuspeitado, através da expansão de seu uso e da valorização do instrumentista, pois de "batuqueiro" ele passa a "percussionista", e esta não é apenas uma questão semântica. Não há dúvida de que a ascensão dos blocos afro e da banda Olodum, particularmente, que faz de cada tambor uma bandeira de negritude, pelo uso das cores pan-africanistas, foi fundamental para acender, não somente um gosto, mas também um orgulho no manuseio do instrumento.

Há uma canção, "Menino do Pelô", de Saul Barbosa e Gerônimo, gravada por Daniela Mercury, acompanhada de percussionistas mirins, que diz: "Todo menino do Pelô sabe tocar tambor". Talvez ela seja capaz de expressar a importância que os tambores adquiriram no decorrer do processo de ascensão da música percussiva. Visto quase sempre como instrumento de pretos/pobres, os tambores passam a ser encarados como um meio de fazer "boa música", adquirindo um novo significado. Isso se deve também à atividade das bandas de samba-reggae que enobreceram e difundiram os tambores em micromeios branco-mestiços, onde antes era praticamente impossível a sua penetração, devido à carga pejorativa que carregavam.

Durante os anos 90, passou a ser comum em bairros de classe média como Pituba, Rio Vermelho, Bonfim e muitos outros, ver jovens envolvidos em ensaios de bandas de samba-reggae. A musicalidade percussiva dos grupos afro estava se constituindo numa atividade lúdica para jovens brancos de classe média, que, em sua grande maioria, eram apreciadores da musicalidade harmônica dos blocos de trio elétrico. O percussionista Jorge Sacramento nota o interesse de adolescentes ricos pelo estudo da percussão: "Nos últimos anos tenho sido muito chamado para dar aulas em bairros onde mora a elite baiana, com direito a exibições em tradicionais festas familiares". E afirma: "O percussionista, que até

No Candeal, o compositor Alain Tavares (com o violão) toca com os percussionistas Boghan Costa (com óculos) e Leo Bit Bit (de bermuda estrelada), que, juntamente com Gustavo de Dalva, formam a banda Umbilical.

poucos anos era o pior cachê das bandas, começa realmente a ganhar dinheiro, mas para isso muitos precisam se render aos modismos como o axé e o pagode".

A atividade musical em Salvador envolve cerca de duzentas bandas de diversos estilos, organizadas nas mais variadas áreas da cidade. Segundo matéria da revista *Veja*, de 1998: "A Superintendência de Estudos Econômicos e Sociais da Bahia estima que 10% da população economicamente ativa da cidade tire seu sustento da indústria do entretenimento — que engloba blocos carnavalescos, trios elétricos que fazem festa pelo Brasil e os grupos de percussão da cidade, que realizam turnês regulares no país e no exterior". A formação dessas numerosas bandas percussivas foi facilitada também pelo investimento dos blocos afro na formação de novos percussionistas.

Esse tipo de investimento implica a possibilidade de profissionalização e mobilidade social para as camadas negro-mestiças da população envolvidas nos projetos em curso. Como mostram alguns autores — como Ari Lima e Petra Schaeber —, a atividade musical virou sobrevivência para uma imensa parcela de jovens negros que sempre tiveram seus canais de mobilidade social bloqueados pela exclusão do mercado de trabalho. Além das centenas de instrumentistas das bandas principais dos blocos afro, há ainda uma banda juvenil e uma banda mirim em cada um dos blocos de grande porte. Segundo Givaldo Pereira, percussionista do Ilê Aiyê, "as bandas são resultado de uma seleção de percussionistas que estavam aí pelos bairros e não eram reconhecidos". O percussionista ganha *status*, se qualifica como artista e profissional e tem como legado uma variedade de ritmos nacionais e estrangeiros de que a história musical baiana dispõe.

Mas a proposta dos grupos afrocarnavalescos de investir na formação de percussionistas entra em choque com a posição do MNU. O professor Fernando Conceição, um dos líderes do MNU na Bahia, afirma que "essas escolas de percussão criam a ideia falsa de que o suprassumo para a comunidade afrodescendente é tocar tambor. [...] Em vez de criar tais escolas, deveriam usar a verba que vem do exterior para investir na qualificação profissional das pessoas de baixa renda". Mais uma vez a facção estritamente política discorda do segmento do movimento negro que atua na área cultural.

O MNU continua desconsiderando a atividade musical dos grupos negros como arma sociopolítica, esquecendo talvez que a formação de jovens percussionistas retira garotos e jovens de uma possível marginalidade. A fala do percussionista da Timbalada Boghan Costa oferece essa pista: "A música pode consertar o mundo e acabar com a violência, porque ela distrai, ela entra, você esquece a fome e a violência. A música é como uma mãe, um pai, um deus". Participar de uma banda percussiva passou a representar para esses jovens a chance de entrar no mercado de trabalho e de fazer viagens nacionais e internacionais.

O percussionista e mestre de bateria da Escola do Ilê Aiyê Marivaldo Paim da Conceição, 23 anos, que já viajou os Estados Unidos, França e Alemanha declarou à *Veja* em 1998: "Acho que a possibilidade de fazer viagens é um dos estímulos das crianças que aprendem percussão comigo". Além disso, os cachês por apresentação, que giram em torno de R$ 100 a R$ 200, em caso de espetáculos no Brasil, representam uma renda que pode garantir a sobrevivência.

21.
AS ESCOLAS DE PERCUSSÃO

As escolas investem na formação e/ou aperfeiçoamento do percussionista. A aprendizagem deixa de se dar apenas através de relações informais, ou seja, pela interação com parentes, amigos do bairro, colegas, ou pela participação em situações em que a música está presente. A aprendizagem, promovida principalmente pelos blocos afro, passa a se dar também através do ensino formal, no qual os alunos dispõem de um estabelecimento, com horários preestabelecidos e, principalmente, um mestre disposto a repassar seu conhecimento de maneira intensiva e permanente.

A primeira escola de percussão de Salvador se estabeleceu no Pelourinho em 1977. A Oficina de Investigação Musical, fundada pelo músico, pesquisador e fabricante de instrumentos Bira Reis, foi durante os anos 80 a única escola de percussão popular da cidade. Nos anos 90, os blocos afro começaram a montar escolas do gênero. No Pelourinho, a Escola Criativa do Olodum, inaugurada em 93, ensina não somente a arte de percutir como também oferece o ensino formal de primeiro grau aos meninos da comunidade. Segundo Neguinho do Samba, ex-organizador da banda mirim do Olodum, "todos os dias tinha umas 100 crianças fazendo fila na porta da Casa do Olodum, em busca de uma oportunidade".

Para o professor Bira Reis, que além dos cursos em sua própria Oficina também ministrava aulas na Escola Criativa, essas foram as primeiras investidas no sentido de formar percussionistas profissionais. "No início, no Olodum não havia nenhuma noção do que seria uma aula de percussão, as pessoas queriam chegar lá e ir tocando. Então eu levei apostilas que falavam sobre os instrumentos e a partir daí determinou-se uma linguagem." O músico/artesão está ocupado em delinear uma pedagogia musical que inclui sensibilização (que consiste em sentir o ritmo do corpo, distinguir ruídos e silêncios), percepção (diferenciações entre notas musicais), leitura rítmica e prática musical.

O projeto de Bira Reis não é fácil de ser realizado. Séculos de tradição oral no aprendizado da percussão dificultam a tarefa de introjetar um gosto pela teoria musical ocidental nos jovens percussionistas. "No começo do curso eu apresentei um livro simples, um ABC musical que dá

O mestre Neguinho do Samba em aula para futuros
percussionistas na Escola Criativa do Olodum.

noções de leitura rítmica e de dinâmica, a gente vai empurrando teoria, mas há uma certa incompreensão. Eu não consegui dar o curso porque havia muita interferência, as pessoas achavam que não era necessário, o negócio era sair tocando."

De fato, o espaço dedicado à teoria nas escolas de percussão popular em Salvador varia de ínfimo a inexistente, e para Bira Reis a forma de aprendizado popular chamada "boca a boca" continua: "Eu mesmo sou autodidata. Berimbau eu aprendi olhando o jogo de capoeira; atabaque eu ia pro candomblé olhar ou então conhecia um cara que era do candomblé. Em Salvador, a coisa é assim". A forma oral de aprendizado se mantém e a teoria nativa se reproduz por esta via.

A percussão no meio soteropolitano é ensinada sem preocupação com procedimentos típicos da teoria ocidental, como dinâmica e contagem de tempo. Segundo Bira Reis, "quando um cara vai dar aula ele nunca conta o tempo 1, 2, 1, 2, dizendo qual é o tempo forte. Ele diz 'toque'. E além do mais os caras aprendem a tocar muito forte, acham que percussão tem que tocar o pau no instrumento, ninguém trabalha dinâmica, que é uma coisa tão simples, mas o cara que ensina popular não sente que tem que tocar baixo".

Também em 93, Neguinho do Samba ampliou suas atividades e fundou a Escola de Música Didá. A instituição conta com cerca de cem alunos matriculados nos seguintes cursos: percussão, cordas, teclado, bateria, canto, teatro, capoeira, dança flamenca e dança afro. Os cursos são acessíveis a camadas mais baixas da população interessadas no aprendizado de instrumentos musicais, pois a mensalidade cobrada é pelo menos três vezes mais baixa do que as outras escolas de música de Salvador. Existem duas modalidades de ensino na Escola, os cursos mistos e as aulas/ensaios da "banda peso", um grupo de aprendizes composto só por mulheres, que treinam apenas instrumentos percussivos.

O Ara Ketu inaugurou em 1997, em Periperi, sua escola de percussão, além de cursos de dança, teatro etc. Em 1998, o Pelourinho ganhou um novo centro de formação musical, a Casa Fundação ABC das Artes, dirigida pelo percussionista pernambucano Naná Vasconcelos e financiada pelo Governo da Bahia, que investiu também no Colégio Estadual Deputado Manuel Novaes, criando ali um curso de percussão popular.

A Escola Pracatum, idealizada pelo percussionista Carlinhos Brown, inaugurada no bairro do Candeal, em março de 1999, pretendia atender a duzentos jovens do bairro entre 14 e 19 anos, oferecendo, além de formação musical, cursos de alfabetização. Para Carlinhos Brown, "o que estamos fazendo no Candeal é uma revolução com elegância". Orçada em US$ 2 milhões, a Pracatum conta com o apoio do BNDES, Unicef e Fundação Vitae.

Durante dois anos a escola foi comandada por uma equipe responsável pela elaboração de uma pedagogia adequada ao contexto do Candeal e atendeu experimentalmente a sessenta alunos. Mas a desarticulação dessa equipe, sob alegação de falta de verbas, impediu o pleno funcionamento da Escola, que ficou seis meses sem atividade, voltando a abrir as portas para setenta alunos. No espaço da Pracatum funciona também o estúdio de gravação de Carlinhos Brown — a Ilha do Sapo.

Além das várias escolas de percussão, ligadas aos grupos afro e ao governo do estado, muitas escolas de música particulares, que se ocupavam exclusivamente de instrumentos harmônicos, incluem agora o ensino de instrumentos percussivos, e as oficinas de percussão, que reúnem aprendizes eventuais, se multiplicam pela cidade. Em todas elas se reproduz um processo de aprendizagem que se dá por imitação. Escutar, olhar, imitar o gesto que produz o som, este é o método que dissemina a linguagem percussiva (ver Apêndice).

Goli Guerreiro

Parte III
O RITMO E O MERCADO

"Contrariamente à teoria dos mercados perfeitos [...], há muitos caminhos possíveis — muitas mesclas de valores diferentes, muitas misturas do mercado e do social."

Robert Kuttner

Wesley Rangel, o mago dos estúdios WR, o primeiro
a capturar a sonoridade do samba-reggae.

22.
A CAPTURA DA PERCUSSÃO

Antes de penetrar no mercado fonográfico e ganhar visibilidade midiática, os blocos afro estavam acostumados a tocar o ano inteiro nos ensaios sem ganhar cachê e era comum a prática de permutas. O Olodum só receberia seu primeiro cachê em 1987, oito anos após sua fundação, durante um evento em Barreiras. Segundo o ex-conselheiro do Olodum, Zulu Araújo, "normalmente o que se fazia com essas entidades era permuta por instrumentos. Os caras iam tocar por prazer, os produtores davam hospedagem, alimentação, crachá, botavam uma graninha na mão do presidente e tava feito". De fato, a não remuneração de percussionistas, os acertos verbais para a realização de eventos e a ausência de registros sonoros eram características do mundo da percussão afro-baiana.

A partir de 87, os blocos afro começam a investir numa nova estratégia: a penetração nos estúdios de gravação, que foi viabilizada não só pela sua popularidade para além dos espaços musicais negros, mas também pelo desenvolvimento de uma tecnologia capaz de registrar o som dos tambores.

Essa tecnologia foi desenvolvida pela WR, a única gravadora de Salvador, cujos estúdios produziram cerca de 90% de todo o material fonográfico que, naquela época, saiu da Bahia para o mercado nacional. Além de ter sido peça-chave na configuração de um mercado fonográfico local, ela é responsável pelo aperfeiçoamento da técnica que permite gravar, em estúdio, a percussão como elemento sonoro central. Por isso, a WR ocupa um lugar de destaque na história da música afro-baiana.

A captura da percussão se deve a um alto investimento do dono dos primeiros estúdios de gravação de Salvador, Wesley Rangel. "Nós começamos a investir num estúdio mais profissional. Tudo era muito difícil, porque os equipamentos de boa qualidade tinham de ser importados e havia uma taxação muito alta. E a gente teve que ir investindo aos poucos, até chegar ao estúdio de 24 canais. Aí alcançamos uma estrutura com 5 estúdios, criando um novo espaço de mercado para todos, um mercado geral." O projeto de sofisticação tecnológica de Wesley Rangel trouxe a possibilidade de registrar o som dos tambores ao vivo e a produção musical baiana passou a exibir toda a potência dos seus instrumentos percussivos, com o recurso da amplificação, através de microfones ligados a uma mesa de som.

A presença da percussão em estúdios de gravação existe no cenário brasileiro desde os anos 20, quando o compositor Almirante gravou, no Rio de Janeiro, o samba "Na Pavuna". No entanto, desde então, o lugar da percussão sempre foi de "cozinha", ou seja, elemento de fundo, ao qual sempre foi sobreposto o elemento melódico, presente nas vozes dos cantores e nos instrumentos harmônicos, que amplificados podem ser ressaltados em relação à potência dos instrumentos percussivos.

Na Bahia, a mudança de intenção, que coloca os tambores em posição central na sonoridade registrada, começa a emergir nos anos 80. A primeira experiência foi a gravação do disco de estreia do Ilê Aiyê, *Canto Negro*, em 1984. Depois de dez anos utilizando somente a rítmica acústico-percussiva para fazer música na comunidade negra, o bloco afro pioneiro passa a circular no universo eletrônico de um estúdio de gravação. Seus tambores foram captados numa área externa do estúdio. Era uma tentativa de registrar o som dos instrumentos num espaço mais próximo daquele onde a forma musical foi concebida: as ruas da cidade e as quadras de ensaio dos blocos afro.

Apesar desse cuidado de buscar captar a potência dos tambores em espaço aberto e da produção sensível de Gilberto Gil e Liminha, o disco do Ilê Aiyê foi um fracasso de vendas; hoje só é encontrado em mãos de estudiosos ou colecionadores. É difícil explicar as razões do insucesso comercial do disco. Antônio Godi afirma que os consumidores baianos de música eletrônica/midiatizada "não haviam tomado gosto por um estilo de música marcado pela crueza percussiva do samba e por um discurso étnico, afirmador de uma autoestima negra". Mas o fracasso comercial do disco do Ilê Aiyê também pode estar ligado à imperfeição técnica no registro dos tambores.

Esse fracasso não interrompeu a busca da captura da música percussiva, pois Wesley Rangel estava empenhado no registro do samba-reggae. Ele mesmo explica o motivo: "Eu senti que havia uma nova forma de fazer música de carnaval, com potencial de mercado". A pesquisa continuou e a técnica de gravação foi aperfeiçoada, através da montagem de um espaço que permite o registro dos tambores em salas fechadas, que garantiram uma melhor qualidade sonora. Assim, em 1987, três anos depois da experiência com o Ilê Aiyê, os tambores passaram a ser capturados em estúdios internos e o Olodum e o Ara Ketu entraram na WR para gravar seus primeiros LPs, *Egito, Madagascar* e *Ara Ketu*, respectivamente, ambos lançados e distribuídos nacionalmente pela então gravadora Continental (hoje Warner). Aqui começa a história da nova música afro--baiana no mercado fonográfico.

Nesse momento, todos os blocos afro trabalhavam apenas com instrumentos de percussão tais como: surdos, taróis, repiques e timbales. A WR dispõe de estúdios de gravação com salas conjugadas que permitem o registro simultâneo de uma grande variedade e quantidade de instrumentos, como os de uma banda samba-reggae. De modo geral, os surdos maiores (chamados fundos) e os surdos menores (as marcações de uma e de duas) são arranjados na sala maior, na qual também se posiciona o mestre da banda com seu timbales. Essa sala grande conjuga-se com duas menores, uma que abriga os repiques, e outra, os taróis ou caixas. Dessa forma, todos os percussionistas estão voltados para o mestre, enquanto na sala principal, onde se encontram a mesa de som, o técnico de gravação e o produtor do disco, são registradas as vozes dos cantores. A qualidade técnica no registro sonoro dos tambores foi a porta de entrada do samba-reggae no mercado fonográfico local e nacional.

Antes de a produção musical dos blocos afro penetrar na indústria fonográfica, o mercado baiano estava dominado pela música carnavalesca produzida pelas bandas de blocos de trio elétrico, que podem ser vistas como contraponto à produção musical dos grupos negros. E embora houvesse uma inevitável troca de informações, o meio musical de Salvador, até 87, estava segmentado em espaços musicais negros e brancos, e enquanto os grupos brancos estavam no *show biz*, gravando discos, fazendo shows, compondo a programação das rádios, os grupos negros estavam midiaticamente invisíveis, na periferia do mundo da música. Uma caracterização dos espaços musicais "brancos" pode esclarecer essa segmentação que, mais tarde, a partir de uma coligação de interesses, vai se diluir, dando origem à mestiçagem musical conhecida como *axé-music*.

A velha Fobica em exposição no Museu da Música,
na Lagoa do Abaeté, em Salvador.

23.
OS TRIOS ELÉTRICOS E SEUS BLOCOS

Ao mesmo tempo em que a organização dos blocos afro ganhava densidade nos seus bairros de origem, as camadas branco-mestiças de classe média e alta se organizavam em blocos carnavalescos chamados "blocos de trio elétrico".

O trio elétrico surgiu nos anos 50 com a criação da Fobica (o trio matriz) pelos carnavalescos Dodô e Osmar e Temístocles Aragão. O invento foi motivado pela visita do clube carnavalesco Vassourinhas, do Recife, que naquele ano animou as ruas de Salvador executando frevos. Impactados com a euforia causada pelo clube os então anônimos Dodô e Osmar resolveram eletrificar o ritmo e inventaram o frevo baiano (ou frevo novo), tocado por um instrumento construído por eles, chamado "pau elétrico" (um tipo de guitarra, mais tarde chamada de guitarra baiana). A música era executada em cima de um carro com alto-falantes que desfilava ao lado dos clubes, cordões, blocos e bandas. O primeiro desfile da Fobica foi uma experiência inusitada, como contou Osmar ao *Diário Popular*, em 1981:

> "Foi tudo no mesmo ano, o Vassourinhas saiu na quarta-feira e no domingo a gente já estava na rua. Aí o povo começou a pular, a gente tocando e devagarinho subindo a ladeira. Formou-se um verdadeiro rolo compressor humano de gente enlouquecida, subindo em direção à Rua Chile. Nessa altura já tinha uns 200 metros de gente pulando na frente e ao lado e uns 200 metros pulando atrás. Nessa época as baianas também ficavam em plena Rua Chile, com seus fogareiros fumegantes, fritando os acarajés. Eu e Dodô não sabíamos mais por onde despejar tanta alegria. E daqui a pouco vem de lá o famoso Fantoches do Euterpe, com seus arautos, tocando aquelas cornetas, anunciando a passagem do grupo. Mais um pouco estou vendo os cavaleiros se empinarem, caindo com corneta e tudo. Foi uma confusão, fiquei com medo e disse para o motorista, o ve-

lho Olegário — 'Vamos parar senão a gente sai daqui preso'. E ele disse — 'Não posso, a Fobica já quebrou desde lá de baixo, quem está empurrando é o povo'."

O sucesso do trio elétrico foi crescente, e a engenhoca musical foi aos poucos se sofisticando. Em 1969, Caetano Veloso compôs a canção "Atrás do Trio Elétrico" e popularizou o "frevo baiano" em todo o país. A partir da década de 70, o estilo vai se fortalecer com a formação do grupo Novos Baianos, composto por Pepeu Gomes, Baby Consuelo (Baby do Brasil), Moraes Moreira, Paulinho Boca de Cantor e Luiz Galvão. No primeiro disco do grupo, *Novos Baianos: Ferro na Boneca*, Caetano escreveu o seguinte texto no encarte, pouco antes de deixar o país rumo ao exílio em Londres:

"Vocês me pedem que eu os apresente. Mas eu estou indo embora e só aceito deixar um bilhete para vocês mesmos. Estive este tempo aqui e vi que vocês estão respondendo à nova Bahia com o mesmo humor terrível com que ela questiona. Enquanto nós cantarmos 'ferro na boneca, ferro na boneca', mesmo que não dê em nada, eu quero seus lábios abertos numa sugesta geral. Eles estão aí, os novos baianos cantando com amor, humor e rumor. No balanço do samba, do tango, do mambo, do mundo. No céu azul, azul fumaça, uma nova raça saindo dos prédios para as praças, uma nova raça".

Os Novos Baianos se vincularam ao universo musical trieletrizado e estavam fortemente influenciados pela bossa nova e pelo tropicalismo, faziam a fusão de vários gêneros musicais, misturando, por exemplo, samba e rock. Além disso, tocavam o ijexá dos afoxés e o frevo. Com a participação ativa do grupo nos carnavais de Salvador, a música trieletrizada, além de ampliar sua diversidade rítmica, passou a ter letras, pela vocação poética de alguns de seus integrantes. Moraes Moreira compôs canções hoje consideradas clássicos do repertório carnavalesco, como "Pombo Correio", "Vassourinha Elétrica", "Chame Gente". Essas canções colocaram o carnaval baiano no imaginário nacional:

"Imagina só, que loucura, esta mistura/ alegria é um estado que chamamos Bahia/ de todos os santos, encantos e axé/ sagrado e profano, o baiano é carnaval/ no corredor da história/

Osmar, um dos inventores do trio elétrico, ao lado dos Novos Baianos Moraes Moreira e Pepeu Gomes, cultuadores do "frevo baiano".

Vitória, Lapinha, Caminho de Areia/ pelas vias, pelas veias/ escorre o sangue, o vinho/ pelo mangue, Pelourinho/ a pé ou de caminhão não pode faltar a fé/ o carnaval vai passar/ na Sé ou no Campo Grande / somos os Filhos de Gandhy de Dodô e Osmar/ por isso chame chame gente/ e a gente se completa enchendo de alegria/ a Praça e o poeta."

Para Fred Goes, o que estava acontecendo era uma identificação de outros estados com aquele som elétrico das ruas de Salvador, e "o verão da Bahia se torna quase uma obrigação, é um *must*", diz o autor. Já de volta do exílio em 1972, Caetano Veloso e Gilberto Gil brincam o carnaval em Salvador na Praça Castro Alves e chamam a atenção do país para a Bahia. Pouco antes, o jornalista Luís Carlos Maciel informava na revista *Veja*: "Não há mesmo nada a fazer. O verão está maravilhoso, o carnaval baiano vai ser fantástico, com todas as pessoas em Salvador". Quem não quereria ver?

Rogério Menezes já anotou em seu livro *Um povo a mais de mil* as frenéticas orgias que tomavam conta do centro de Salvador durante a grande festa de fevereiro. Em sua linguagem impressionista, ele descreve a Praça Castro Alves durante os carnavais dos anos 70:

"O cheiro ambiente era uma sincrética mistura de azeite de dendê, éter, mijo, maconha e desodorante vencido. Embriagados pelo alto som que vinha de todas as direções e por uma potente mistura de alucinógenos e alcoolizantes, a multidão mergulhava no mais satânico frenesi. [...] Nas proximidades da escadaria do Palácio de Desportos, onde as bichas edificavam seu templo havia anos, a ecumênica mistura de travestis, bofes, viados e as mais variadas e excêntricas espécies da fauna sexual que domina a Bahia em dias de carnaval fazia do local uma messalínica torre de babel."

A música que embalava o ambiente emanava dos trios que propiciavam aos foliões um "carnaval-participação" e os caminhões musicais se transformavam na principal expressão da cultura musical soteropolitana. O trio de Dodô e Osmar, depois de enfrentar dificuldades durante a década de 60 (tendo inclusive deixado de participar de muitos carnavais), passa a ser patrocinado pelo Estado, nos anos 70, através do recém-implantado órgão oficial de turismo — Bahiatursa.

Apaixonado por guitarras e cavaquinhos, Armandinho Macedo,
filho de Osmar, trouxe para o trio o visual e a linguagem do rock.

O trio foi mais tarde renomeado como Armandinho, Dodô e Osmar, pois o envolvimento do filho de Osmar, Armandinho Macedo, foi determinante para a incorporação das guitarras na música carnavalesca. "Sou roqueiro na verdade, fui um seguidor ardoroso de Jimi Hendrix e dos Beatles. Por isso gosto de guitarras como Steve Vai, Malmsteen e Eddie Van Halen e trago isso para a minha música, para o trio", diz o músico autodidata, que começou tocando chorinho na tradição de Jacob do Bandolim.

O trio Armandinho, Dodô e Osmar é independente, quer dizer, não constitui bloco carnavalesco e desfila para o deleite de todo e qualquer folião. Durante os anos 70, os trios passaram a ser os palcos ambulantes dos blocos carnavalescos como Corujas, Internacionais, Traz os Montes, Jacu, os primeiros a se organizar.

No final dos anos 80, eles ganharam uma nova configuração, quando cerca de quarenta blocos com trios particulares se estruturaram como empresas e privatizaram o espaço da rua, através de cordas que isolavam os blocos de trio dos foliões pipoca, aqueles que brincam na rua, sem filiação a nenhum bloco.

Segundo Moraes Moreira, "com a chegada dos blocos, o *boom* dos blocos de trio, o pessoal que cuidava do carnaval ficou acomodado e deixou de dar valor aos trios independentes [...]. A maior festa popular do mundo ficou sem o trio para o povo. Uma distorção social muito grande".

Os blocos fechados passaram a ser o espaço preferido dos turistas que vinham brincar o carnaval. Na opinião de um dos inventores do caminhão musical, Osmar, "o trio elétrico por ser conhecido em todo país é o veículo ideal para promover o turismo baiano". É certo que toda a movimentação em torno do trio elétrico favoreceu a atração de turistas para a velha cidade — apesar de a Bahiatursa não dispor de estatísticas referentes a esse fluxo nos anos 60 e 70 — e o apoio de patrocinadores privados e públicos, muitas vezes ligados à esfera política, foi fundamental para a consolidação dos blocos carnavalescos. (Vale lembrar ainda que pouco depois da morte de Dodô, em 1979, Osmar, já nomeado Cavaleiro da Ordem do Mérito da Bahia, receberia o prêmio da Gazeta da Bahia Turismo.)

As bandas de trio como Camaleão, Papa Léguas, Beijo, Cheiro de Amor, entre muitas outras, puxam blocos carnavalescos cuja indumentária, chamada abadá, se compõe, de modo geral, de camisetas e bermudas que levam o nome do bloco, e nas mãos seus integrantes agitam a "mamãe-sacode", uma pequena vara com fios coloridos em uma das pontas, objeto símbolo do carnaval de rua da Bahia.[10]

Ao contrário dos blocos afro, os blocos de trio são entidades de entretenimento sem nenhuma natureza política ou conotação étnica. O fundador e guitarrista do bloco/banda Cheiro de Amor Vicente Augusto reforça essa ideia: "Nossa música é uma coisa dançante, alegre, as pessoas não conseguem ficar paradas por causa do suingue". Essa música mistura ritmos como frevo, galope, merengue, e celebra a festa e a alegria baianas. Salvador, sempre citada nas letras das canções, era a fonte máxima de inspiração, a "capital do prazer".

A tecnologia que envolve a construção e a manutenção do trio elétrico é bastante sofisticada, bem como a infraestrutura oferecida pelos blocos de grande porte, que compreende desde uma banda de renome, munida de tecnologia eletrônica, até serviço de bar, banheiros e atendimento médico no local, além de uma equipe de segurança que varia de 700 a 1.400 homens. Tudo isso implica grandes custos, repassados para os componentes dos blocos. Consequentemente, a participação nesses espaços claramente demarcados só abriga pessoas de alto/médio poder aquisitivo. Esses jovens são, de modo geral, estudantes de escolas particulares e de cursinhos pré-vestibular, onde a maioria dessas organizações se originou. Atualmente, os grêmios das escolas particulares são dominados pelos blocos de carnaval e não por partidos políticos. Eles servem para cooptar novos foliões e para angariar votos para os políticos que eventualmente patrocinam os trios, transformando alguns professores de segundo grau em donos de blocos carnavalescos. Assim, durante o carnaval, os blocos de trio, significativamente denominados "blocos de barão", se constituem em "espaços brancos".

Esses blocos têm sido sistematicamente acusados de práticas racistas. A tez clara da maioria dos integrantes de blocos de trio acaba funcionando como um dos critérios de seleção de associados. No momento da compra do carnê (para quem vai pagar à prestação) ou do abadá, o candidato a associado tem que apresentar foto e comprovante de residência. Dessa forma, o bloco tem condição de mapear tanto a aparência do folião, como o poder aquisitivo, indicado pelo bairro de moradia. De fato, a presença de pessoas negras em determinados blocos é muito rara.

[10] Mais recentemente, a mamãe-sacode deu lugar a peças publicitárias dos patrocinadores dos blocos.

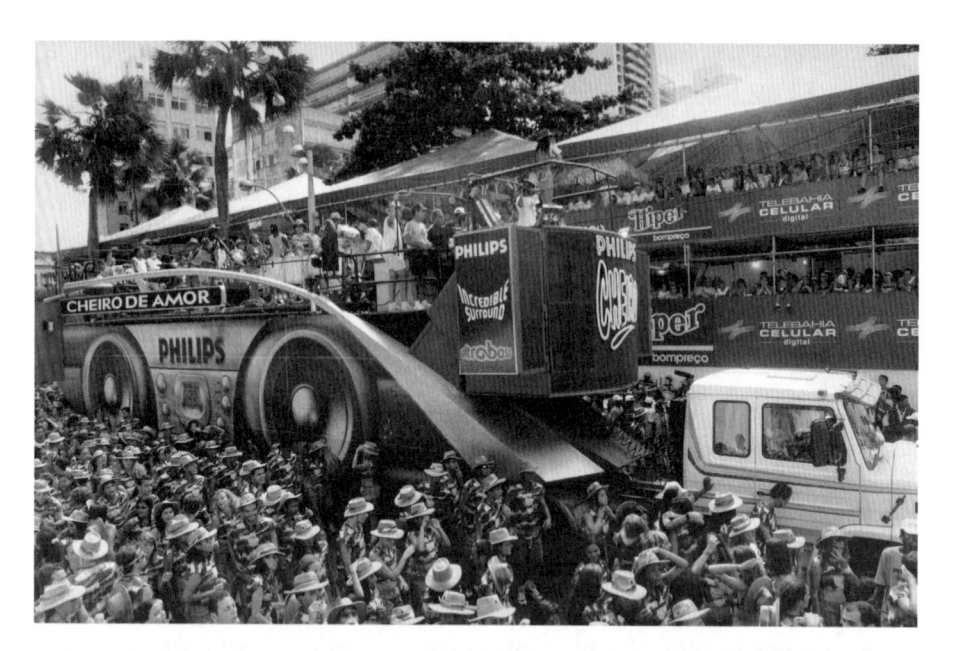

O trio Cheiro de Amor, então puxado pela vocalista Carla Visi
(e hoje por Alinne Rosa), um dos mais tecnicamente sofisticados, anima
um bloco que reúne a classe média/alta "branca" de Salvador.

As cordas de segurança, sustentadas pelos "cordeiros", são o espaço comumente reservado aos negros nos blocos de trio mais sofisticados da cidade.

Embora a prática discriminatória já esteja em curso há muitos anos, somente em fevereiro de 1999 o assunto foi veiculado nacionalmente, através de matéria de Maurício Kubrusly no programa *Fantástico*, da Rede Globo. Em março do mesmo ano foi instalada a CPI do racismo para investigar o processo de seleção de associados dos blocos carnavalescos Eva, Nú Outro Eva, A Barca, Pinel e Beijo, denunciados formalmente à Justiça por discriminação.

A CPI realizou várias sessões de depoimentos de acusadores e acusados para elaboração de relatório pela comissão de inquérito da Câmara Municipal de vereadores. Segundo o então vereador do PV, Juca Ferreira (que se tornaria ministro da Cultura em 2008), que propôs a investigação, "a CPI constatou que há uma prática sistemática nos blocos que se pretendem de elite, de excluir foliões negros, moradores de bairros populares, estudantes de colégios públicos, gente que não se enquadra num certo padrão de beleza". Confira trecho do depoimento de acusação de Vanusemar Andrade, uma das três garotas envolvidas no caso do bloco A Barca:

> "[...] Ele [Fuede, um dos diretores do bloco], quando viu minha ficha, perguntou a Adriana: 'Você é louca? Está querendo sujar o bloco?' Adriana fez: 'Não estou entendendo'. Aí ele fez assim: 'Adriana, o bloco A Barca é um dos mais rígidos, não aceita preto'. Quando ele viu a ficha de Roberta, que é loira, disse: 'Canhão, também não aceita'. Aí Adriana fez assim: 'Eu não acredito no que eu estou ouvindo'. Ele deu risada e disse: 'Você ainda passa, mas elas duas não passam'."

Segundo o tabloide *Tudo sobre a CPI do racismo*, veiculado por Juca Ferreira, a CPI indicou "cinco blocos de trio que rejeitaram foliões negros entre seus integrantes". No entanto, o relatório aprovado pela Câmara isentou de culpa os blocos mencionados. O tabloide, que acompanhou a CPI em 28 de junho de 99, afirmou que, durante a sessão de apresentação e leitura do relatório: "Cem representantes de entidades negras, carnavalescas e de Direitos Humanos testemunham o golpe contra a CPI: o relatório é alterado de última hora, pelo vereador/relator Ricardo Martins, dono do [bloco] Eva". O relatório apresentado foi aprovado em reunião secreta, sem a participação de boa parte da bancada, que se recusou a participar do processo que inocentaria os blocos.

Segundo a deputada estadual do PT Moema Gramacho, "a recusa da maioria governista em ir fundo no resultado da CPI acabou contribuindo para a impunidade". Os intelectuais Paulo Miguez e Antonio Risério, que elaboraram a primeira versão do relatório da CPI do racismo, afirmam: "Temos, sim, discriminação racial no carnaval baiano. O que é especialmente grave, já que o que se discrimina, nesse caso, é uma população negro-mestiça que inventou e reinventou a nossa festa: para si mesma, para a cidade, para todos nós".

Por outro lado, a prática do Ilê Aiyê no sentido de interditar a participação de não brancos, que ficou de fora da investigação por não ter denúncias formais, pode servir de álibi para a discriminação capitaneada pelas bandas brancas. Vovô, presidente do Ilê, defende a posição do bloco: "Aqui quem manda é o grupinho de brancos, apesar de a maioria da população ser negra [...] O negão daqui é muito acomodado e ainda gosta de bater continência para o branco. Nós ainda não aprendemos a ter gosto pelo poder e para mudar as coisas precisamos de poder. O branco não vai desistir por vontade própria de sua posição de supremacia".

A proposta do Ilê Aiyê cumpriu seu papel durante a expansão da luta antidiscriminatória em Salvador nos anos 70 e 80, mas se mostra perigosa, pois a exclusão a que submete foliões brancos infringe a Lei Caó[11] e favorece a manutenção de uma prática racista antinegros por inúmeros blocos de trio.

Os blocos de trio e suas bandas, ao contrário dos blocos afro, não realizam ensaios públicos e seus repertórios alimentam a programação das FMs locais desde o início dos anos 80. Segundo o fundador e guitarrista da banda Cheiro de Amor Vicente Augusto: "As rádios são o canal de impulso das bandas, o radialista Carlos Júnior, com quem nós fizemos nossa primeira fita *demo*, hoje é nosso produtor". A programação das FMs é, em geral, determinada pelo interesse das gravadoras e as rádios baianas veiculam até vinte vezes por dia o "carro-chefe" (música trabalhada nas rádios para divulgação) dos discos das bandas carnavalescas, e compõem o *cast* das gravadoras nacionais e multinacionais como Warner e Universal. Segundo depoimento de Wesley Rangel em 1995: "Havia uma relação muito forte entre os programadores de rádio e as

---

[11] A Lei Caó é uma reformulação da lei antirracismo Afonso Arinos, de 1951.

grandes gravadoras do eixo Rio-São Paulo, que queriam ter seus produtos veiculados".

As bandas de trio, apoiadas pelo *marketing* das gravadoras, são responsáveis por uma farta produção de música pop-carnavalesca no mercado musical baiano e brasileiro. Tal como os blocos afro, elas também não têm sua atuação restrita ao período do carnaval. Durante todo o ano, esses grupos realizam shows em clubes recreativos privados de Salvador, como o Baiano de Tênis (que até a década de 1970 proibia o acesso social a negros), a Associação Atlética e, mais recentemente, o Clube Espanhol e o Clube Costa Verde; todos eles estão localizados em bairros nobres da cidade.

Essas bandas baianas reúnem ali milhares de jovens que encontram nesses shows espaços próprios de lazer, tendo a música como principal atração. No entanto, diferentemente das organizações afro, que estabelecem relações afetivas e simbólicas com seu bairro de origem, as bandas de trio são, por definição, entidades móveis, e isso se reflete também na forma com que ocupam espaços ao longo do ano. Suas apresentações, fora do período carnavalesco, são baseadas em contratos, que não diferem de nenhum outro negociado no *show biz*. E o imenso público acompanha essas bandas onde estiverem acontecendo seus shows.

Toda essa movimentação musical (shows, discos, FMs) criou um mercado local, mas que só alcançava divulgação nacional no período do verão. Essa música regional era considerada pelos ouvidos brasileiros uma trilha carnavalesca, e por isso mesmo só era consumida, até o final dos anos 80, no período de festas. Mas esta característica sazonal vai se diluir com a ascensão comercial do novo movimento musical baiano — a *axé-music*, uma música de elementos estéticos brancos e negros que foi viabilizada pela inserção do samba-reggae nos estúdios de gravação e na mídia.

A aliança com os percussionistas mais feras da cidade, como Carlinhos Brown e Neguinho do Samba, fez de Daniela Mercury a rainha da *axé-music*.

24.
AXÉ-MUSIC

A *axé-music* é o encontro da música dos blocos de trio com a música dos blocos afro (frevo baiano + samba-reggae). É um estilo mestiço, cuja linguagem mistura sonoridades harmônicas e percussivas. Tal mescla foi concebida inicialmente pelas bandas de trio, atraídas pela visibilidade e inovação musical do samba-reggae.

A linguagem da *axé-music* é resultado dos recursos do equipamento eletrônico dos estúdios de gravação. Esse tipo de equipamento permite incorporar a base rítmica do samba-reggae, seja através de percussionistas em estúdio ou do *sampler* (um computador que armazena e reproduz sons por processo digital, por meio de tambores eletrônicos denominados *pads*), à qual se adiciona a instrumentação harmônica do teclado, baixo e guitarra, tocados em estúdio. Além do encontro das sonoridades percussivas e harmônicas, os blocos de trio gravavam as canções dos blocos afro, carregadas de conteúdos antirracistas, produzindo uma espécie de samba-reggae pop/eletrônico.

O samba-reggae "Faraó" foi gravado pela cantora Margareth Menezes e foi ouvido com relativa frequência nas rádios locais durante o verão de 1987. No mesmo ano, a Bamdamel também gravaria a canção. O disco vendeu 800 mil cópias e se tornou um marco do movimento musical de Salvador, pois inaugurou a incorporação da música dos blocos afro ao repertório dos trios elétricos. Ao tocá-la com seus *samplers* e instrumentos eletrônicos, as bandas de trio incrementaram a fusão da nova música afro com a música pop carnavalesca baiana, dando maior visibilidade ao elemento rítmico-percussivo dos negros. O ritmo produzido nas periferias de Salvador, a partir dessa fusão harmônico-percussiva, alcançou os consumidores de classe média e alta, que ignoravam a música dos blocos afro e preferiam correr atrás dos trios elétricos — os mesmos foliões que antes se divertiam em carnavais de salão, organizados pelos clubes da cidade.

Com a difusão da musicalidade afro-baiana, a expressão "pular o carnaval", muito popular até meados dos anos 80, caiu em desuso já que o modo de se comportar na rua atrás dos trios elétricos sofreu grandes transformações do ponto de vista coreográfico. As danças dos blocos afro se misturam ao universo "branco" acentuando a mestiçagem musical, inaugurada pelo estilo *axé*. Os desfiles carnavalescos e os shows promovidos pelas bandas de trio eram também espaços de exercício desse novo aprendizado. As danças afro-baianas foram incorporadas pela juventude de classe média e alta (quase toda branca-mestiça) de Salvador, que em menor medida passou a frequentar também os ensaios dos blocos afro, principalmente os do Olodum, o bloco mais festejado da cena baiana.

A *axé-music* inaugura um novo estilo no meio musical de Salvador. O fundador e guitarrista do bloco Cheiro de Amor comenta o processo: "Os estilos foram mudando porque antigamente era mais instrumental, depois a gente começou a usar essa coisa de raiz, de cultura africana, fazendo a fusão do frevo, salsa, com o samba-reggae. A partir daí muitas bandas começaram a gravar. Aquela coisa percussiva com os instrumentos de harmonia ficou muito legal, deu certo, e é isso que está aí até hoje". Esse modelo mestiço, que se consolida como estilo musical, é responsável pela ampliação do mercado em escala nacional.

No final dos anos 80, os discos das bandas de *axé-music* chegaram facilmente à marca de 400 mil cópias e conseguiram farta execução nas FMs brasileiras, através de um poderoso marketing bancado por gravadoras que controlam a programação radiofônica. A Banda Reflexu's, por exemplo, representante do estilo *axé*, fez turnê em dezoito estados brasileiros com uma cantora negra à frente, entoando as canções de samba--reggae dos blocos afro, e alcançou uma vendagem de 700 mil cópias de seu primeiro LP. Os shows dessas bandas baianas levam imensas plateias às casas de espetáculo de todo o Brasil. Ao mesmo tempo que as bandas brancas ascendem comercialmente no mercado brasileiro, os blocos afro e o samba-reggae, mesmo sem alcançar cifras elevadas em termos mercadológicos, passam a ser divulgados nacionalmente, principalmente através do trabalho do Olodum e do Ara Ketu, as primeiras bandas afro a se inserirem no mercado fonográfico brasileiro. Assim, a produção musical baiana, aparentemente regionalizada, se expande no mercado nacional.

A *axé-music* se transforma na grande novidade do *show biz*. A imprensa do eixo Rio-São Paulo desembarca em Salvador para investigar o novo movimento musical baiano. A mídia televisiva passava a produzir e veicular imagens dos blocos afro da cidade. Assim, a *axé-music* se transformava num fenômeno de mídia e sinalizava sua ascensão nacional.

Caetano Veloso, fã confesso da *axé-music*,
dá uma de suas canjas em show de Daniela Mercury.

O sucesso comercial da *axé-music* causou grande polêmica e o estilo foi inúmeras vezes acusado de ser uma arte menor, banal, vulgar etc. Dorival Caymmi declarou ao jornal *O Estado de S. Paulo* em 1994: "O que se faz na Bahia não é bem música brasileira. É apenas um refrão de apelo fácil, a poesia substituída por sons fáceis de repetir. Eu não sinto esta música e me recuso a pronunciar o nome em inglês que a designa". Quando questionado sobre o assunto, em 1992, Carlos Lyra disse a *O Globo*: "Não tenho nada contra nem a favor da *axé-music*. Uma ou outra até pode ser divertida, mas em termos de importância cultural não tem nenhuma".

A massiva veiculação do estilo chegou a ser denominada "invasão baiana". Em Pernambuco, o vereador Fernando Godim elaborou um projeto de lei que prescrevia a interdição da execução de *axé-music* em Olinda durante o carnaval de 93. O projeto, que obrigava as bandas locais a montarem seus repertórios com no mínimo 60% de frevos, foi aprovado por unanimidade. O que estava em jogo era a garantia de reserva de mercado para o frevo. O idealizador do projeto declarou ao *Jornal do Brasil* em 1992: "Nós precisávamos de armas para nos defender da invasão [...] O projeto foi uma reivindicação do povo, dos vizinhos, dos artistas, de todos". O músico pernambucano Getúlio Cavalcanti até compôs um frevo para a ocasião: "Sai pra Lá, Baiano", que diz assim: "Sai pra lá, baiano/ com teu Olodum/ e a dança da galinha/ de jeito nenhum".

Embora a lei contasse com o apoio da Associação de Carnavalescos de Olinda, músicos pernambucanos famosos se posicionaram contra o decreto. Capiba, que dedicou quase toda a sua vida à composição de frevos, declarou, em 1993, a *O Globo*: "Isto é uma medida odiosa, um verdadeiro muro de Berlim". Capiba não é nenhum amante da música produzida na Bahia. Dois anos depois do decreto, chegou a afirmar à *Folha de S. Paulo*: "A Bahia não tem música, tem batucada. O Rio tem samba, Pernambuco tem frevo. A Bahia não tem nada".

Muitos personagens do meio musical de Salvador se envolveram na polêmica e alguns chegaram a estranhar a postura pernambucana, como o músico Osmar, que disse na época: "Nossas músicas não são tão estranhas assim, às vezes até se confundem, eu e Dodô inventamos o trio elétrico depois de ver uma apresentação do Vassourinhas". Desse ponto de vista, fica fácil entender o estrondoso sucesso que essa música alcançou, com ou sem censura, no rico meio musical de Pernambuco.

Para certos setores da inteligência nacional, a *axé-music* seria um modismo que desapareceria rapidamente do mapa musical do Brasil, sem deixar vestígios. Ainda em 1993, a principal representante do estilo, Daniela Mercury, rebatia, sem modéstia, esse tipo de crítica afirmando a *O Globo*: "A *axé-music* não vai ser um modismo. A música da Bahia já teve outros representantes, só que desta vez eu consegui abrir uma brecha maior com meu trabalho". Tom Jobim, aparentemente rendido aos encantos da estrela, com quem regravou "Águas de Março", diria ao mesmo jornal, quando abordado sobre a questão da *axé-music*: "Toda música é boa".

Mas, de todos os defensores da *axé-music*, nenhum é mais persistente que Caetano Veloso. Visceralmente ligado, como ele mesmo diz, ao meio musical de Salvador, o compositor não só valoriza a produção local como provoca os seus detratores. Segundo declarou, em matéria da *Folha de S. Paulo*, em 1998: "O manguebeat é filho do desejo dos pernambucanos recifenses de reproduzirem o Olodum, e aí eles partiram para usar a rítmica pernambucana. [...] É completamente diferente da *axé-music*, embora o manguebeat seja filho do movimento de músicas do carnaval da Bahia, indubitavelmente". Antes disso, Caetano já havia afirmado ao jornal paulista: "É um acontecimento de tão grandes dimensões que esse problema de grupinhos sofisticados, que acham a *axé-music* brega, é ridículo".

Caetano, que vê a *axé-music* como "uma das coisas mais interessantes que já aconteceram no Brasil", considera seus representantes como legítimos herdeiros do tropicalismo, tanto que no disco *Tropicália 30 anos* (1997), em homenagem ao movimento, todos os músicos convidados para regravar os "clássicos tropicalistas" transitam na cena da *axé-music*. Ainda segundo Caetano: "Há algo que é baiano, que liga os baianos tropicalistas aos da *axé*". A mídia especializada protesta. Para o crítico Pedro Alexandre Sanches, da mesma *Folha*: "É melancólico. O legado tropicalista se reduz a muito pouco se se acreditar de fato nesta passagem de cetro hereditária [...]. Vindo como vem, o tributo chega como travo de autodecretação de falência". Bem ou mal aceita, a *axé-music* se consolidou na cena musical brasileira e, durante toda a década de 90, foi um dos estilos mais rentáveis para a indústria fonográfica, conquistando espaços antes fechados como a MTV do Brasil, que em 1999 incluiu videoclipes de *axé-music* e pagode na sua programação.

A expressão *axé-music* aparece pela primeira vez na imprensa baiana em 1987, na coluna do jornalista Hagamenon Brito, um crítico que cunhou o termo para designar o novo estilo. Ele conta como foi: "Os roqueiros baianos chamavam este tipo de música de axé e se referiam aos músicos como 'axezeiros', era uma coisa pejorativa mesmo. Eu resolvi chamar de *axé-music* e a imprensa toda começou a usar". O termo *axé* é uma palavra ioruba, oriunda do candomblé, que significa força, energia, poder. Para a mídia nacional, a expressão *axé-music* cabia tanto para o samba-reggae quanto para a música feita pelas bandas de trio.

A cantora Daniela Mercury, conhecida como a "rainha da *axé-music*", é personagem-chave do processo de mestiçagem do meio musical de Salvador. Depois de cantar alguns anos em trios elétricos, em 1992 ela lança o disco O *Canto da Cidade* e alcança projeção nacional com um repertório basicamente montado a partir das composições dos blocos afro mais famosos de Salvador. Sem dispensar a percussão de tambor que as caracteriza, imprime às canções de samba-reggae um aparato pop.

Afirmando ser "a neguinha mais branquinha da Bahia", a cantora se notabilizou por uma importante diferença. Ao contrário das outras bandas que utilizavam o *sampler* para reproduzir o samba-reggae, a cantora trabalhou diretamente com percussionistas no estúdio da WR, e registrou as sonoridades de surdos, repiques, taróis e timbaus, fazendo-os dialogar com as sonoridades da guitarra, do baixo e do teclado. Segundo Neguinho do Samba, o grande mestre do samba-reggae, o arranjo de um dos maiores sucessos de Daniela Mercury, a canção "O Canto da Cidade" (o mesmo nome do disco), foi elaborado por ele.

Além de ter gravado várias composições dos blocos afro-baianos e outras que os enalteciam e divulgavam, a performance de Daniela como bailarina se inspirava nas danças elaboradas por esses grupos. O clipe da canção "O Mais Belo dos Belos", do Ilê Aiyê, foi gravado na Ladeira do Curuzu, território do bloco. Segundo Carlos Albuquerque, "a maior prova de força (e apelo pop) do samba-reggae viria [...] com O *Canto da Cidade*, o disco milionário de Daniela Mercury". A cantora vendeu um milhão de cópias do álbum, marca jamais registrada até então por um artista atuante no meio musical baiano, e sua agenda de shows ia do Oiapoque ao Chuí. A partir do trabalho de Daniela Mercury, o mundo da percussão passa a interagir diretamente com a produção musical das bandas ligadas ao universo dos trios.

Mas essa mestiçagem já estava sendo gestada desde meados dos anos 80, através do trabalho de dois importantes personagens do meio musical de Salvador: a cantora Sarajane e o músico Luiz Caldas. Esses artistas foram os primeiros a utilizar, em cima de trios elétricos, elementos da musicalidade negra, já cristalizada nos espaços periféricos da cidade, mesclando-os com a música trieletrizada que, há duas décadas, alimentava o mercado fonográfico, dominava a atenção da mídia e atraía milhares de foliões durante o carnaval.

Esses artistas, em 1985, divulgaram nacionalmente um ritmo baiano então denominado "deboche" e/ou "fricote". Com o auxílio das gravadoras e dos programadores, o estilo chegou às ondas de rádio em Salvador, e no período carnavalesco alcançou alguma repercussão no Brasil. Esse ritmo foi um dos embriões da *axé-music*. As trajetórias artísticas desses dois personagens pioneiros ajudam a compreender a mestiçagem musical.

Sarajane foi a primeira cantora de trio a se inspirar
nas canções e coreografias dos blocos afro.

25.
SARAJANE & LUIZ CALDAS:
OS PAIS DA *AXÉ-MUSIC*

Sarajane ainda era adolescente quando despertou para a riqueza musical dos bairros negros da cidade. Certa vez, passeando pelo Pelourinho, acompanhada do amigo e compositor Paulinho Camafeu, ouviu o "deboche" dos pretos do lugar a respeito de uma garota que passava. Das janelas dos velhos sobrados, dois rapazes instigavam um ao outro:

"— Pega ela aí. — Pra quê? — Pra passar batom". Daí nascia a inspiração para a música "Fricote", mais conhecida como "Nega do Cabelo Duro", que, antes de virar sucesso nacional na voz de Luiz Caldas, em versão um pouco modificada, foi gravada por Sarajane, e logo se transformou em ritmo e dança *made in* Bahia.

> "Nega do cabelo duro/ que não gosta de pentear/ quando passa na Baixa do Tubo/ o negão começa a gritar/ Pega ela aí [...]/, pra quê? pra passar batom/ de que cor? de cor azul/ na boca e na porta do céu/ [...] de que cor? De violeta/ na boca e na bochecha [...]"

A composição de Luiz Caldas e Paulinho Camafeu incitou a fúria do Movimento Negro, que via ali uma manifestação de racismo, e mais: que a letra sugeriria violência sexual contra mulheres negras. Apesar disso, a canção continuou a ser massivamente veiculada, por causa de seu imenso apelo popular.

Do ponto de vista musical, a canção revelava uma influência de ritmos caribenhos como o merengue, a salsa e o calipso, que desde os anos 50 sonorizavam o Pelourinho, além dos outros ritmos negros, como o samba e o reggae. Somado a isso, existia uma base rock e funk. É a própria Sarajane quem explica: "Nós tínhamos uma banda, no início dos anos 80, chamada Bandaid, eu, Alfredo Moura, Cezinha e tal. A gente gostava muito de James Brown e daquela coisa do começo do rock, como Little Richard, e fez uma mistura disso com a música da Bahia. Na época, eu e [Carlinhos] Brown andávamos nos guetos da cidade onde ninguém andava. No Pelourinho ninguém ia porque se dizia que só tinha ladrão, prostituta, vagabundo. E a gente ia porque lá estavam os Filhos de Gandhy, era o começo da batalha do Olodum. E tudo aquilo era pesquisa. A gente estudava exatamente o comportamento daquele povo. Era um povo que falava muita gíria e que dançava pra caramba".

Herdeira de Baby do Brasil, a primeira mulher a cantar em cima do trio elétrico Os Novos Bárbaros, puxado pelos Novos Baianos, Sarajane venceu barreiras em um universo masculino e se tornou a primeira rainha da "nova música popular baiana", como ela prefere chamar. "Aqueles tempos eram uma loucura. Eu estava apaixonada pela dança dos pretos e além disso eu ouvia muito os discos de Bob Marley e Peter Tosh, ao vivo. Então tinha aquela coisa deles incitaram a plateia com *yeah*, *yeah* e todo mundo batendo palmas compassadas, aí eu comecei a fazer isso em cima do trio e, como você sabe, isso é a marca registrada da *axé-music*." Sarajane alcançou o primeiro lugar nas paradas de rádio soteropolitanas. Ganhou, em 1984, o primeiro Troféu Caymmi como melhor cantora, o mais prestigiado prêmio musical da Bahia, já extinto.

Em 85, um empresário da então Odeon (EMI) ouviu a música de Sarajane na Rádio Itapuã, de Salvador, e a convidou para gravar seu primeiro LP, no qual incluiu a música "Água de Côco", do parceiro de pesquisa musical, o percussionista, ainda anônimo, Carlinhos Brown. O disco misturava várias células rítmicas, como funk, calipso, soca, merengue, salsa, ijexá, cajaxá, samba duro e samba de roda. Com esse *mélange*, que já traz a influência de Gerônimo, com quem aprendeu a conhecer música latina, saiu da Bahia em turnê pelo Norte-Nordeste.

Aos poucos foi conquistando espaço, principalmente quando caiu nas graças de Chacrinha, que esteve pela primeira vez em cima de um trio elétrico por insistência da cantora. Sarajane frequentava mensalmente o programa do "velho guerreiro" e foi uma das principais responsáveis, ao lado de Luiz Caldas, pela divulgação das danças e das fusões rítmicas baianas que começaram a penetrar timidamente na paisagem sonora do Brasil. "Em 86, eu comecei a fazer shows no Sul do país e foi uma grande conquista, porque ser baiano era muito difícil, a gente era considerado *hippie*, antiprofissional. Baiano pra eles era só Caetano, Gil, Gal, Bethânia", diz a cantora.

A vivência nos bairros de Salvador deu a Sarajane a noção da importância da dança no cotidiano das camadas negro-mestiças. "A gente ia para as quadras dos blocos afro e ficava observando as coreografias. Então a gente pegava um passo e ia lançar na TV e aquilo agradava em

Depois de vender milhares de cópias com a canção
"Nega do Cabelo Duro", Luiz Caldas, um dos pais da
axé-music, faz incursões acústicas nos anos 90.

cheio. Eu fazia questão de dizer que vinha dos guetos de Salvador, que foram os blocos afro que criaram tudo aquilo, era uma forma de valorizá-los porque eles eram muito discriminados, massacrados mesmo", afirma a cantora. Assim, a musicalidade negra e a gestualidade das danças afro-baianas penetram no universo dos trios elétricos — os "espaços brancos" do meio musical de Salvador, que dominavam o mercado fonográfico local e alcançavam projeção nacional durante o verão.

Ao lado de Sarajane, um dos primeiros artistas a incorporar os elementos da performance negra foi Luiz Caldas. O músico é cria dos estúdios de gravação WR, montados em 1975, e que, a partir de 1980, passou a usar sua banda Acordes Verdes para gravar *jingles* publicitários em Salvador.

Luiz Caldas foi a ponta de lança da gravadora de Wesley Rangel, pois o experiente cantor e multi-instrumentista já estava havia muitos anos no meio carnavalesco, entre outras coisas como puxador (vocalista) do bloco de trio Camaleão, onde trabalhou ao lado de artistas negros como Carlinhos Brown e Tonho Matéria. A presença de personagens negros em blocos de trio, nos anos 80, não era coisa fácil de ser administrada, como relata o músico Tonho Matéria: "Eu fui cantar com o Luiz Caldas e fui muito bem recebido pela banda, mas a galera do bloco gritava: 'fora', porque eu só sabia cantar música de bloco afro e não tinha negros no bloco. Os únicos negros da banda eram eu e Brown, que era o percussionista. Eu lembro que Brown dizia: 'Negão, deixa isso pra lá, no ano que vem eu vou sair com um trio todo marrom, mas vamos comer nosso feijão porque a gente precisa ficar forte'".

Mais tarde, em 87, Tonho Matéria torna-se vocalista do bloco de trio Sabor de Mel. "Foi nessa época que a galera do Olodum ficou revoltada comigo porque eu estava abraçando o trabalho dos brancos. Na realidade, eu não estava abraçando o trabalho dos brancos, eu estava procurando um espaço, o negro tinha que ter espaço dentro do trio elétrico." As bandas de trio eram as únicas a ter acesso ao mercado fonográfico, com direito a visibilidade midiática, e foi por esse caminho que Tonho Matéria conseguiu se lançar como cantor e compositor. Naquele momento, as segmentações dos espaços musicais eram evidentes. De um lado, os blocos de trio com sua musicalidade harmônica e seus associados branco-mestiços, e de outro, os blocos afro com sua musicalidade percussiva e seus associados negro-mestiços.

Luiz Caldas foi um dos principais incentivadores da incorporação da estética negra aos "blocos de barão". A rotatividade das bandas que animam os blocos de trio é bastante intensa, e ainda nos anos 80 o cantor passou a ser vocalista do bloco de trio Beijo, além de ser guitarrista, arranjador e vocalista da banda da WR. Wesley Rangel, apostando numa possibilidade de renovação da música na Bahia, até então dominada pelo frevo baiano, em termos de mídia, resolveu testar uma versão da música "Mrs. Robinson", de Simon e Garfunkel, na voz de Luiz Caldas, com um arranjo percussivo. "A rádio deu algum espaço, começou a tocar. Em seguida gravamos 'Nega do Cabelo Duro', a partir daí começou o movimento todo. Neste mesmo ano nós gravamos três discos, o de Luiz Caldas, o de Gerônimo e o do Chiclete com Banana, que já tinha gravado dois discos pela Continental de São Paulo." Todos esses álbuns traziam os elementos rítmicos da música negra produzida na Bahia.

O disco de Luiz Caldas, *Magia* (1985), gravado na WR, vendeu 380 mil cópias. O cantor fez shows em todo território nacional e assinou contrato com a multinacional PolyGram (Universal) para gravar três discos. O sucesso de Luiz Caldas, Sarajane e de outros artistas que gravaram discos harmônico-percussivos indicava que o mercado fonográfico brasileiro começava a abrir as portas para a musicalidade mestiça da Bahia. Esse novo filão de mercado atraiu a atenção das muitas bandas de trio do meio musical de Salvador, que aderiram à *axé-music*.

O Festival de Música do Olodum (FEMADUM), no
adro da Fundação Casa de Jorge Amado, é um dos momentos
mais efervescentes da movimentação afro.

26.
AS TRANSFORMAÇÕES ESTÉTICAS
DO SAMBA-REGGAE

No primeiro momento da *axé-music*, houve uma apropriação da música percussiva pelos blocos de trio elétrico, que passaram a alimentar seus repertórios com o ritmo e as canções dos blocos afro. No entanto, essa musicalidade mestiça era resultado de uma relação desigual entre blocos de trio e blocos afro. Interessados no acesso, em primeira mão, ao repertório dos blocos afro, pessoas ligadas aos blocos de trio começavam a investigar a cena afro-baiana com um ouvido direcionado e passaram a frequentar os ensaios dos grupos negros, muitas vezes munidos de gravador, podendo assim repassar para os diretores e produtores de seus blocos ou bandas o conteúdo dos repertórios, bem como os nomes dos compositores das canções que estavam fazendo sucesso nos espaços negros da cidade.

De posse dessas informações, os produtores das bandas de trio compravam por quantias irrisórias os direitos autorais do compositor e rapidamente registravam as canções afro em discos que, em muitos casos, vendiam milhares de cópias. Segundo o ex-conselheiro do Olodum, Zulu Araújo, "as bandas de trio esperavam as músicas estourarem nos blocos afro, pagavam uma merreca por elas e ganhavam muito dinheiro com isso. A gente fazia os festivais e as melhores músicas iam para as bandas de trio, quando a gente via a música já estava na rádio". Isso aconteceu com canções como "Elejigbô" (lê-se "elejibô"), de Rey Zulu e Ytthamar Tropicália, "Madagascar Olodum", de Rey Zulu, e "Faraó", de Luciano Gomes dos Santos (gravadas por Margareth Menezes, pela Banda Reflexu's e pela Bamdamel, respectivamente), entre outras, que antes de serem registradas por seus compositores foram gravadas pelas bandas de trio, tendo vendido milhares de cópias. Os blocos negros viram nisso um tipo de exploração, pois produziam os grandes sucessos das bandas de *axé*, sem que isso representasse nenhum retorno econômico para eles. Para evitar a gravação clandestina de seu repertório durante os ensaios, o Olodum passou a adotar revistas nos frequentadores, para impedir o acesso à quadra com gravadores ou filmadoras.

No formato da *axé-music*, as canções dos grupos negros compunham os álbuns das bandas de trio que chegaram a vender até um milhão de cópias (disco de platina), enquanto os álbuns dos blocos afro alcançavam, no máximo, a marca de cem mil cópias (disco de ouro). Para reverter esse quadro, alguns dos mais importantes blocos negros passaram a adotar os procedimentos musicais das bandas brancas, e o samba-reggae produzido pelos blocos afro começou a sofrer transformações estéticas, que resultaram do encontro de instrumentos de percussão com os instrumentos harmônicos, através do aparato tecnológico.

Os grupos afro aderiram à mescla das sonoridades dos instrumentos percussivos e harmônicos, o que implicou uma redução do número de tambores da bateria. O volume de som dos tambores abafa naturalmente a sonoridade dos instrumentos harmônicos utilizados pelo samba-reggae, como a guitarra, o baixo, o teclado, o sax. Capturar os diferentes instrumentos através de equipamento eletrônico é, na verdade, a única maneira de conciliar universos sonoros tão distintos. Somente o recurso tecnológico das mesas de som e a habilidade do técnico que as opera permitem a audição da harmonia ao mesmo tempo em que os tambores rufam. Este resultado é obtido pelo equalizador, que atenua ou acentua o volume e a frequência de cada instrumento captado pelos microfones, tanto em estúdio quanto no palco. Ele é o meio que garante o diálogo entre instrumentos heterogêneos, permitindo o registro e a performance de formas musicais mestiças.

Tal diálogo de instrumentos, realizado pela moderna música africana, passa a fazer parte da linguagem musical do Ara Ketu e do Olodum nos primeiros anos da década de 90. Utilizando o sax, o trompete, a guitarra, o baixo e o teclado, esses blocos fizeram de suas bandas um conjunto de recursos percussivos e harmônicos. Esse formato dá origem à *banda show* (ou banda principal) dos blocos afro, na qual o número de tambores foi reduzido para cerca de dez. É essa banda que vai frequentar os estúdios de gravação e realizar os shows.

O espaço dos ensaios também se transforma para atender às exigências do novo formato. Os pequenos palcos, montados nas quadras dos blocos, que abrigavam os vocalistas, passam a acomodar também os executantes dos instrumentos harmônicos e uma mesa de som que os amplifica, além das caixas de som. Mas a numerosa bateria acústica composta por, no mínimo, cem tambores continua percutindo no piso da quadra, cercada pelos frequentadores dos ensaios (integrantes e simpatizantes do bloco).

No carnaval, enquanto a bateria acústica percute no chão, entre os associados do bloco, a banda principal (agora composta de instrumentos percussivos e harmônicos) utiliza um trio elétrico, tal como as bandas brancas. O palco ambulante munido de aparato eletrônico foi adotado primeiramente pelo Ara Ketu, que o chamou de "trem afro-elétrico", e em seguida o Olodum também constituiu sua *banda show* e adotou o trio como palco.

O Ilê Aiyê manteve suas características originais, usando exclusivamente percussão acústica na sua numerosa bateria e uma caminhonete para transportar a rainha do bloco e os cantores durante os desfiles carnavalescos. Convencido de sua força, o Ilê não pretende inscrever seus códigos na leitura computadorizada dos meios eletrônicos e estremeceria se ouvisse o músico senegalês Youssou N'Dour dizer que o *sampler* foi feito para registrar a riqueza rítmica da música africana.

O Malê Debalê incorporou sopros e não tem discos gravados. Segundo Cícero Antônio, diretor musical da banda, "o que caracteriza um bloco afro é a comunidade, nós temos que preservar isso para não cair numa ideologia classe média. O movimento afro foi engolido pelo mercado fonográfico e nós não estamos interessados no sucesso imediato. Queremos uma modernização, sim, mas dentro das nossas características, nós vamos nos manter através da resistência".

O Muzenza se rendeu à tendência afro-eletrônica em 96, quando se aliou ao produtor André Simões, dono da rádio FM 104. Nesse mesmo ano, o bloco montou uma *banda show* e gravou seu terceiro CD, *A Liberdade É Aqui*, depois de um jejum de sete anos. Para Rosiel Reis, diretor do departamento de cultura do Muzenza, "é importante apresentar uma tendência harmônica, é uma forma de acompanhar a evolução dos tempos". Em 97, a banda gravou o CD *Chegou Quem Faltava* sem causar impacto.

O Ilê Aiyê, o Malê e o Muzenza ficaram à sombra do Olodum e do Ara Ketu, que alcançaram maior repercussão comercial e, suas bandas principais, uma maior penetração no mercado de shows. Vovô, presidente do Ilê, criticou a posição desses blocos, em 1995, na *Folha de S. Paulo*: "Não vou colocar guitarras nem teclados no Ilê só para tocar mais nas rádios. O Ilê não é uma banda, nós somos uma entidade negra que tem uma banda, o que é muito diferente. Sempre fomos assim e não vamos mudar só para ganhar disco de ouro".

O terreno mestiçado da *axé-music*, capitaneado inicialmente pelas bandas de trio, ganhou força com a adesão de importantes blocos afro da Bahia. E essa mestiçagem, baseada no diálogo entre linguagens musicais distintas, se configura como o elemento definidor da musicalidade soteropolitana, quando, a partir dos anos 90, o formato mestiço se expande em direção aos espaços negros que passaram a conceber sua expressão musical como produto de mercado, a ser negociado nas malhas do *show biz*. Nesse contexto, as bandas produtoras de samba-reggae ascendem comercialmente.

A entrada do samba-reggae no mercado fonográfico e a absorção da estética mestiça transformam o perfil dos grupos negros. O acesso ao mundo da mídia os fez entender que para produzir discos e shows, com direito a contrato e cachê, era preciso ter uma postura empresarial que lhes permitisse ter critérios de editoração, de direito autoral, de distribuição e de lançamento do produto musical. A figura do produtor especializado, antes desconhecido, foi incorporada ao *staff* das bandas afro para intermediar a sua atuação no mercado fonográfico e no mercado de shows.

Este formato *banda*, com recursos sonoros percussivos e harmônicos, é informado por uma estratégia mercadológica. Quando optam pela formação de bandas menores, com atividade comercial regular, e deixam de se constituir apenas como blocos carnavalescos, os grupos negros passam a corresponder a uma lógica que permite sua inserção na indústria, garantindo-lhes maior participação no mercado musical e ampla visibilidade midiática.

A cantora baiana Daúde, nascida no Candeal, gravou uma canção significativa em seu CD *Daúde # 2* (1997), que metaforicamente descreve a relação dos blocos afro com o aparato tecnológico da indústria fonográfica. A música "Afro Olodum Multimídia", assinada por Lucas Santana e Quito, tem o seguinte conteúdo:

"A indústria na Bahia é de ponta pra alegria/ atrás da tecnologia só não vai quem não sabia/ a indústria na Bahia é de ponta pro Orfeu/ atrás da tecnologia só não vai quem já morreu/ Winchester não é rifle é disquete pra gravação/ a fibra ótica é ótima mas não conduz percussão, meu irmão/ afro Olodum multimídia sobe a rua pra avisar/ que o beat do repique foi agora à praça samplear, se ampliar/ Ilê Aiyê sintetizador da cultura black power plugado no ancestral/ Muzenza não rimou (não rima) com chip mas vai à praça anunciar/ você que vai pra avenida já quer saber do trio elétrico espacial no seu quintal/ a indústria na Bahia dançando agora na órbita da terra/ atrás da tecnologia este reggae space invader/ chegou o groove nas estrelas/ a indústria na Bahia e na orla at orbi empinava um satélite/ atrás da tecnologia arraia foguete, arraia Bahia."

O encontro dos universos tecnológico e artesanal vai permitir a ampliação do mercado. A mestiçagem aparece também na formação de um repertório musical comum, pois todos os grupos passam a exibir uma seleção de músicas de sucesso entre as bandas de trio e as bandas afro.

As bandas brancas e negras se organizam como produtoras e comercializam seus produtos como qualquer outro negociado no *show biz*. Seus nomes estão nos elencos das gravadoras *majors* e desfrutam de enorme popularidade, sendo capazes de reunir públicos gigantescos em qualquer evento em que se apresentam ou que realizam.

A *pop star* Marisa Monte empresta seu glamour ao carnaval
de Salvador durante o Arrastão da Timbalada.

27.
O SUPERMERCADO DA MÚSICA

A ampliação do mercado é uma das mudanças mais importantes do meio musical de Salvador nos anos 90, pois implica o fim da sazonalidade do consumo e a consolidação da *axé-music* como estilo no mercado fonográfico local e nacional. O processo foi favorecido pela mestiçagem musical, que se cristalizou ao longo da década.

Os blocos carnavalescos passam a estender as atividades de suas respectivas bandas e se transformam em produtoras com sedes próprias e expediente corrente, criando empregos diretos e indiretos durante todo o ano. Segundo Ary da Mata, ex-diretor da Casa do Carnaval, "quem primeiro apontou para o caminho da profissionalização foram os blocos de trio". Esses blocos colhem a fatia mais lucrativa desse setor da economia baiana. O lucro dessas empresas vem da venda de vestimentas para os associados dos blocos, patrocínios e shows. Os blocos de trio, mesmo competindo pela conquista de novos associados, se unem em torno de interesses comuns e impulsionam a "indústria *axé*". O capital que move esse mercado vem de todos os lados. A fonte mais conhecida são os blocos e seus associados, mas há também o patrocínio para trios e a publicidade veiculada nos caminhões-palco.

Além disso, as produtoras começaram a movimentar dinheiro contratando suas bandas e trios para outros eventos ligados ao carnaval (além das tradicionais "micaretas", espécies de minicarnavais que se realizam em todo o interior do estado da Bahia). Amparadas na consolidação do estilo *axé*, as bandas baianas, a partir de 1992, organizam um circuito de festas no Brasil, chamadas "carnavais fora de época", um novo filão do mercado, que promove o consumo dessa música e sua permanência nas paradas de sucesso em qualquer época do ano.

Os "carnavais fora de época" foram viabilizados tanto pela popularidade quanto pelo caráter empresarial que as bandas assumiram. Campina Grande, na Paraíba, foi a primeira cidade a contratar bandas baianas para realizar o Micarande, um minicarnaval capitaneado por Chiclete com Banana, Cheiro de Amor, Eva, Olodum, Ara Ketu, entre outras. Logo depois, Natal promoveu o primeiro Carnatal, e Fortaleza, o Fortal.

A partir daí, o circuito foi se expandindo inicialmente em outras cidades nordestinas, até alcançar as cidades do Sul e Sudeste, como Belo Horizonte, que promove o Carnabelô, e São Paulo, onde o Carnasampa reuniu, em agosto de 95, 80 mil pessoas na Avenida Sumaré. Atualmente existem cerca de quarenta "carnavais fora de época", que incluem cidades como Florianópolis e a capital do país com o Micarecandango, que acontece em agosto.

Uma outra forma de expansão do mercado são os chamados "blocos alternativos" como o Nana Banana, do Chiclete com Banana; Adão, do Eva; Côcobambu, do Asa de Águia; Eu Vou, do Pinel etc., espécies de filiais dos grandes blocos, que mantêm a estrutura básica, mas barateiam os custos para os associados e não desfilam no circuito central da cidade, e sim no circuito da orla. O bloco afro Ilê Aiyê colocou nesse circuito, apenas no carnaval de 1996, o bloco alternativo Eu Também Sou Ilê, que contava com a participação de associados brancos. O carnaval de 97 contou com a presença de 36 blocos alternativos no circuito Barra-Ondina, para onde a folia se estendeu nos últimos anos.

Um outro nicho da atuação empresarial das bandas baianas de trio elétrico são os *franchises*. Esse tipo de negócio, iniciado pelas bandas de grande porte, a partir de 93, coloca os blocos em outras praças e envolve o prestígio da banda e, na maior parte dos casos, a utilização do nome do bloco. O setor de relações públicas da Mazana, produtora da banda Chiclete com Banana, a primeira a se lançar nesse novo negócio, explicou suas intenções ao jornal *A Tarde* em 1995: "O nosso projeto é estar em cada capital e grande cidade brasileira". Para tanto, a indústria *axé* movimenta muito dinheiro.

Com tudo isso, a posição do produto musical baiano no mercado fonográfico do país, independentemente da discussão de qualidade artística, ficou bastante confortável. Existem pelo menos dez nomes que lideram o mercado nacional de shows, detendo uma fatia de 30% desse mercado, com cachês que variam entre R$ 30 mil e R$ 50 mil. Daniela Mercury vendeu em três lançamentos cerca de dois milhões de discos. Netinho chegou a um milhão de cópias no seu disco gravado ao vivo no Palace, em São Paulo, em 1996. A Banda Eva vendeu em 97 um milhão e meio de cópias e, em 99, o É o Tchan! somou em cinco lançamentos dez milhões de discos vendidos. As bandas Chiclete com Banana, Cheiro de Amor e Asa de Águia alcançam uma média de 300 mil cópias por ano. Outras bandas como Olodum, Ara Ketu e Timbalada ultrapassaram a faixa de 100 mil cópias. As gravadoras nacionais contam cada vez mais com artistas baianos em seus elencos, e as frequentes aparições em programas de domingo em redes de televisão concorrentes aumentam não somente sua audiência como também a vendagem de discos.

Aliado ao caráter empresarial, outro fator que explica a ascensão comercial da música produzida na Bahia e sinaliza a profissionalização crescente dos músicos locais é o acesso a uma parafernália eletrônica de alta qualidade. Wesley Rangel, dono da gravadora WR, comenta o processo: "Em 84, quando comecei a gravar o primeiro disco, eram raríssimos os músicos baianos que tinham instrumentos de boa qualidade. Os trios elétricos tinham instrumentos de péssima qualidade. Só existiam duas empresas de sonorização que estavam começando suas atividades. Não existia praticamente nenhuma loja de equipamentos importados na Bahia". De lá para cá, surgiram várias empresas na área de sonorização, além de lojas de equipamentos importados, oferecendo o produto na Bahia, imediatamente após o lançamento, atendendo às exigências do mercado.

Nos anos 90, surgiram quinze estúdios em Salvador; no entanto, os estúdios da gravadora WR continuam sediando as gravações dos principais nomes locais. Isto porque ela oferece a tecnologia necessária para uma competitividade em qualquer nível. "Hoje a WR tem condições técnicas para competir com os mercados do Rio e São Paulo, que foram os primeiros a se capacitar tecnicamente para colocar um produto na rádio. O disco de Carlinhos Brown, por exemplo, que a gente tá gravando agora [1995] vai ser mixado na França, porque nós temos compatibilidade técnica com o que se faz nos EUA, Europa e Japão."

Além disso, nos anos 90, houve ainda a diluição do fluxo migratório em direção ao Sudeste, que caracterizou a trajetória de artistas baianos em décadas anteriores. Desde os anos 30, para inserir-se no mundo da música no Brasil era preciso morar no Rio de Janeiro, a capital do país. Ali se encontravam todas as possibilidades de ascensão profissional dos músicos, do mercado fonográfico, os estúdios de gravação, a distribuição e divulgação dos discos, os grandes eventos musicais, a visita de artistas internacionais etc.

Dorival Caymmi deixou Salvador na década de 30 para residir no Rio de Janeiro, apesar de todo seu imaginário musical estar ligado à Bahia. A partir dos anos 40 e 50, a capital passa a dividir com São Paulo a centralidade cultural do país. Nos anos 60, Caetano Veloso e Gilberto Gil mudam-se inicialmente para São Paulo e mais tarde, depois do exílio em Londres e de um curto período em Salvador, vão morar no Rio de Janeiro. Gal Costa e Maria Bethânia também foram residir lá, assim como os componentes do grupo Novos Baianos. A possibilidade de sucesso nacional só existia a partir desse polo, já que o eixo Rio-São Paulo catalisava toda a produção artística e intelectual do país.

Mesmo estando à margem do eixo cultural central do país, nos anos 70, Salvador já carregava uma tradição musical marcada por grandes nomes da MPB. A família Caymmi, João Gilberto, Caetano Veloso, Gilberto Gil, Gal Costa, Maria Bethânia, são alguns dos personagens que ajudaram a colocar a Bahia no imaginário brasileiro como uma "fonte mítica encantada", pois mesmo sem morar na terra natal, esses artistas jamais deixaram de cantar a Bahia.[12] Para Dorival Caymmi, conforme declarou ao jornal *A Tarde*, "é impossível esquecer o lugar onde nascemos, passamos a infância, adolescência, juventude. Então, embora distante, a Bahia está sempre comigo. Ela é o assunto da minha vida, da minha música".

No final dos anos 80, este fluxo migratório se desfaz. Todos os artistas produtores de *axé-music* moram em Salvador. Para Caetano Veloso, "o que é inegável é que um fenômeno de proporções estupendas se evidenciou. Na minha geração tivemos que sair da Bahia para trabalhar. Daniela Mercury e Netinho são milionários em Salvador e são pessoas das mais trabalhadoras da MPB".

Até meados dos anos 80, quando essa mestiçagem musical ainda não tinha se delineado, havia redes de interação em espaços negros e brancos. De um lado, os intercâmbios dos blocos afro, com sua musicalidade percussiva inserida numa militância política. De outro, a musicalidade dançante dos blocos de trio, preocupada com uma atitude festiva. Com a *axé-music* essas relações passam a ser complementares. Elas refletem a transformação do meio musical de Salvador no fim do século XX, onde redes de relações cada vez mais mescladas ganham corpo.

O rentável mercado reorganiza também o circuito de shows e modifica a posição dos artistas locais no *show biz* baiano. As bandas afro passam a sair de seus bairros de origem não somente para realizar ensaios em outros espaços da cidade, mas também para fazer shows frequentemente realizados em clubes que comportam até 15 mil pessoas. Aqueles que eram os espaços cativos da musicalidade dos trios fora do perío-

---

[12] Além dos artistas mencionados, outros compositores já tinham contribuído para a construção de uma Bahia "mítica", como o mineiro Ary Barroso e o paulista Denis Brean, com as canções "Na Baixa do Sapateiro" e "Bahia com H", respectivamente.

Circulando no meio musical de Salvador, o carioca
Luiz Melodia troca figurinhas com Vovô do Ilê.

do carnavalesco passam a ser ocupados também pela musicalidade percussiva, através de "shows-dobradinhas", ou seja, shows com mais de uma banda, atraindo com isso públicos maiores, ecléticos e mestiços. O sucesso desses shows duplos que reúnem bandas afro e bandas de trio foi tão grande que incentivou a formação de shows múltiplos. Os formatos 3 em 1 ou 4 em 1 têm sido cada vez mais frequentes, pois são uma eficiente estratégia para alcançar públicos maiores.

A ampliação do mercado implica ainda uma aproximação entre as bandas locais e as bandas nacionais, que seguem o mesmo esquema da programação de shows locais. As bandas baianas passam a dividir os palcos com grandes nomes do mundo da música no Brasil. Em 1994, Daniela Mercury dividiu o palco do Clube Espanhol com Gal Costa e, em 95, com os Paralamas do Sucesso. Em 97, a Banda Asa de Águia convidou o Skank para um show no Clube Baiano de Tênis. Carlinhos Brown e a Timbalada contam com a presença de Marisa Monte no carnaval todos os anos, desde 95. Dessa maneira, as relações da nova musicalidade baiana com a MPB se estreitam no Brasil. A expansão do mercado da música produzida na Bahia ganharia ainda um outro contorno no decorrer dos anos 90: a penetração do afro-pop no panorama da *world music*.

28.
O SAMBA-REGGAE NA *WORLD MUSIC*

A multiplicação dos contatos culturais no mundo globalizado facilita a penetração de produções locais no mercado musical internacional. Na primeira metade do século XX, os contatos do meio musical de Salvador se davam principalmente com a África e com o Rio de Janeiro. Nas décadas de 60, 70 e 80, no bojo do movimento de negritude, os intercâmbios se expandem em direção ao Caribe e à América do Norte. Nos anos 90, acontece a mundialização dos intercâmbios musicais, que se materializam na *world music*.

A *world music* é uma denominação que abriga os mais variados estilos musicais que não cabiam nos rótulos comerciais dos mercados europeu e norte-americano e se tornou uma fatia promissora e dinâmica da indústria fonográfica. Selos especializados se multiplicaram em toda Europa e EUA. São eles: *Real World, Silex, Mango, Indg, Crammed World, Blue Silver, Ethnic World Music, Geobe Style*, entre outros. Diretores artísticos e organizadores de espetáculos saíram em busca de artistas populares em várias partes do planeta e aqueles que trabalhavam com tradições musicais singulares foram os primeiros a se beneficiar comercialmente dessa nova corrente.

Segundo François Duterre, a *world music* é uma estratégia dos selos independentes ingleses, que produziam "músicos étnicos" e a partir de 1987 criaram uma nova etiqueta para chamar a atenção para esse nicho de mercado, que acolhia produções musicais "exóticas". Duterre aponta a participação de etnomusicólogos envolvidos no processo, afirmando que um dos primeiros selos étnicos norte-americanos, o *Folksong*, é de um etnomusicólogo, e que os produtores ingleses estavam assessorados por estudiosos que cediam suas gravações feitas em culturas tradicionais e populares não anglo-saxãs.

Segundo o etnomusicólogo José Jorge Carvalho, a *world music* pode ser melhor analisada a partir de duas questões-chave, que estão diretamente relacionadas: a descontextualização do evento musical e o desenvolvimento de tecnologia de gravação. Através desse processo, que transfere a produção da comunidade para o circuito eletrônico, a *world music*

Adama Dramé, de Burkina Faso, tocando *djembé*, um dos tambores africanos mais difundidos no meio musical de Salvador.

consegue a façanha de dissociar a produção musical do seu contexto original para divulgá-la internacionalmente. Assim, ao mesmo tempo que consegue popularizar estilos musicais dos mais remotos cantos do planeta, através da difusão global de seus registros fonográficos, ela recorre aos mecanismos tecnológicos para homogeneizar esses mesmos estilos. Nos termos de José Jorge Carvalho, "o ouvinte urbano pós-moderno aprende a receber como algo familiar o que é concebido por seus criadores e culturas tradicionais como singular, original". O autor atribui ao equalizador um aspecto fundamental na difusão da *world music* e o vê como uma metáfora do processo de padronização do mundo da música. "A equalização sai então de sua esfera específica do gosto musical ocidental para se tornar uma metáfora da homogeneização, da redução dos pontos de resistência estética de mil estilos musicais do mundo a um princípio único." De fato, o processo de equalização é capaz de formatar modelos estéticos muito variados segundo o padrão sonoro ocidental, transformando timbres exóticos em sonoridades familiares, reduzindo a sensibilidade auditiva ao gosto musical dos produtores.

O fenômeno *world music* é um dos elementos da nova era de comunicação. Através da tecnologia, ele pode dar às diversas musicalidades formatos estéticos capazes de aproximar culturas distantes, tornando-as audíveis a outros ouvidos, e seus resultados oscilam entre a perda das especificidades culturais, "numa jogada tecnológica, racista e etnocêntrica", como querem seus críticos, e a "ampliação da informação musical através da divulgação de estilos diversificados", como querem seus apologistas. Mas a equação desse debate está nas interações que organizam o mundo da *world music*.

Do ponto de vista das redes de relações, a *world music* é uma via de mão dupla: compositores do norte como Paul Simon, Peter Gabriel, David Byrne, Brian Eno, Jon Hassel, vão em direção ao sul a fim de renovar as fontes do pop. Ao mesmo tempo, compositores do sul como Salif Keita, Ray Lema, Cheb Khaled, Youssou N'Dour, Ismael Lo, se instalam no norte a fim de integrar suas produções ao mercado internacional da música. Existem, portanto, interesses mútuos de músicos e mercados dispostos a partilhar experiências e ampliar seus raios de ação.

A ascensão da *world music* enquanto tendência de consumo no mercado fonográfico internacional implica uma mudança de posição da música produzida na periferia do "Atlântico Negro", que passa a alimentar os mercados musicais mais importantes do mundo, como os EUA, França e Inglaterra. Segundo *Le Monde de la Musique* (1996), a venda de mú-

O senegalês Doudou Rose, um dos grandes nomes
da *world music*, em show do Percpan.

sica clássica no mercado fonográfico internacional caiu 12,7% nos primeiros nove meses de 1995. Em diminuição constante desde 1990, ela se estabilizou em menos de 8% do mercado de disco. A *world music* cresceu no mesmo período. Esse fluxo global, que colocou a música negra em posição de destaque, repercutiu fortemente em Salvador, que a partir dos anos 90 deixou de ser um centro produtor de matéria-prima para ser um centro exportador de musicalidade afro.

A produção de samba-reggae, ou seja, uma produção local, se insere em um fluxo de globalização do mercado que privilegia uma musicalidade "étnica" na qual essa produção se encaixa como uma luva, na medida em que recria sonoridades africanas, mesclando-as com ritmos brasileiros e caribenhos. "O samba-reggae é um dos ritmos mais pedidos nas minhas noites", atesta o DJ Doug Wentd, de São Francisco, Califórnia, cuja discotecagem de *world music* foi considerada pela revista *Details* "uma das melhores coisas da noite americana", afirma Carlos Albuquerque em sua análise da história do reggae.

Também na França, a nova produção musical de Salvador foi bem-vinda. Em 1996, o *Jornal do Brasil* anunciava: "A tomada da Bastilha pela cultura baiana — a invasão que começou nos anos 70 agora conquista os franceses com capoeira e samba-reggae".

Esse tipo de "exotismo" musical passou a ser tão interessante para os mercados fonográficos internacionais que o maior prêmio destinado à música, o *Grammy* americano, criou uma categoria específica de premiação. Alguns artistas baianos chegaram a disputá-lo: Olodum (Neguinho do Samba), Margareth Menezes, Gilberto Gil e Caetano Veloso.

A imprensa local também capitalizava a presença da produção musical baiana para além das fronteiras nacionais: "Domínio Baiano — seja em Montreux, Bruxelas ou Paris, a música brasileira — especialmente a baiana — rouba a cena na Europa", dizia *A Tarde*. Outros nomes como Ara Ketu, Daniela Mercury[13] e Timbalada, antes restritos ao mercado local e nacional, também passam a frequentar o circuito internacional do mercado da música. Mas não se pode dizer que os artistas baianos sejam um sucesso internacional, pois dificilmente se sustentam nos mercados estrangeiros por muito tempo e, na maior parte dos casos, se apresentam para plateias compostas por brasileiros que vivem fora do país.

---

[13] Daniela Mercury participou do Festival de Montreux, na Suíça; do Jazz Stadt, na Alemanha; da Convenção Mundial da gravadora Sony, no Havaí; foi a atração principal em festa de Bill Clinton, nos EUA. Mais tarde foi convidada a fazer o show brasileiro durante a Copa do Mundo, realizada na França, em 1998.

Michael Jackson grava cenas de seu clipe com o Olodum
no Pelourinho, dirigido por Spike Lee.

29.
O OLODUM GANHA O MUNDO

A trajetória do Olodum é um bom exemplo da penetração da produção local em fluxos globais. O grupo, depois de batalhar anos a fio no Pelourinho sem despertar a atenção da mídia, consegue entrar no universo eletrônico dos estúdios e alcançar visibilidade. Em seguida estabelece uma conexão com um dos grandes astros do pop internacional. O encontro aconteceu assim: em passagem pela Bahia em 1990, para pesquisar os ritmos brasileiros, o cantor americano Paul Simon conheceu a produção musical do grupo, pois andava justamente em busca de novidades exóticas, tal como havia feito anteriormente no disco *Graceland*, que também ganhou *Grammy*, gravado com um grupo sul-africano.

Fascinado com a performance do grupo, contratou, através do produtor Mazzola, a bateria do Olodum sob a regência de Neguinho do Samba para gravar a canção "Obvious Child", carro-chefe do disco *The Rhythm of the Saints*. O álbum ganhou o *Grammy*, em 91, na categoria *world music* e vendeu um milhão de cópias. A partir daí, o Olodum conseguiu um lugar no mercado internacional. O samba-reggae conquistou plateias estrangeiras e colocou a musicalidade afro-baiana na *world music* e, mais do que isso, conquistou prestígio e maior popularidade nas fronteiras nacionais. Depois da premiação internacional, o Olodum voltou a ser manchete em todos os cadernos de cultura do país.

A presença do Olodum no cenário da mídia trouxe-lhe fama, dinheiro e cacife suficiente para interceder junto ao governo do estado pela restauração do Pelourinho. Segundo João Jorge, presidente da entidade, "há na restauração do Pelourinho a marca indelével do Olodum. A integridade física, social, cultural e moral foi resgatada também com a nossa força". Com a restauração, realizada em 1993, o Pelourinho ganhou uma feição completamente diferente. A saída da população estigmatizada que habitava a área desde os anos 70 favoreceu a frequência de segmentos socialmente diferenciados nos ensaios do Olodum, que passaram a ser um dos retratos mais perfeitos da suposta "democracia racial baiana".

Mas a participação do Olodum no episódio da desocupação do Pelourinho é cercada de controvérsias. O ex-conselheiro do Olodum, Zulu

Araújo, afastado da entidade sob acusação de corrupção, e mais tarde inocentado pela investigação policial, afirma que o Olodum teria negociado sua omissão diante da comunidade, que foi retirada da área, em troca de apoio para a instalação da Fábrica de Carnaval, da manutenção da quadra no Teatro Miguel Santana (para os ensaios do bloco), da contratação de funcionários pagos pelo Estado para trabalhar na entidade e de casas restauradas destinadas a familiares e membros da diretoria do bloco. Não há provas que confirmem a aquisição ilícita de sobrados do Pelourinho por membros da família que dirige o Olodum há quase duas décadas. Essas longas permanências nas presidências são prática comum nos mais importantes blocos afro da Bahia.

A revitalização do Pelourinho e a saída dos moradores originais permitiram a chegada de um comércio de alto nível ao local. Butiques como Benetton se instalam ao lado da butique do Olodum. Restaurantes de comida internacional disputam fregueses com o mercado informal das baianas de acarajé e dos menores vendedores de amendoim e de queijo coalho assado na hora, em fogareiros de carvão. Boates *high tech* e bandas percussivas, passando por bares com música mecânica ou ao vivo, dão a medida da mistura musical do lugar. A multiplicidade de opções atrai segmentos de todas as classes e cores, dispostos a usufruir do espaço que se tornou uma espécie de "shopping center colonial". Nos primeiros anos da restauração do bairro, as classes médias e altas soteropolitanas passaram a frequentar o local e era engraçado ver as madames em seus saltos Luiz XV tentando se equilibrar nos paralelepípedos das ladeiras do Pelô. Os negros que então passaram a frequentar o bairro a trabalho ou a passeio demoraram um pouco a se acostumar com essas cenas. Mas, afinal, os "brancos" estavam ali para consumir seus produtos, sua cultura e principalmente sua música. Então, que fossem bem-vindos.

Logo depois do sucesso internacional, o Olodum transformou-se numa *holding*. A entidade comercializa em sua butique produtos que levam sua marca, como camisetas, bonés, chaveiros, sapatilhas, adesivos, toalhas, e explora dois bares no Centro Histórico de Salvador. Segundo o presidente da entidade, João Jorge, todo o dinheiro arrecadado serve para viabilizar a Fábrica de Carnaval, que produz todos os itens à venda na butique, além das fantasias do bloco e de instrumentos percussivos. Parte dessa produção é exportada. "Mesmo antes de ser instalada, a Fábrica já tinha encomendas de um bloco afro-londrino e de outro dos Estados Unidos", afirma João Jorge, que promete emprego para cerca de 350 pessoas da comunidade.

Apesar de procurar ressaltar o trabalho social que realiza no Pelourinho, o Olodum vem sofrendo um processo de desgaste de sua imagem, que vem a reboque de denúncias feitas por ex-percussionistas da banda. No início dos anos 90, pelos menos cinco novas bandas de samba-reggae, como Raízes do Pelô, Frutos do Pelô, Pedra do Pelô, Tambores Achantes e Toque Magia, foram formadas por antigos membros do Olodum. Alguns deles anunciaram os motivos da deserção.

Um desses dissidentes, fundador da banda Tambores Achantes, relatou a um repórter do *Correio da Bahia* os motivos que o levaram, junto com outros colegas, a formar uma nova banda: "Nós gostávamos do bloco, éramos fundadores, mas não recebíamos nem respeito nem garantias. Éramos tratados como escravos, muitas vezes tivemos que carregar caixotes no carnaval, e nosso esforço não era reconhecido. Levávamos de dois a três meses para receber dinheiro e muitos nem recebiam. [...] Eles se sentem os donos da gente".

Um mestre de percussão da Toque Magia, outra banda formada quase que em sua totalidade por ex-membros do Olodum, afirmou o seguinte: "No Olodum não tem ninguém pra lutar pela causa da gente e eles dão o que querem. Quando aparece um compromisso, eles querem que a gente esteja pronto imediatamente sem acertar grana. Ainda descontam as roupas da gente, e até das bailarinas, do nosso dinheiro".

O barulho causado por essas denúncias levou o Olodum a se defender: "Os aprendizes acham que o Olodum é uma mina de dinheiro. O trabalho do Olodum é político, social e cultural e as coisas são feitas através de intercâmbio e de convênios. Avisamos para os meninos que não ia ter grana, mas passagens, ajuda de custo e educação. Os músicos que estão no Olodum estão viajando para o exterior, Rio, São Paulo, Belém. E, no Olodum, eles podem fazer um curso, não só tocar", contemporiza Neguinho do Samba, então um dos diretores do bloco.

Se no início dos anos 90 o mestre Neguinho justificava a conduta do Olodum, em 1996 seu discurso muda de tom quando ele decide deixar o bloco: "O Olodum perdeu o rumo, na realidade não foi só o Olodum, todos os blocos afro mudaram. Deixaram de lado o social e partiram para o comercial. [...] Eu me lembro que quando a gente era pobre, a gente se abraçava e chorava junto". Essa imagem desgastada, entretanto, dificilmente extrapola as fronteiras locais. Articulador de um marketing poderoso, o Olodum continua atraindo milhares de pessoas aos seus duplos ensaios semanais no Pelourinho e são raros os turistas que deixam Salvador sem adquirir os produtos de sua grife.

Criador de ritmos e modas, Carlinhos Brown expressa
uma estética multicultural na música e no gestual.

30.
CARLINHOS BROWN E A TIMBALADA

Outro exemplo da presença da produção local no panorama mundializado é a carreira do percussionista Antônio Carlos Santos de Freitas, o Carlinhos Brown. Mesmo sendo um personagem bastante atuante nos espaços musicais periféricos de Salvador desde o início dos anos 80, Brown só passou a ser cortejado pela mídia, enquanto criador, depois de ter recebido indiretamente o *Grammy* pelo disco *Brasileiro* (1992), de Sérgio Mendes, para o qual compôs cinco músicas e estreou como vocalista, acompanhado por percussionistas como Boghan, Sidnei e Leo Bit Bit, da extinta banda Vai Quem Vem, formada no Candeal. No mesmo ano, Carlinhos Brown participou também como vocalista da coletânea *Bahia Black*, produzida pelo americano Bill Laswell, ao lado do Olodum, Herbie Hancock e Wayne Shorter.

Desde então, Carlinhos Brown é reverenciado como um dos mais talentosos compositores do país, chegando a ser considerado por alguns como "gênio da raça", autor de canções premiadas em 1995 como "Segue o Seco", na voz de Marisa Monte, "E.C.T.", gravada por Cássia Eller, e "Uma Brasileira", na versão do Paralamas do Sucesso e Djavan. Antes disso, ocupava o papel pouco visível de percussionista da banda de Caetano Veloso, que foi, sem dúvida, o primeiro a mostrar ao Brasil que além de percussão, Carlinhos Brown dominava também a arte de escrever letras, cujas palavras nem sempre serviam para fazer sentido lógico, mas sim enriquecer a sonoridade das canções. A canção "Meia Lua Inteira", gravada em 1989 por Caetano, no disco *O Estrangeiro*, compôs trilha de novela, mas não chegou a levar Brown ao estrelato, que ele só viria a conhecer mais tarde.

Percorrendo uma trilha extremamente atraente para a indústria da música, através de sua estética mestiça, que se concatena nos vários cantos do "Atlântico Negro", e favorecido pelas portas abertas pelos blocos afro no mundo da *world music*, o percussionista alcançou visibilidade no cenário internacional. *Alfagamabetizado*, o primeiro disco solo do compositor, saiu em 1996, pelo selo francês Delabel, filial da gravadora multinacional Virgin (que distribui o álbum em todos os continentes). É ver-

dade que Carlinhos Brown conquista plateias multiculturais — pluriétni-
cas e poliglotas — interessadas em riquezas rítmicas, razão pela qual esteve em Paris em novembro de 1996 para receber o prêmio de revelação
do ano em *world music* da RFI (Radio France Internationale).

Brown analisa da seguinte maneira sua posição na cena da *world
music*: "Minha música é do mundo porque eu sou um cidadão miscige-
nado, aguçado em vários sentidos étnicos e estéticos. O cara que nasce
hoje já é globalizado, já é internacional naturalmente". A fala do percussionista reitera o modelo estético mestiço, que mescla variadas linguagens
musicais, resultado da herança de várias influências. No cenário internacional, esse tipo de produção é chamada de *afro-pop*. Os personagens que
se movem nesse terreno não limitam sua música a um ritmo ou a um país.
Trata-se de um estilo que absorve influências múltiplas, fragmentadas,
que desenham um mosaico musical plural, combinando vários elementos
ou repertórios para demarcar seu lugar na cultura pop contemporânea.

Apesar do discurso ufanista, Carlinhos Brown dá pistas interessantes dos caminhos que levaram a produção local a conquistar um certo
espaço no cenário internacional. "O Brasil vai ditar regras no mundo. E
não vai ser apenas vendendo a alma de nossos artistas. Estamos formando gente que fica atrás, que articula e que define tendências na música",
diz o músico.

Antes de se tornar um artista internacional, Brown foi o responsável pela formação da banda percussiva Timbalada, no bairro do Candeal,
que tem como singularidade o fato de usar timbaus para fazer uma batucada pop. Em termos musicais, a banda se caracteriza por uma pesquisa
de ritmos diversos difundidos na Bahia, que também inclui ritmos de sonoridade africana ou afro-americana e afro-caribenha.

O timbau já era um instrumento bastante conhecido pelos grupos de
percussão popular de Salvador (inclusive pelo afoxé Filhos de Gandhy),
mas, segundo Brown contou ao *Jornal do Brasil* em 1993, eles não eram
bem utilizados: "Na Bahia é comum tocar timbau de forma desorgani-
zada. Nós organizamos as notas. [...] A Timbalada é uma forma como
os timbaus apontam para o futuro". O grupo criou uma estética particular, através do uso de pinturas corporais, inspiradas nos costumes africanos, e do uso de signos pop, como óculos escuros, capacetes de ciclis-
ta e adereços reciclados. Os anéis de latas de bebida utilizados como ador-
no por Carlinhos Brown estão entre os itens retrabalhados pela coleção
de joias *Miscigens*, da H. Stern, inspirada no percussionista e compositor, lançada em 1999.

Templo de cultura e diversão, o Candyall Guetho Square abriga os ensaios da Timbalada e atrai para a periferia a moçada "branca" de Salvador.

Com essa estética, em que o uso do corpo se destaca tanto no gestual quanto na indumentária, Carlinhos Brown e sua turma alcançaram alta visibilidade midiática, conquistando uma legião de fãs que passou a se deslocar para o Candeal, o bairro proletário onde se originou a Timbalada, a fim de assistir aos ensaios da banda e presenciar a performance do músico, criador de ritmos e modas. O Candeal é aquilo que o Centro-Sul do país chamaria de favela e na Bahia chama-se "invasão". Trata-se de um bairro periférico com ruelas estreitas e enlameadas, sem infraestrutura adequada, habitado por uma população negro-mestiça de baixa renda.[14]

Esse bairro é o berço de Carlinhos Brown, de seu mestre, Pintado do Bongô, de seus conselheiros como Fialuna e Seu Vavá (pai da cantora Daúde), e ainda de uma grande parte dos percussionistas que hoje compõem os grupos musicais ligados ao nome de Carlinhos Brown, tais como Timbalada, Lactomia, Bolacha Maria e Zárabe. A Timbalada é uma banda afro e um bloco de carnaval, a Lactomia é uma banda mirim, a Bolacha Maria é uma banda feminina, e Zárabe é um grupo que mistura influências árabe e africana (expressas na indumentária e nos instrumentos). Além desses grupos, os projetos de Carlinhos Brown incluem uma escola de profissionalização de músicos de rua — a Pracatum — e a manutenção de uma espécie de sede, chamada Candyall Guetho Square, um espaço que agrega uma quadra de ensaios com camarote, escritórios e um estúdio de som.

O Guetho Square é também um espaço eclético onde se misturam símbolos do imaginário pop contemporâneo. De construção irregular, o prédio exibe no alto um grande olho de formas egípcias, no interior arcos orientais conduzem ao pátio interno onde esculturas metálicas desenham timbaleiros futuristas e as árvores têm tambores como frutos. A ideia de entrecruzamentos culturais se expressa também na proposta musical dos grupos envolvidos, na qual três produtoras se interligam, formando um conjunto empresarial.

O Candeal ganhou visibilidade no mapa musical de Salvador em 92. Era o início da Timbalada, que aos poucos passou a atrair a atenção de um certo público de ensaios de blocos afro. (Muitos percussionistas da Timbalada integravam a banda Vai Quem Vem, cujo único registro é a participação no disco *Brasileiro*, de Sérgio Mendes.) Os timbaus do ca-

---

[14] Mais recentemente, o projeto urbanístico Tá Rebocado, da Pracatum, associação criada por Carlinhos Brown, mudou a feição do bairro.

Goli Guerreiro

O Arrastão da Timbalada na orla de Salvador, apesar das recomendações da igreja católica, estende o carnaval até a tarde da Quarta-Feira de Cinzas.

As pinturas corporais são a marca do afro-pop da Timbalada.

cique Carlinhos Brown proliferaram e os ensaios se deslocaram das ruas para um espaço maior, uma quadra de esportes do bairro. A essa altura, os domingos à tarde no Candeal já eram um programa esperto tanto para a juventude negro-mestiça, que morava no local, quanto para a juventude branco-mestiça, que passou a frequentar a área em busca de lazer.

A Timbalada já nasceu no contexto tecnologizado e, apesar de ser responsável pela revalorização do timbau (que depois da ascensão da banda passou a fazer parte de todas as baterias de samba-reggae), sempre dialogou com os instrumentos harmônicos. A composição da banda formada no modelo mestiço é a seguinte: três cantores, um sax, um trompete, um trombone, um teclado, um baixo, uma guitarra, uma bateria, dez timbaus, cinco marcações, um repique, dois timbales e uma "percuteria" — espécie de bateria afro, que mistura o formato tradicional com tambores diferenciados que são percutidos com baquetas de surdo e marcação.

O primeiro disco da Timbalada data do ano de sua formação como banda/bloco carnavalesco. No carnaval de estreia (1992), a banda se apresentou dividida no desfile: enquanto cerca de duzentos timbaus eram tocados no chão, os outros instrumentos tocavam em cima do trio elétrico, além de dez timbaleiros que usam o caminhão como palco.

O público da Timbalada, agora ampliado, encontra uma boa infraestrutura no Guetho Square (onde os ensaios são realizados) e movimenta uma grande quantidade de bares, instalados nas pequenas casas, e todo um mercado informal de "churrasco de gato" (carne de segunda assada em fogareiros de rua), cervejas em lata, cachorro-quente etc., montado em frente ao prédio, que supre a curiosidade e o desejo de lazer daqueles que não podem pagar o preço do ingresso, que dá acesso ao templo.[15] (O ingresso para o Guetho custa, em média, três vezes mais do que um bilhete de cinema, sem direito a meia-entrada para estudantes.) Muitas letras de canções da Timbalada ressaltam o bairro onde a banda se originou, reafirmando a relação afetiva das bandas afro com a comunidade de origem. Note-se o trecho de "Domingo no Candeal" (também gravada por Daniela Mercury):

> "Timbalar, de bailar, de bailar/ de balaio, de baleiro, timbaleiro/ timbaleiro no gueto, olha o baleiro/ [...] o que é que a baiana tem? que o timbaleiro não tem?/ prestígio de vatapá/

[15] Atualmente os ensaios são realizados no Museu du Ritmo, na cidade baixa.

ploc banana no cesto de iaiá/ look de lupa e timbau/ tênis Reebok, relógio shock/ espalhando, espelhando a figura do brau/ é domingo de tarde no Candeal."

O Candeal se tornou sinônimo da estética "brau", que tem nas várias músicas negras do Novo Mundo sua principal forma de comunicação. Diferentemente dos outros espaços negros, que voltavam seus olhos para Áfricas tribais, modernas, científicas, nômades ou místicas, o Candeal constrói um imaginário multifacetado, pluricultural, inventando assim uma "África cosmopolita", que corresponde à mistura de linguagens da musicalidade produzida na Bahia e transforma a estética percussiva num signo de contemporaneidade pop.

Carlinhos Brown, carregando seu filho Francisco,
neto de Chico Buarque e Marieta Severo.

31.
BROWN SOLTA O VERBO[16]

Brown, qual é a importância de ser premiado como expressão de world music?

Essa premiação é importante pra música que nós estamos buscando na Bahia. É uma premiação geral à música da Bahia, não é apenas a mim, porque nos esforçamos muito para que esta música ganhe as fronteiras, que é a música talvez mais global do Brasil e a mais regionalizada. Então esta música foi premiada ontem com erros, defeitos, acertos. Ali naquele palco eu achava que estava recebendo uma coisa que pertence a muitos, pertence ao Olodum, à Timbalada, a Daniela, a Bell do Chiclete, ao Tony do Bragadá, Ilê Aiyê, Caetano, a várias coisas, porque essa música que eu trago é formada por várias épocas estéticas da música do Brasil e principalmente da música feita na Bahia e que, até hoje, por ser feita na Bahia, ela é muito discutida. As pessoas querem que surja da Bahia toda hora um Caetano, um Gil, e não é assim, Caymmi só tem um.

Nos anos 90, Carlinhos Brown é esse cara que as pessoas esperam da Bahia?

Sim, mas Carlinhos Brown não começou em 90, eu sou de 79. Em 79 eu já tocava nas ruas, eu já tava levando os atabaques, as congas pra cima do trio elétrico onde se tocava frevo, então eu tenho a idade do começo e não da aparição. 90 foi a descoberta das pessoas em relação a isso, mas eu não posso desprivilegiar os anos 80, aquela passagem toda quando a Bahia era mais Pernambuco, representada pelo frevo, e a gente ficava só sonhando com os mitos, Caetano Veloso, Gilberto Gil, é passear por dentro das nossas ruas da nossa cidade que é deles também, sonhávamos em encontrar com eles, com os Novos Baianos, todos esses que não moravam na Bahia, moravam no Rio. O movimento do sambão que poucos falam estava ali se reforçando, lendo tudo que vinha de fora, e

---

[16] Entrevista concedida à jornalista Nadja Vladi e à autora, logo após a premiação de Carlinhos Brown no Découvertes-RFI (Radio France Internationale), na categoria revelação de *world music*, no Teatro Trianon, em Paris, novembro de 1996.

como tudo que emerge do povo não se consolida logo, aquilo tudo era tachado como coisa de negro, e é a coisa mais forte que nós temos. Na verdade, continua sendo coisa de negros, acho que ganhou um "s" aí. Porque negros quer dizer várias pessoas, *neguinho* somos todos nós, é fulano, não é exatamente cores e etc., etc.

Você disse que mistura influências de várias épocas estéticas da música na Bahia. Que estéticas são essas?
Um dos primeiros movimentos de tradição que houve na Bahia musical é o dodecafonismo. Os alemães que foram pra Bahia fizeram uma escola de classe média baiana, que não dava acesso a todo mundo, mas com grandes professores, como Smetak, Fernando Santos, várias pessoas. E houve outros estrangeiros que já eram mais radicais, como a Rumbaiana, que fez uma reviravolta e deu uma proximidade com a improvisação de jazz, de salsa, eles traziam muitas informações de fora, então são os seguidores de Pierre Verger, e eu não acredito que nenhum movimento sem seguidor realmente presta. Então não adianta você querer fazer música sem que realmente seja sucesso, sem que seja pra contribuir com as pessoas. Os seguidores de Verger foram de vital importância pra nós, a ponto de chegarmos na França e ganharmos um prêmio desses, então é um prêmio, na verdade, merecido por várias etapas, e não é apenas brasileiro, é um prêmio por uma situação, não para um sujeito, não é um prêmio para Carlinhos Brown. Eu sou a concentração de várias etapas do que eu chamo dos seguidores de Verger, eu dei a "cagada", como sempre, de vir recebê-lo, porque eu sou um cara "cagado de sorte", não sei... boto uma música e *boom*, faço um disco e *boom*, tudo, graças a Deus, na minha vida sempre teve resultado. A única coisa que não deu certo foi ser jornaleiro de *A Tarde*, nunca consegui esse emprego. Eu tentei vender jornal, tentei a todo custo, mas talvez seja o fato de não gostar de ler, eu não tive acesso a isso, mas em todas as funções infantis e adolescentes brasileiras eu tive uma participação.

Fale um pouco de sua participação no carnaval da Bahia...
A primeira música de carnaval que eu fiz, que foi um *hit*, foi "Iaiá Maravilha", ganhou como melhor música do carnaval [1983]. Logo depois eu fiz uma música chamada "Dez Litros de Licor", e Luiz Gonzaga estava em primeiro lugar e eu em segundo nas rádios da Bahia. Nesta época, a gente estava retomando o canto afro-baiano, porque até então os blocos como o Ilê Aiyê, o Muzenza, todos cantavam samba em maior. A

Fiel escudeira de Brown, a produtora Ivana Souto, ao lado de Ivete Sangalo,
acompanha o artista desde os tempos da banda Vai Quem Vem.

Bahia parecia muito mais o Rio nesta época. Então não tinha essa identidade, eu falo a melódica, não a rítmica, que sempre foi particular.

Você acha que o que você faz é axé-music?
Nunca fiz. Posso até ser um dos precursores, mas o rótulo eu não aceito.

Por quê?
Porque não é. Economicamente a melhor coisa que aconteceu na Bahia chama-se *axé-music*. Em termos de progresso, os músicos conseguiram ter melhores instrumentos, surgiram vários artistas, mas a *axé-music* é um movimento paralelo ao nosso. O que é pós-tropicalismo, o que é pós-Novos Baianos, somos nós que começamos em 1979, no início dos anos 80. Luiz Caldas, a banda Acordes Verdes, Scorpius, que hoje é Chiclete com Banana, Missinho, e outras pessoas que não estão na mídia, mas estão incutidas no inconsciente coletivo de toda a população da Bahia.

O que faz com que você esteja aqui, conquistando este espaço internacional, e não Luiz Caldas ou Daniela Mercury, por exemplo?
Luiz Caldas foi meu influenciador, me preparou também, Luiz foi a porta e já é eterno por isso. A Daniela também tem uma penetração fantástica, ela reúne 300 mil pessoas na América Latina e é assim, nós todos juntos vamos disseminar a música da Bahia e do Brasil no planeta, um artista só não tem condição de invadir o mundo inteiro, todo mundo não pode estar em todo lugar ao mesmo tempo. Então é a cultura que vai disseminar, aqui eu estou representando Daniela e Luiz, quando Daniela está em outro lugar ela está me representando, está representando a cultura baiana.

Quando você estava lançando seu livro, quer dizer, seu disco...
É um livro também, é muito mais um livro até do que um disco, na verdade é cinema. Não se faz cinema só com película, se faz com caneta e papel. Uma palavra é cinema, sim, eu sou da terra de Glauber Rocha.

Mas na época do lançamento, a crítica disse que você teria feito um disco de música étnica para agradar este mercado de músicas do mundo. Você e a gravadora têm essa preocupação?
Eu acredito que existe um equívoco muito grande no Brasil por parte

Goli Guerreiro

Banda instrumental produzida por Carlinhos Brown, a Zárabe, em suas típicas correrias, mistura elementos de várias tradições musicais.

da crítica por falta de conhecimento. As pessoas não têm conhecimento musical mesmo. Porque pessoas que discutem candomblé como música étnica não têm conhecimento nem sobre música nem sobre a vida. Por que o que é étnico? Étnico foi o primeiro rótulo separatista, é o que eu chamo de rótulo banguelo. Então nego fala: é étnico? então imagina tambor, chão sujo, bode andando, gente desdentada com roupas coloridas. A visão é essa. Se a música Burundi, se a música do Zaire, se o candomblé, se o canto búlgaro, se essas coisas de tradição mundial realmente têm esse selo étnico como uma coisa separatista, se baião é étnico, Chopin também é, Beethoven é, Bach, tudo isso é étnico porque já é tradição do mundo.

Você é visto como um cara polêmico...

Às vezes as pessoas me veem e eu pareço ser uma pessoa revoltada, e eu não sou, por causa de meu jeito de me comportar, e às vezes eu falo umas coisas pesadas, mas por causa de carga étnica. Outro dia eu vi na *Veja* como eu falava da igreja. E os caras da *Veja* são tendenciosos, eles já sabem o que querem, então um veio falando que eu fui expulso de um lugar, que fui expulso de outro. Eu fui tocar no pátio do Meridien e não deu certo, era uma confusão, mas conseguimos tocar naquele lugar e hoje eu quero dizer para os moradores que o lugar está muito mais limpo do que eles imaginam, porque eles não imaginam o que tem ali, naquela pedra, naquele alto, e o que significa a Timbalada ter tocado ali. Nós não fazemos barulho, nós fazemos limpeza dentro daquela cidade, foi por isso que a Timbalada surgiu, ela surgiu do nada, do que as pessoas consideram que seja *axé-music*, que seja batucada, essa manifestação que acontece na rua, isso tem que ser muito mais visto hoje pela Bahia, eu tô mandando um recado geral aqui.

A música produzida na Bahia ainda é muito malvista...

O que eu quero dizer é que a música da Bahia não é uma bunda, como é tratada. O Rio de Janeiro teve uma tendência assim, foi o lugar que mais vendeu aquela expressão de um Brasil sensual, e hoje nós temos o Gera Samba, temos vários grupos de pagode que também estão fazendo samba, que estão mostrando um seguimento que nós sempre demos ao Rio, que foi o que antecedeu a chamada *axé-music*. Então, o cacau bichou, mas a cultura não bichou. Nós vendemos milhões de discos e onde é que está esta economia? Está no Rio e em São Paulo, não que eu seja contra estes lugares, mas não somos mais pobres que o Rio e São

Um dos mestres de Carlinhos Brown, Seu Vavá, pai da cantora Daúde,
faz experimentos sonoros em sua casa no Candeal.

Paulo? Por que será que o poder econômico está lá? A Bahia tem que ter suas próprias gravadoras, suas próprias editoras, porque é um lugar onde há tempo pra fazer música e cultura, e nós estamos desprotegidos. Por exemplo, "A Rodinha", um grande *hit* nacional, o *copyright* não pertence à Bahia; o Olodum, quantos *hits* produziu? A Bahia é uma galinha, tá sempre botando ovos e mais ovos de ouro a torto e à direita. E dessa galinha eu aceito ser até o cocô, e eu não tô falando escatologicamente, não, porque cocô pra mim é fertilizante, mas daquela mátria, daquela bacia, daquela pátria independente eu aceito ser tudo.

Isso não lhe parece muito bairrista?
A Bahia existe por esta celebração da vida e não por uma folclorização. Não é você chegar na Bahia e dizer "axé!", encher o pescoço de contas, sair comendo acarajé e ir visitar terreiro. Mãe Stela[17] é uma matriarca de várias coisas fortes de nossa etnia, entende? Nossa Senhora da Boa Morte tem que ser respeitada, a igreja católica precisa devolver os santos da Nossa Senhora da Boa Morte, porque se sincretizamos foi uma forma da gente também manter a tradição católica dentro da Bahia, eu não sou contra Dom Lucas, mas ele só tem dez anos na Bahia e é candidato a Papa. As pessoas precisam entender que o sincretismo é a nossa forma de vida, a nossa forma de expressão, e nós não queremos separatismo nesse momento, então a Bahia não é religiosamente dirigida a uma coisa só, não é monoteísta, tem vários deuses, sim. Nós já temos um aprendizado, nós fomos escolados por Escolástica,[18] essa mulher foi muito importante, uma grande educadora. E ela deu aula aos grandes, não só aos pequenos.

Você é considerado um mestre dos ritmos. Como é que se constrói um ritmo?
Do mesmo jeito que se constrói uma casa. Tem que fazer o alicerce, preparar a base e depois você coloca bloco por bloco. Digamos que a base seja o *tá tá tá*, o quê que cabe em cima disso? A rítmica está em escutar o outro, muito mais do que se escutar; quando você escuta o outro seu pensamento relaxa, se estende e você aprende mais. É preciso ouvir muito o outro, porque senão não tem diálogo. O som dos instrumentos são conversas, são várias conversações. E existe o espaço que é pra não ser

[17] Mãe de santo do terreiro Ilê Axé Opô Afonjá.

[18] Nome de batismo de Mãe Menininha do Gantois.

Ao lado de Gil, Mãe Stela, chefe do terreiro de candomblé
Ilê Axé Opô Afonjá, uma das mais importantes representantes da religião
afro-brasileira, ao contrário de Brown, desaprova o sincretismo religioso.

ocupado, que é pra ser dividido. A música é muito mais natural do que a gente imagina.

Você busca a perfeição quando está compondo?
Não, eu justamente aproveito tudo que é imperfeito, a imperfeição ainda é a delícia...

Como é que você vê a música brasileira?
A música do Brasil é talvez a mais original do mundo, porque ela é a música do mundo, é uma música que não se "preconceitua", ela está sempre aberta, a música do Brasil é a música dos elementos mundiais, ela afirma o mundo por ser miscigenada. A globalização já nos alcançou há anos, nós somos assim, naturalmente universais, a gente não precisa vir à França ou aos Estados Unidos para sermos internacionais, nós somos isso há muito tempo.

32.
A VITÓRIA DA ESTÉTICA PERCUSSIVA

No final dos anos 90, os grupos negros fizeram outros ajustes estéticos, modificando o modelo mestiço que serviu como trampolim para o mundo da mídia. O samba-reggae interessa aos produtores de *world music* pela singularidade dos instrumentos percussivos utilizados pelas bandas. A linguagem dos tambores é o elemento diferenciador e somente através dela a produção musical baiana pode caber no ambiente da *world music*. Por isso mesmo, quando essa produção passa a circular no panorama internacional, há uma retomada das origens percussivas no conteúdo musical dos álbuns, como forma de legitimação do produto musical.

Ouvindo os discos do Olodum e da Timbalada, nota-se que os últimos CDs dessas bandas reinvestem na percussão. Além dos efeitos eletrônicos aparecerem em menor medida, deixando a base percussiva muito mais audível, as referências ao candomblé e à ancestralidade africana voltam a marcar presença, através da técnica responsorial das palmas e do conteúdo das letras das canções. Assim os elementos preponderantes da estética afro-baiana são retomados por parte dessas duas bandas. Por exemplo, em "Tiro Seco", de *Liberdade* (1997), do Olodum:

> "Bantos, sudaneses, iorubás, reggae/ quimbundos, umbundos, ibos, Olodum/ mandingas, ketus, ijexás/ macaus, fons e haussás/ [...] Pelourinho, Roma negra Salvador/ impera o brilho e a beleza/ a pura nobreza em comum/ ecoam os estampidos/ rufar dos tambores do Olodum [...]"

A posição da Timbalada e do Olodum, pontas de lança do meio afro-baiano, no sentido de reinvestir no estilo acústico-percussivo, fazendo com que os instrumentos fundamentais dominem a audição, deixando os harmônicos audíveis apenas em frases ornamentais, não só reorganiza o diálogo entre harmonia e percussão mas também sinaliza a supremacia da estética rítmico-percussiva na cena musical soteropolitana.

Essa tendência aparece também no cenário da mídia: quando do lançamento dos CDs *Mineral* (1996), quarto disco da Timbalada, e *Liber*

Os vencedores de Grammy Milton Nascimento,
com *Tambores de Minas* (1997), e Caetano Veloso, com *Livro* (1999),
no concurso Beleza Negra do Ilê, que elege a Deusa do Ébano.

dade (1997), 11º disco do Olodum, *A Tarde* publicou artigos que enfatizavam a retomada percussiva, bem como insinuavam que a estratégia pretendia reverter uma certa perda de prestígio dos grupos afro.

O crítico Eduardo Bastos escreveu o seguinte comentário: "Em *Mineral* a Timbalada volta às raízes, depois de se corromper com as engenhocas da modernidade, no anterior *Andei Road*. Os timbaus voltam a falar alto, justificando a denominação candealesca que lhe deu fama. Os arranjos de Brown privilegiam o lado acústico-percussivo, reduzindo a quase zero a utilização de recursos eletrônicos. A opção pelo básico e, mais do que nunca, tribal trouxe de volta ao grupo a autenticidade, marca forte de seu primeiro disco". O tom de reprovação em relação ao diálogo com o aparato tecnológico, que denuncia a força do mito da pureza, é menos acentuado, mas também está presente no artigo do crítico Luís Carlos Garrido sobre o álbum do Olodum: "Olodum já foi *hippie*, já foi *pop*, já foi reggae e já foi rock, mas agora com o novo disco *Liberdade* (Continental/Warner) ele volta às origens *percussivas* e abandona, definitivamente, a ideia de pirar de vez. Ao contrário, engata marcha à ré, [...] chama antigos colaboradores (Lazinho e Pierre Onassis) para se reagruparem à banda, e com toda esta manobra pretende retomar um espaço que, progressivamente, vinha sendo ocupado por outros grupos [...]. Os músicos voltam a priorizar a voz e a percussão, na maior parte das canções, mantendo a cobertura harmônica de determinados arranjos".

A inserção no circuito eletrônico e o acesso ao *sampler* permitiram ao Olodum e à Timbalada o diálogo com vários outros ritmos, armazenados em computador e produzidos basicamente com instrumentos harmônicos. E o trabalho dessas bandas, em meados dos anos 90, chegou a privilegiar os efeitos eletrônicos, se afastando, em certa medida, da sonoridade percussiva que as caracterizava. O Olodum, particularmente, vinha experimentando uma perda de popularidade que se refletia na diminuição de sua participação em eventos nacionais e internacionais e na queda de vendagem de discos, que deixaram de alcançar o número de cópias que lhe garantiram os discos de ouro, platina e diamante recebidos no início da década. A partir de 97, o Olodum volta a trabalhar com os músicos que participaram do processo de invenção do samba-reggae, que lhe deu fama e prestígio. O presidente da entidade, João Jorge, reflete sobre a trajetória da banda: "O caminho que traçamos foi importante para que chegássemos até aqui, foi bom para a nossa história. Hoje, queremos uma música percussiva, alegre e boa para dançar". Em tom de autocrítica, o Olodum realizou em 97, na Praça Castro Alves, um megalançamento de seu 11º álbum, em dezoito anos de atividade, apresentando convidados como o grupo paulista de samba-pagode Katinguelê e o *reggaeman* africano Koko Dembele.

A retomada vinha acompanhada de uma transformação nos conteúdos das letras das canções, que refletia a passagem do fenômeno estético produzido pelas comunidades negras para o fenômeno de massa, veiculado pela indústria da música. Como se pode notar na canção "Tambores de Cores", de Artúlio Reis, do CD *Liberdade* (1997), do Olodum ("esse furacão é cartão postal no mundo inteiro"), e em "Anágua", de Carlinhos Brown, do CD *Mãe de Samba* (1997), da Timbalada ("sou pop de rua [...] eu sou o primeiro do filão"). Essas e outras canções das bandas afro, que também incluem letras em outros idiomas, como o inglês ("I Miss Her", do Olodum), apontam para a conquista de um novo espaço na arena local e global. O diálogo entre as linguagens musicais está presente no caráter pop e versátil da música, que é um dos filões principais do mercado. O discurso antirracista aparece não na afirmação do preconceito, mas sim na sua diluição, a partir da mistura de cores, que aparece tanto na variedade étnica do público que frequenta suas apresentações e compra seus discos quanto na presença de músicos brancos e negros na própria composição das bandas afro, nas quais em geral os músicos brancos se ocupam dos instrumentos harmônicos e os músicos negros dos instrumentos percussivos.

A força da estética percussiva influenciou o trabalho de um ícone da cultura musical brasileira, Caetano Veloso. No disco *Livro* (1997), o músico trabalha basicamente a partir dos sopros de metal, típicos do jazz norte-americano, e da percussão baiana. Ele mesmo explica que "queria fazer um disco com percussão e sopros que se ouvissem muito nitidamente. Estava com saudades da música percussiva que fiz para *Tieta*. Agora faço com meninos oriundos da Timbalada". Segundo o compositor, "a percussão que se desenvolveu na Bahia desde os anos 70 é estupenda de precisão, sofisticação". A presença da percussão no trabalho de Caetano Veloso sinaliza a vitória da estética percussiva para além do mercado baiano. O disco *Livro* deu ao compositor baiano o *Grammy* de *world music* de 1999, pois somente dois anos depois de seu lançamento no Brasil o disco foi veiculado no mercado internacional. Milton Nascimento também incorporou a estética percussiva em seu disco *Tambores de Minas*, ganhador do *Grammy* na categoria *world music* em 1997, e em 98 o prêmio ficou com Gilberto Gil, pelo disco *Quanta Gente Veio Ver*. Caetano disse ter ficado muito feliz com o tricampeonato brasileiro.

33.
OS ARES COSMOPOLITAS

Ao longo dos anos 90, a movimentação musical estrangeira se intensifica. A partir de 94, Salvador passa a sediar eventos de grande porte como o Fest in Bahia, anualmente realizado, durante quatro anos, que fez convergirem para a cidade as novas estrelas internacionais. Em 1997, ano da última edição do evento, o festival reuniu artistas de vários países que falam a língua portuguesa. A "diva dos pés descalços", Cesária Évora, de Cabo Verde, dividiu o palco do Teatro Castro Alves com Gal Costa.

Revistas americanas como a *Rolling Stone* e a *Afro-Pop* enviaram jornalistas para cobrir o festival, garantindo a presença do meio musical baiano em publicações estrangeiras especializadas em música. Além disso, a presença de produtores da Rádio Nova da França, especializada em "música étnica", e produtores do Montreux Jazz Festival e do Festival Suíço de Cue fortalecia a expectativa de produtores locais de que o Fest in Bahia servisse como vitrine para o mercado da *world music*.

Também a partir de 94, vem se realizando anualmente em Salvador o Percpan (Panorama Percussivo Mundial), o festival organizado por Gilberto Gil e Naná Vasconcelos (na primeira edição, em 1994, o Percpan foi organizado pelo compositor Arrigo Barnabé e Naná), com ampla cobertura da imprensa local, nacional e internacional. Segundo Beth Cayres, produtora do evento, "são 200 pessoas envolvidas num trabalho de caráter cultural, que visa transformar definitivamente a cidade em capital mundial da percussão". A revista *Veja* (em abril de 1995) afirmou o seguinte: "Os Tambores da Raça — Reunidos num festival de percussão, negros de todo o mundo molham suas raízes na Bahia. Salvador, do ponto de vista das manifestações culturais, é um país dentro do país".

Em 95, no último dia do festival, os músicos dos Estados Unidos, Senegal, Cuba, Uruguai, Índia, Indonésia e Brasil deixaram o Teatro Castro Alves e foram às ruas fazendo uma batucada multicultural. Em 97, vieram músicos balineses, turcos, chilenos, norte-americanos e porto-riquenhos encontrar-se na Bahia para o IV Percpan.

Além dos shows, acontecem *workshops* ministrados pelos músicos convidados, em que uma troca de informações musicais mais densa se

O compositor Gilberto Gil e o percussionista Naná Vasconcelos promovem em Salvador o Panorama Percussivo Mundial (Percpan), atraindo a atenção de músicos, pesquisadores e curiosos de todos os continentes.

realiza. Essas oficinas reúnem jovens instrumentistas e grandes mestres da percussão. Em 98, o V Percpan trouxe do Senegal Doudou Rose, que realizou uma oficina para cerca de cem pessoas. Orientados pelo mestre, os participantes puderam experimentar as sonoridades dos tambores senegaleses, que durante o show foram tocados não somente por ele mas também pelas esposas e filhos do percussionista, um dos principais nomes da moderna música africana. "Estou preparando meus filhos para eles serem melhores músicos do que eu. E também trouxe as mulheres para tocar, o que é uma novidade no Senegal", comentou Doudou durante a oficina.

Através dos *workshops*, os participantes adquirem conhecimentos sobre a cultura musical de outros países. Doudou Rose é de linhagem *griot*, família de músicos itinerantes que contam as histórias do seu povo através de um repertório mitológico. Os *griots* são considerados arquivos vivos da história africana — "um *griot* que morre é como uma biblioteca queimada", diz um ditado. Segundo Doudou Rose, "os *griots* são guardiões do patrimônio histórico do seu povo", explica o mestre, que já passou boa parte do seu conhecimento para seus filhos. "É uma tradição e todo pai tem obrigação de ensinar aos filhos", afirma o percussionista durante a oficina.

O músico de Gana Aja Addy, mestre na polirritmia dos tambores falantes (uma das primeiras formas de emissão de mensagens a distância), também realizou um *workshop* para cerca de setenta participantes que experimentaram percutir sobre o próprio corpo, usando pernas e peitos como instrumentos. Addy apresentou o "panlogo" (um tambor típico de Gana) e falou sobre a relação entre dança e música: "Todo percussionista tem que saber dançar. O tambor e a dança são paralelos". Os jovens japoneses do Wadaiko Yamato também fizeram uma oficina. Vindos da cidade de Nara, do sul do Japão, eles mostraram a música feita em cerimônias tradicionais japoneses, em grandes tambores chamados "taiko", usados nos templos budistas e xintoístas. O grupo é composto de homens e mulheres percussionistas. Para o percussionista Giba Conceição, que participou de várias dessas oficinas, "todos os *workshops* trazem muito aprendizado. Eu me identifiquei muito com os senegaleses, que me ganharam pela força da percussão afro, mas também aprendi muita coisa com os tambores japoneses". Para o saxofonista André Becker, "as oficinas são mais interessantes que os shows, porque você tem oportunidade de falar diretamente com o músico e pode tirar dele o que você quer saber, você fica sabendo exatamente como tocar os instrumentos". Os shows e os *workshops*, gratuitos mediante inscrição antecipada, promo-

Os músicos norte-americanos do Drumin' 2 Deep brincam com os tambores da banda juvenil do Olodum no Pelô durante o Percpan 95.

A tabla, instrumento indiano, foi apresentada em Salvador em 1995 pelo grupo que acompanha a cantora Shobha Gurtu.

vem a veiculação de informações musicais estrangeiras e trazem um ar cosmopolita ao meio musical de Salvador.

Em 1997, Salvador sediou pela primeira vez o evento internacional de Celebração da Herança Africana. O encontro reuniu representantes das religiões afro-brasileiras, militantes do movimento negro e muitos artistas. O centro histórico da cidade recebeu o grupo nova-iorquino de *street dance* Rennie Harris Pure Movement; o grupo de percussão Tambou Bô Kannal, da Martinica; o músico angolano Kituxis; e os percussionistas baianos Wilson Café e Mônica Millet. O clímax da movimentação musical durante a Celebração foi o encontro de 500 tambores afro-brasileiros e internacionais, estes trazidos pelos músicos estrangeiros que participaram do evento. Neguinho do Samba e Mônica Millet dividiram a regência com Daniel Diaz, dos Estados Unidos, e o músico Carlinhos Brown também apareceu para "dar uma canja" como maestro.

Salvador começa a aparecer no cenário mundial como polo de produção musical. Segundo Caetano Veloso, "Salvador fez um esforço por meio de todos nós de se ligar com o mundo desabusadamente. E continua fazendo isso". Cresce a presença de estrangeiros interessados em música afro-baiana, sejam eles turistas, músicos, pesquisadores ou produtores. Depois que o músico norte-americano Paul Simon gravou com o Olodum, o percussionista do Zaire (atual República Democrática do Congo) Ray Lema, um dos mais importantes nomes da *world music* (ao lado de Salif Keita, Fela Kuti, Youssou N'Dour, pais da moderna música africana), também foi à quadra do Olodum para tocar com o mestre Neguinho do Samba. O produtor norte-americano Creed Taylor esteve em Salvador para gravar um programa especial para a TV sobre o tema. Segundo a diretora Amy Roslyn, "o trabalho é uma sequência da ascensão da música afro-brasileira em todo o mundo".

Nos últimos anos, os contatos internacionais são cada vez mais frequentes. O Festival de Montreux tem em sua programação a "Noite Baiana". O Ara Ketu foi entrevistado por David Byrne para um documentário na TV americana sobre música africana, além de ter viajado à Guiana Francesa como representante brasileiro no Festival de Música Negra de Caiena. O Olodum encontrou o cineasta Spike Lee nos EUA durante a primeira turnê norte-americana do grupo, iniciada em Montreal. Para Neguinho do Samba, então mestre da bateria do Olodum, "os contatos são muito proveitosos, eu criei dois ritmos novos durante a excursão". O Olodum participou também do Festival de Artes de Nova York. Em 1996, Michael Jackson gravaria cenas para seu clipe no Pelourinho.

Neta de Mãe Menininha, Mônica Millet aprendeu no Gantois os ritmos dos orixás. A percussionista é um elo entre o candomblé e a música pop.

34.
MULHERES DO BATUQUE

A expansão da percussão no mundo da música traz para a cena afro-baiana um novo elemento: a presença de mulheres. Até bem pouco tempo os espaços percussivos eram exclusivamente masculinos no que diz respeito aos executantes. É difícil precisar as razões que determinaram esse tipo de sexismo, no entanto pode-se arriscar alguns fatores. O primeiro deles talvez seja uma contingência histórica que está ligada às origens da percussão na Bahia, desenvolvida em espaços rituais. Há um elemento comum tanto à música ritual do candomblé e da capoeira quanto ao ambiente percussivo profano: os homens tocam os instrumentos.

Talvez essa tradição explique em parte a persistência da característica sexista até os anos 90. Além disso, a perseguição policial que sempre acompanhou de perto, durante décadas, as manifestações culturais negras, sagradas ou profanas, implicou o posicionamento marginal que a percussão popular ocupou, mesmo livre das criminalizações.

Mas esse aspecto se modificou com o final do século XX. A expansão da percussão, que aponta para uma mudança de posição da periferia para o *show biz*, tem como reflexo a entrada de mulheres. Um exemplo ilustrativo é a percussionista Mônica Millet, neta de Mãe Menininha do Gantois, e filha de Mãe Cleuza, morta em 1999, que, apesar de ser sucessora direta pela "linha de sangue" no papel de chefe de terreiro, decidiu fazer música pop. Mônica aprendeu a tocar dentro do Gantois com o Mestre Vadinho, que lhe ensinou os ritmos dos orixás, e, segundo ela mesma diz, o aprendizado a preparou para tocar qualquer outro ritmo. "Eu fui aprendendo aquelas coisas no candomblé, então era simples tirar os outros ritmos; fazer rock, pra mim, era muito fácil." Sua entrada no mundo pop aconteceu através de um convite da cantora baiana Maria Bethânia, frequentadora do terreiro. "Eu estava tocando samba de roda lá no Gantois. Quando não era ritual eles me davam espaço. Ela me viu tocando e me convidou para participar de seu disco *Pássaro Proibido* na canção 'As Aiabás'. Eu me fascinei por aquele mundo eletrônico, o registro em si da música, achei maravilhoso."

O impacto que a tecnologia causou sobre a informação oral de Mônica Millet fez com que ela ultrapassasse a barreira religiosa e inaugurasse em Salvador a presença feminina num mundo tradicionalmente masculino. "Quando eu comecei a tocar realmente, não tinha mulheres tocando percussão. Isso foi em 76, quando eu aceitei o convite de Bethânia, e aí eu fui tomando gosto pela coisa." De lá para cá, Mônica passou a combinar suas obrigações de "filha de santo", herdeira da chefia de um dos mais respeitados terreiros de candomblé da Bahia, com as atividades percussivas no mundo pop. Depois de tocar nas bandas de Gal Costa e de Marisa Monte, a percussionista se ocupou da fusão entre o "agueré" (ritmo de Oxóssi) e o reggae.

Esse trabalho acompanha uma pesquisa de ritmos brasileiros que vem tomando forma na proposta musical de sua banda, a Egbá. "Eu quero trazer para o pop a rítmica do candomblé, o agueré, o opanijé, e muitos outros ritmos negros como o lundu, o congo, a andança, a chegança [...], os cânticos da puxada de rede, que nem existem mais. Mas eu tenho a preocupação de não me empolgar demais e trazer as coisas que são do ritual para dentro do pop." Para a percussionista, é preciso estilizar os ritmos, criar a partir deles, para não profanar as músicas da religião.

Mônica Millet é um exemplo vivo da ponte entre o candomblé e a música pop percussiva. E mais, ela bem poderia personificar o encontro da oralidade presente na reprodução da linguagem percussiva, com todo seu componente artesanal, e o aparato tecnológico do qual essa linguagem se investiu e que marca sua entrada no universo eletrônico da música pop contemporânea.

Nos anos 90, bem depois do trabalho pioneiro da neta de Mãe Menininha, muitas percussionistas foram admitidas em grupos musicais e essa novidade terminou se transformando num *marketing* que incentiva a formação de várias bandas femininas. O afoxé Filhas de Oxum, a versão feminina do Filhos de Gandhy, foi a primeira bateria de mulheres da cidade. "O candomblé também tem sua hora de lazer, a hora do samba, a hora do afoxé, é normal. O que se toca e canta ali, reportando aos antepassados, não é o ritual, é a recreação do terreiro", explica Mônica Millet.

A presença feminina na percussão está relacionada também com a redução de peso dos instrumentos. E esse é mais um dos reflexos do casamento da música percussiva com a produção empresarial. Os tambores tradicionalmente construídos em madeira e couro são agora confeccionados em alumínio e plástico sintético, e isso certamente facilita o

Inspirada no figurino da Escrava Anastácia, a banda Didá torna mais visível a presença feminina no mundo da percussão.

manuseio dos instrumentos pelos corpos femininos. Neguinho do Samba, um dos idealizadores desses novos instrumentos, conta que "antigamente os instrumentos eram muito pesados, pra afinar um atabaque todo em madeira com aquelas tarraxas era preciso ter uma mão muito grossa, como uma sola pra poder bater, então era um mundo muito masculino mesmo".

Para além dos argumentos históricos específicos, que buscaram explicar a discreta presença feminina no ambiente percussivo, não se pode deixar de colocar que a quase ausência de mulheres enquanto instrumentistas é uma característica do meio musical brasileiro em geral. Enquanto a MPB exibe uma enorme variedade de vozes femininas, naturalmente privilegiadas pela sua capacidade de ir do grave ao agudo, nota-se que a atuação de mulheres como executantes de instrumentos é praticamente inexpressiva. Talvez por isso mesmo a atividade instrumental percussiva feita por mulheres no meio musical de Salvador tenha se transformado numa novidade capaz de atrair o mercado.

Uma das bandas baianas que utilizam a feminilidade como marca é a Didá, produzida por Neguinho do Samba. Desde o tempo em que era mestre da banda do Olodum, o percussionista investia na formação de uma banda de mulheres, chegando a iniciar o trabalho com algumas garotas que formavam a Mãe Maria Mulher Olodum. Mas esse projeto, no seio desse bloco afro, teve vida curta. Por não ser uma prioridade da entidade, a banda feminina ensaiava nas folgas dos ensaios da banda masculina, pois não tinha instrumentos próprios. Ao considerar que seus projetos não cabiam na engrenagem do famoso bloco e se mostrando insatisfeito com os rumos que o Olodum havia tomado, Neguinho do Samba resolveu se retirar da entidade afro mais poderosa da Bahia e passou a se dedicar exclusivamente ao seu projeto de formar percussionistas mulheres.

Víviam Caroline, diretora cultural da Didá Banda Feminina, é uma das crias do mestre do samba-reggae. Ela tinha apenas 15 anos quando se sentiu seduzida pela ideia de tocar tambor. Desde muito criança frequenta os ensaios de blocos afro com a mãe, Hilda Queiroz, que a precedeu na diretoria da Didá. Militante do movimento negro, ensinou à sua filha mestiça a se considerar negra. Hilda conheceu Neguinho do Samba quando de seu envolvimento com o Olodum, e logo o maestro convidou Víviam para fazer parte da versão feminina do bloco afro. Víviam Caroline conta que "os dias foram passando e as meninas foram trazendo suas irmãs, suas amigas. Vieram mulheres de outras comunidades que tiveram

Convidada por Neguinho do Samba para compor
uma banda feminina, Víviam Caroline veio a dirigir ao lado
do mestre a Escola de Música Didá, no Pelouorinho.

notícia de que estava havendo um movimento aqui. Sabe uma conspiração que nasce pequenininha e você só chama aquela pessoa que você acha que tem coragem de participar? Foi bem por aí".

Quando começou a ensaiar, Víviam escolheu, entre os vários tipos de surdo, a "marcação de duas", e nela aprendeu os primeiros toques. "Meu coração sempre bateu pela marcação. No carnaval, eu enfrentava a multidão para estar junto do cara que tocava, o dilema era decidir se eu ia pra o Ilê Aiyê ou para o Olodum", relembra. Mesmo já participando do mundo da música, ela estava apenas começando a se familiarizar com o porte dos instrumentos, a diferenciar os ritmos, aprender seus toques característicos, enfim, ela estava dando seus primeiros passos na arte de percutir.

Neguinho do Samba dava as aulas assessorado por uma percussionista chamada Andreia (maestrina da banda juvenil do Olodum — a Kilimanjaro), ao mesmo tempo em que preparava a futura maestrina da banda Didá, Adriana Portela. "Eu nunca pensei em ser maestrina, em ensinar pessoas, mas graças a minha força de vontade e às aulas que tomo com Neguinho do Samba, que é e será sempre meu mestre, eu consegui me desenvolver e assumir essa responsabilidade", diz Adriana.

Adriana era uma estudante de eletrônica da Escola Técnica Federal da Bahia e tinha 19 anos quando ingressou no mundo da percussão como executante, pelas mãos do mestre. A primeira vez que ela viu Neguinho do Samba regendo foi pela televisão, numa matéria sobre o Olodum. Ela passou a frequentar os ensaios do bloco e se aproximou de Neguinho. Faltava muito pouco tempo para a inauguração da Escola de Música Didá e ela ajudou nos preparativos. "No início eu fiquei aqui ajudando e gostava de ver ele fazendo os instrumentos. Eu dizia pra ele: vou tocar este tambor um dia, você vai ver. Eu não sabia tocar nada, mas tinha muito interesse, ficava olhando os meninos tocando e ficava repetindo os toques com a caneta, no vidro, na parede, prestando muita atenção." Adriana saía da escola de eletrônica direto para os ensaios do Olodum, ainda sem certeza de que iria trilhar um outro caminho profissional.

O interesse pela percussão foi crescendo a ponto de prejudicar a conclusão do estágio, iniciado depois de sua formatura. "Meus colegas queriam saber o que tem a ver eletrônica com tambor, me perguntavam onde entram os fios, a informática, era da computação, na percussão, uma coisa tão antiga, do passado. Eu não sei, é uma coisa que eu descobri dentro de mim, de repente." Adriana sabia que tinha bom ouvido para música, reconhecia com facilidade erros durante a execução de uma ban-

A maestrina da Didá Adriana Portela, companheira de Neguinho do Samba, é uma das únicas mulheres a reger uma banda samba-reggae.

da, mas, segundo ela, faltava uma coisa básica para tocar: uma boa coordenação motora. Mas isso foi superado e em dois anos de ensaios ela se tornou maestrina da banda. "Eu acredito que essa falta de coordenação motora é só falta de prática. Se todo dia você se exercita um pouco, tocando o tambor, em um ano você vai estar tocando bem e vai ganhar preparo físico também."

Para ser mestre de uma bateria é preciso saber tocar todos os instrumentos que a compõem, e Adriana decidiu começar pelo repique. "Meu interesse maior era pelo repique porque eu achava um instrumento muito difícil, era um desafio para mim. Eu pensava: se eu conseguir passar por este, os outros serão mais fáceis." E assim foi, embora Neguinho do Samba tenha lhe sugerido começar pelo fundão, o instrumento maior, que além de ser de mais fácil execução se adequava ao seu porte físico, de estatura alta.

Adriana aprendeu a tocar todos os instrumentos da banda de samba-reggae, diferentemente de outras meninas da Didá que, em boa parte, executam apenas um dos instrumentos. Com o aperfeiçoamento das percussionistas, veio a possibilidade da formação de um conjunto e assim nasceu a Didá Banda Feminina. Adriana aceitou o desafio de aprimorar o conhecimento de suas colegas, e hoje é uma das poucas maestrinas do meio musical baiano.

A percussão realizada por mulheres é o *marketing* da Didá, que fez a primeira aparição pública em janeiro de 1994. O evento era a Lavagem do Bonfim. Neguinho do Samba estava viajando a trabalho com o Olodum, bloco do qual ainda participava como mestre da bateria. As meninas tomaram a iniciativa e resolveram tocar na Lavagem. "Nós botamos os instrumentos na cabeça, porque não tínhamos transporte. Descemos o plano inclinado e lá estávamos nós em frente ao Mercado Modelo [de onde parte a procissão em direção à Igreja do Bonfim]. Algumas pessoas estranharam muito, juntou muita gente ao redor da Didá porque ninguém entendia nada. A gente ouvia coisas assim: 'o que é que essa mulher tá fazendo aí? não tem roupa pra lavar em casa, não, minha filha?'. Já outras pessoas acharam interessante. Ninguém ficava indiferente, porque era muito novo mesmo. Engraçado, uma coisa tão simples, pra nós era tão normal, mas para aquelas pessoas, não", conta Víviam.

Víviam Caroline analisa os motivos da estranheza: "As mulheres iam apenas assistir aos ensaios, elas queriam estar próximas dos namorados, dos maridos que tocavam, e muitas vezes despertava o interesse de tocar. Mas nunca chegavam, nunca tiveram coragem, era como se fosse um

As meninas da Bolacha Maria, formada no Candeal, usam
os mais variados objetos para fazer um batuque pop.

mundo só deles", reflete. Mas a percussão estava se expandindo, e na mesma época se formava, no Candeal, a banda feminina Bolacha Maria — e mais tarde elas se multiplicaram.

É certo que as mulheres têm conquistado espaço em todos os campos profissionais, mas essa presença feminina na percussão afro-baiana tende a se expandir a partir dos contatos internacionais. A visita de percussionistas senegalesas e japonesas no contexto do Panorama Percussivo Mundial (Percpan 98) divulgou a inovação em culturas em que tradicionalmente as mulheres não tocam os instrumentos, pois isto não fazia parte do *status quo* feminino. No Senegal, tornar-se percussionista depende da permissão do marido. São espaços conquistados recentemente pelas mulheres. Nos últimos anos da década de 90, surgiram ainda as bandas As Meninas, Batom Lilás, Brincando de Eva, Arte de Saia, De Batom, entre outras que, como todas as bandas baianas, iniciantes ou não, apostam no carnaval como vitrine para a conquista de um lugar ao sol no mundo da música.

Parte IV

CARNAVAL:
A FESTA DOS RITMOS

Diferenciada dos circuitos principais, a folia no Pelô lembra antigos carnavais, onde mascarados, pierrôs e colombinas se divertem ao som de marchinhas.

35.
NAS LADEIRAS DO PELÔ

A música percussiva sempre fez do carnaval um palco maior, no qual conseguia ganhar alguma visibilidade ao lado das mais diversas linguagens musicais difundidas na Bahia. Essa diversidade é um mar de música que vai do Pelourinho a Ondina. O gigantesco palco, que tem se expandido continuamente nas últimas décadas, abriga cerca de 170 conjuntos musicais e um público estimado em dois milhões de foliões, que se espalham por 22 km, em dois grandes percursos carnavalescos, chamados de "Dodô" e "Osmar", numa homenagem póstuma aos criadores do trio elétrico. O primeiro é o circuito da orla, antes chamado alternativo, que vai da Barra a Ondina, e o segundo é o circuito do centro da cidade, que vai do Campo Grande ao Pelourinho.

O Pelourinho é um bairro histórico e o carnaval que ele abriga não recebe trios elétricos, é feito por bandas que tocam marchinhas, sambas e pagodes, frevos e dobrados, ijexá e samba-reggae. O bairro que, no fim do século XIX, foi palco do "incivilizado" entrudo, deixou de ser espaço festivo quando o carnaval se estabeleceu no início do século XX, e com a marginalização crescente do lugar, no decorrer das décadas, foi simplesmente abandonado nos dias da festa momesca. Visto então como "gueto negro", transformou-se no fim dos anos 80 em símbolo de negritude.

A partir daqueles anos um novo fluxo se estabelecia em direção ao Pelourinho nas sextas-feiras de carnaval. Brancos, negros, mestiços, turistas de todas as cores passaram a frequentar a saída do Olodum, o bloco que havia renovado a música afro-baiana através do samba-reggae. Depois da restauração do patrimônio histórico, no início dos anos 90, o bairro recuperou seu prestígio e a área passou a ser decorada para a festa.

A maior parte dos blocos carnavalescos parte do Campo Grande em direção à Praça da Sé, onde se desmontam. Somente as bandas que nasceram no Pelourinho, como o Olodum, os Filhos de Gandhy, as Filhas de Oxum e a Didá, armam seus blocos lá. Uma percussão acústica domina as ladeiras na variada paisagem sonora do Centro Histórico e atrai foliões que, ao redor das baterias, espreitam, filmam e fotografam a performance das bandas. A presença da imprensa com repórteres, câmeras

Pelourinho
Centro Histórico
Praça Castro Alves
Carlos Gomes
Avenida Sete
Campo Grande
Teatro Castro Alves
Corredor da Vitória
Canela

O Circuito Osmar

Avenida Garibaldi
Ademar de Barros
Avenida Oceânica
Ondina
Clube Espanhol
Cristo
Porto da Barra
Farol da Barra

O Circuito Dodô

e luzes traz um certo glamour aos eventos. Na rua, os instrumentos são multiplicados para potencializar o som dos tambores. No carnaval, os grupos afro saem de seus territórios e vêm para os circuitos principais da cidade. O ritual de saída reforça a relação afetiva com o espaço musical e reafirma as origens dos blocos.

Nas ladeiras do Pelô, turistas e locais, velhos, jovens e crianças compõem o público que se multiplica nas esquinas tomando cerveja, cravinho (bebida feita de cachaça e cravo-da-índia), ou comendo "churrasco de gato", milho ou acarajé nas barracas montadas para a festa ou nos muitos bares da área histórica, como a agitada Cantina da Lua (ponto preferido dos turistas estrangeiros), onde o reggae predomina. Cada um desses bares, com sua aparelhagem de som, preferindo pagode ou *axé*, diversifica ainda mais a paisagem sonora do bairro. A Praça do Terreiro, porta de entrada do Pelourinho, serve de palco para vários estilos musicais. Todas as bandas que animam a folia no Centro Histórico tocam por ali, além, é claro, dos afoxés e blocos afro sediados no Pelô. Há ainda um grande palco fixo montado na velha Praça, onde se apresentam as atrações promovidas pela prefeitura. Esses palcos são montados também em outros espaços da cidade, através da implantação do "Carnaval de Bairro". A festa se segmenta em minicarnavais realizados em sete bairros da cidade: Liberdade, Itapuã, Bonfim (Largo do Papagaio), Cajazeiras 10, Engenho Velho de Brotas, Periperi, Fazenda Grande e Retiro. Essas áreas são decoradas, iluminadas e abastecidas de sanitários químicos, para receber as atrações que se exibem até a madrugada. Com isso, milhares de foliões deixam de se deslocar para os circuitos principais do carnaval.

Os diferentes penteados são um recurso expressivo da juventude afro-baiana, presente em todo o "Atlântico Negro".

36.
NA PRAÇA DA SÉ

A Praça da Sé é o ponto de partida e chegada de quase todos os blocos e trios independentes que percorrem o circuito Osmar, e por isso mesmo os foliões gostam de ficar por ali, antes do desfile, observando a movimentação dos blocos que saem e chegam. A Praça da Sé é um ponto de encontro e de passagem, um verdadeiro polo do "correio nagô" — rede de informações que correm de boca em boca — durante o carnaval. Além dos componentes dos blocos, indo e vindo, se encontram foliões pipoca (aqueles que não saem em blocos privados) que transitam entre a área do Pelourinho e por todo o circuito Osmar.

Nesses pontos de encontro, as pessoas conversam animadas sobre as coisas do carnaval. As melhores bandas, as músicas mais suingadas, os blocos que têm mais "gente bonita", fantasias e abadás, são os comentários mais frequentes a respeito da festa, e os foliões aproveitam a concentração para "trocar figurinhas" tipicamente carnavalescas. É comum a participação de cada folião em mais de um bloco e isso permite uma comparação mais detalhada.

É na Praça da Sé que, depois do ritual de saída, os blocos do Pelô se armam por completo, ganhando a forma que devem exibir durante o desfile nas ruas, ou seja, trio elétrico (palco que reúne a banda), carro de apoio, os cordeiros (homens e mulheres responsáveis pela sustentação da corda e segurança do bloco) e os foliões-associados.

Tendo o trio elétrico como ponto de referência, os foliões se preparam para o desfile. Nesse momento, a indumentária do bloco ganha outros modelos. Muitos transformam suas fantasias ainda em casa, modificando as peças, dando um toque pessoal à vestimenta. Em contato com aquela diversificação de modelos, alguns foliões resolvem modificar a roupa na rua. Assim, saias se encurtam, mangas se embolam, o adereço da cabeça desce para o pescoço. E muito poucos chegam ao fim do desfile com a fantasia ou abadá tal como idealizados pelos estilistas dos blocos.

Além disso, a maquiagem e a forma de usar os cabelos também sofrem as mais variadas intervenções. Tranças, torços, penteados e maquiagens extravagantes vão sendo feitos no ponto de espera. Muitos adotam os modelos afro de usar os cabelos, principalmente em forma de tranças e de gomos arredondados fixados no couro cabeludo.

A transformação tanto das fantasias como dos abadás é um procedimento bastante comum nos blocos de carnaval, antes ou durante o desfile. Mas existe uma importante diferença entre fantasia e abadá. As fantasias são a indumentária dos blocos afro, enquanto os abadás são a indumentária dos blocos de trio, antes chamada de mortalha.

O trio elétrico conta com três pequenos palcos, um frontal e dois laterais, onde os vocalistas se instalam rotativamente. Nos blocos afro, a área interna dos palcos é ocupada pelos percussionistas e os outros instrumentistas, que ficam voltados para a rua, de costas uns para os outros, e seus corpos se dirigem principalmente às plateias laterais. A mesa de som ocupa o espaço imediatamente posterior ao palco frontal, de frente para a banda. É por ali também que ficam os mestres, atentos a toda movimentação. O fundo do trio é disputado pelos convidados, pela imprensa e pelo apoio.

Quando as cordas, que delimitam o espaço interno dos blocos, se levantam, as pessoas que estão na área sem a vestimenta dos blocos são convidadas a se retirar e a banda faz soar os primeiros toques nos instrumentos. A partir daí os blocos carnavalescos estão prontos para entrar na avenida. É preciso muito jogo de cintura e um bom preparo físico para suportar o longo percurso, tocando e dançando ou cantando e dançando num aparelho móvel de espaço reduzido.

A imagem que se desenha pode ser comparada à de um grande barco pronto para se deslocar em meio a um mar de gente. Dentro dos limites da corda, a maior parte dos foliões prefere desfilar na frente ou atrás do trio elétrico, pois nas laterais o volume de som incomoda os tímpanos, mesmo se for um trio simples, de poucos recursos eletrônicos, comparado aos megatrios dos grandes blocos, tecnologicamente sofisticados, que alcançam até 110 decibéis de potência distribuídos em cerca de 230 alto-falantes que podem ser ouvidos a cinco quilômetros de distância.

Tocando, cantando e dançando, os blocos percorrem a Rua Chile, em direção à Praça Castro Alves, um dos mais importantes pontos do circuito Osmar. O "carnaval pipoca" tem na famosa Praça o seu maior espaço.

37.
NA PRAÇA CASTRO ALVES

A Praça Castro Alves envolve uma certa "sacralidade" e os blocos costumam investir na sua performance quando estão nessa área. Nos dias mais agitados da festa, ela chega a abrigar cerca de 200 mil pessoas. A imprensa permanentemente instalada no local costuma mostrar *flashes* ao vivo para todo o Brasil. A apresentação na "praça do povo" representa a possibilidade de ser visto por milhares de telespectadores em todo Brasil com a chance de balançar o chão da Praça, que reúne o maior número de foliões pipoca concentrados. A topografia favorece a exibição. O centro rebaixado, onde desembocam os foliões de duas grandes avenidas do circuito central, a Rua Carlos Gomes e a Avenida Sete de Setembro, permite a visualização do trio elétrico a longas distâncias.

Na varanda que se debruça sobre a Baía de Todos os Santos, a estátua de Castro Alves serve como ponto de referência para os foliões que circulam incessantemente entre as barracas e se aproximam dos palcos móveis que passam pelo centro da Praça para melhor desfrutar da efervescência musical que cresce no entorno mais próximo às caixas de som do trio elétrico.

O centro da Praça é parada obrigatória de todos os trios elétricos, ali eles fazem sua exibição perante as televisões nacionais e estrangeiras que costumam visitar a festa soteropolitana. A exibição na Praça Castro Alves é um dos momentos mais importantes do trajeto no circuito Osmar. A multidão e as câmeras imprimem vitalidade aos blocos, que procuram mostrar a sua melhor performance. Do alto do trio, é possível vislumbrar 360 graus de massa humana.

Quando nos anos 70 e 80 o carnaval soteropolitano foi enaltecido em letras de canções de grandes nomes do meio musical brasileiro, como Caetano Veloso, Gilberto Gil, Novos Baianos, a Praça Castro Alves foi cantada e decantada como o "coração do carnaval de Salvador", por ser o melhor retrato do caráter participativo da festa baiana. Essa época, quando a classe média/alta começava a abandonar os carnavais de salão de clubes sociais para se misturar ao povão que brincava na rua, foi

A Caetanave, trio construído por Orlando Tapajós para homenagear a volta de Caetano Veloso do exílio, foi revitalizado por Carlinhos Brown.

comentada por Caetano Veloso em "Um Frevo Novo" (1973), uma daquelas famosas canções ("todo mundo na Praça/ e muita gente sem graça no salão").

Um dos eventos mais importantes da festa tem a Praça Castro Alves como cenário: o Encontro de Trios, um "clássico" do carnaval baiano, que acontece desde os anos 70, ao alvorecer da Quarta-Feira de Cinzas. O encontro reúne vários trios elétricos, incluindo o trio independente Armandinho, Dodô e Osmar, que quase sempre conta com a presença de Caetano Veloso e Gilberto Gil, além dos Novos Baianos.[19]

Foi no encontro de 72 que o engenheiro Orlando Tapajós apresentou a "Caetanave". Um trio futurista inspirado em aeronaves, construído para homenagear Caetano, que acabara de voltar do exílio em Londres. O sagaz engenheiro é também idealizador do trio independente Tapajós, que serviu de modelo para os modernos caminhões musicais. Carlinhos Brown reeditou a "Caetanave", desativada havia anos, no carnaval de 99.

Na Praça Castro Alves, a música é ouvida, vista e dançada por milhares de pessoas. Dispondo de um poderoso arsenal sonoro, os músicos gastam energia numa performance exibicionista convidando a imensa plateia a uma manifestação orgiástica. As palmas emanadas dos foliões, típicas do samba de roda, são a senha que congrega e convida os corpos para as danças coletivas. Todos parecem estar contagiados por uma energia de alta voltagem. A performance se define, então, pelos ritmos, pelos gestos, pelas danças que fazem a temperatura subir além dos graus centígrados a mais trazidos pelo verão tropical. Depois da exibição na Praça Castro Alves, os blocos começam a se mover em direção à Rua Carlos Gomes.

[19] O Encontro dos Trios perdeu progressivamente sua importância durante a primeira década do século XXI.

Durante o carnaval, a Praça Castro Alves está sempre cheia de foliões.
No amanhecer da Quarta-Feira de Cinzas, a multidão se
aglomera para o tradicional Encontro de Trios.

38.
NO FUNIL DAS AVENIDAS

A saída da Praça Castro Alves coincide com a entrada numa das avenidas mais complicadas do circuito Osmar, a Rua Carlos Gomes. Frequentemente, os blocos têm dificuldade de adentrar nessa estreita avenida. A violência ganha grandes proporções nessas áreas afuniladas e brigas explodem dificultando o curso dos desfiles. Uma das principais causas dos conflitos é o esmagamento das pessoas pelas cordas dos blocos que desfilam no local.

O folião pipoca vê a rua invadida por centenas de seguranças, que não medem esforços para garantir o conforto dos foliões que pagaram pelo espaço reservado dos blocos. Ao se sentir encurralada pelas cordas, a "pipoca" tenta invadir o espaço interno do bloco e para isso tem que enfrentar os inúmeros "cordeiros" que funcionam como seguranças.

O embate corporal, que mobiliza a polícia, cassetetes e latas de cerveja atiradas na multidão, faz das áreas mais estreitas ou mais concorridas dos circuitos uma espécie de guerra civil. De cima do trio é possível ver nitidamente os embates e a cada explosão de violência as bandas param de tocar, obedecendo a uma espécie de ética partilhada pelos músicos: a música silencia até o fim do conflito.

Mas nem tudo é violência nessa área do circuito. Climas de guerra se alternam com climas de paz. Das sacadas dos prédios, espectadores lançam papel picado, confetes e serpentinas, aplaudem a passagem dos trios e aguardam pelo próximo espetáculo.

No fim da Rua Carlos Gomes, os blocos entram num espaço intermediário, geralmente congestionado, o Passeio Público, que leva ao Campo Grande. As paradas ocasionadas pelo congestionamento favorecem a realização das danças elaboradas durante os ensaios e shows do verão. Os foliões se organizam em alas de dança na avenida. Aqueles que conhecem bem os movimentos corporais espontaneamente coordenam essas alas.

As canções podem ser a base para a elaboração das coreografias que as acompanham e muitas vezes são modeladas de improviso, inspiradas em músicas como "Dança da Manivela", da banda Asa de Águia, que privilegia gestos circulares dos braços; a "Dança do Põe-põe", do grupo de pagode É o Tchan!, que consiste em dobrar os joelhos, dirigindo o corpo para o chão; ou a "Vou Varrendo", de outro grupo de pagode, o Terra Samba, cujos movimentos imitam o gesto de usar uma vassoura. As danças estão intimamente ligadas aos repertórios das bandas baianas.

Nessas paradas no curso dos trios, é comum também o embate pacífico entre as torcidas dos maiores times de Salvador, Bahia e Vitória, perguntando: "Quem é Vitória aí? Quem é Bahia aí?". Os foliões se dividem, os hinos dos blocos são executados em ritmos velozes e a torcida mais animada se destaca.

Outras brincadeiras são inventadas de acordo com os modismos do verão, como, por exemplo, dar a volta no trio, que nasceu nos ensaios da Timbalada no Guetho Square, no bairro do Candeal, para onde se dirigem cerca de 1.500 pessoas nas tardes de domingo, de setembro a fevereiro.[20] O palco do Guetho se posiciona no centro do espaço e a prática de arrodeá-lo dizendo "vamos dar a volta no Guetho", ao som dos timbaus, deu origem à brincadeira que virou moda nos circuitos do carnaval. Depois que os vocalistas dos blocos perguntam: "Vamos dar a volta no trio?", imediatamente os foliões começam a se deslocar correndo em torno do trio elétrico, formando grandes círculos em movimento na avenida.

[20] Quando os ensaios da Timbalada aconteciam lá.

39.
NO CAMPO GRANDE

A sacralidade também paira em outro ponto de grande importância do circuito Osmar — o Campo Grande, mais especificamente a Passarela do Carnaval, onde se realiza o concurso carnavalesco desde os anos 70.

O Campo Grande é testemunha da história do carnaval da Bahia e de todo o trajeto que os grupos negros percorreram ao longo do século XX. Os clubes negros com seus préstitos realizaram ali a evolução de seus desfiles étnicos, que tematizavam os reinos africanos. As batucadas organizadas, executando seus sambas e pagodes, tiveram no Campo Grande um espaço de manifestação. Os afoxés continuam entoando suas canções em ioruba, fazendo soar o ritmo ijexá do candomblé, no ponto central da festa. Os blocos de índio, embora reduzidos a apenas dois, Comanches do Pelô e Apaches do Tororó, ainda desfilam naquela avenida tentando preservar sua forma de expressão.

Os blocos afro deslizam orgulhosos do prestígio adquirido pelo *status* que conferiram à percussão afro-baiana. Naquela passarela, também desfilam as bandas afro-pop, com seus ritmos sincréticos; os grupos de pagode, exibindo suas danças exuberantes; e as bandas de *axé-music*, grandes vendedoras de discos.

No entanto, o espaço da velha Passarela do Carnaval está bastante diferente. A grande arquibancada popular que havia na área foi reduzida para dar espaço aos camarotes particulares e ao camarote oficial do governo do estado, onde se instala a cúpula política da Bahia. A avenida principal da festa tem circulação restrita aos políticos, aos profissionais de imprensa, aos convidados *vip* e aos participantes dos blocos, durante os respectivos desfiles. Do lado oposto aos camarotes, instalam-se a comissão julgadora do concurso carnavalesco e as televisões que captam e veiculam as imagens dos shows dos grupos que por ali desfilam.

O espaço é fechado por altos tapumes, que impedem a visibilidade do folião pipoca que brinca no quadrilátero da praça que forma o Campo Grande. Na passarela, de frente para a cena política e midiática, o show das bandas alcança o clímax no Campo Grande, onde os blocos procuram exibir uma grande performance.

Recordistas de vendas, os grupos de pagode, novas estrelas do carnaval baiano, investem nas coreografias e na sensualidade.

Luciana Dias, apresentadora da Rede Bandeirantes, à esquerda, em cobertura do carnaval 99, ao vivo da Passarela do Campo Grande.

A presença expressiva da mídia e da arena política no Campo Grande só é observada até cerca da meia-noite, horário em que as bandas de *axé-music* já desfilaram. Desfilando até a meia-noite, as bandas não somente aproveitam a oportunidade para reverenciar políticos, como garantem sua exposição na televisão, atraindo o interesse de patrocinadores que aproveitam o espaço dos blocos para divulgar seus produtos. Em geral, o nome dos patrocinadores aparece em painéis publicitários nos trios elétricos, em enormes balões, e na vestimenta dos associados do bloco, além das referências feitas pelos vocalistas das bandas.

Por isso mesmo, os blocos afro reivindicam há anos a antecipação dos horários de seus desfiles, que em geral acontecem durante a madrugada. Em 99, a CPI do racismo tentou negociar a quebra da fila do carnaval, para a inclusão de cinco entidades afro no "horário nobre": Ilê Aiyê, Olodum, Muzenza, Malê Debalê e Filhos de Gandhy. Mas, segundo o vereador do PV Juca Ferreira, "a articulação foi implodida pelos vereadores do *lobby* dos blocos de trio, que querem garantir o acesso à avenida das entidades de 'mamãe sacode'".

Mas, às vésperas do carnaval de 2000, o Departamento de Carnaval da Emtursa anunciou que em dois dos três dias de desfile, "na segunda e terça-feira, a partir das 19 horas, a ordem do desfile na passarela do Campo Grande vai intercalar um bloco afro com um bloco de trio". Segundo João Jorge do Olodum "estava mais do que patente a necessidade de preservar a diversidade do carnaval baiano, evitando a repetição e a monotonia". Vovô do Ilê afirmou ao *Correio da Bahia*: "Vamos tornar o Campo Grande mais bonito".

A avenida do Campo Grande é o ponto de chegada dos blocos afro que se armam no Pelourinho, mas é também o ponto de partida da maior parte dos blocos carnavalescos, que disputam o concurso do Rei Momo, que elege o melhor em várias categorias: bloco de trio, bloco afro, música, vocalista, indumentária, entre outras.

Neguinho do Samba orienta a performance da banda Didá no palco do trio, no momento em que passa em frente aos camarotes da Passarela do Carnaval.

40.
EM CIMA DOS TRIOS

Durante o desfile carnavalesco, a performance das bandas se submete ao circuito, que impõe uma certa movimentação, e é determinada também pelo palco do trio, onde ela se desenvolve. Nesse espaço, a moldura que define a ação ganha uma outra forma. No palco do trio, o espaço cênico é diminuto, a capacidade de ouvir os outros instrumentos é reduzida, a plateia é flutuante e infinita, e o deslocamento contínuo do trio interfere no equilíbrio dos instrumentistas.

No caso das bandas afro, que utilizam o trio como palco, os ritmos executados no diálogo entre os instrumentos variados têm que se ajustar a um cenário sobrecarregado de sentidos, que dispersa a atenção dos músicos. Ainda assim os percussionistas buscam realizar o ato musical preciso, aquele que vai regular a pulsação da festa, pois o gesto de percutir é o portador da mensagem dos tambores.

A performance das bandas no desfile do carnaval é resultado de todos os ensaios e shows realizados durante o ano, mas é certo que o contexto modifica significativamente os elementos de sua performance. As características do palco do trio elétrico alteram o posicionamento da banda. Em palcos fixos, a plateia se encontra defronte do palanque, os cantores ou cantoras em primeiro plano, o mestre/maestrina, atrás dos cantores, fica de frente para todos os percussionistas organizados em fila, e no fundo do palco se instala a harmonia, além do baterista.

No palco do trio, os percussionistas não estão lado a lado, mas sim em dois grupos que se dirigem para as laterais do trio, de modo que cada grupo dá as costas para o outro. O "cacique" da banda — o mestre, que está, em geral, alguns degraus acima da banda, ao lado da mesa de som — interfere tanto no trabalho do técnico que opera a mesa, falando diretamente com ele, quanto no trabalho dos instrumentistas através de gestos que orientam o processo musical.

O mestre, peça-chave da condução da banda nos ensaios ou shows, não consegue no palco do trio a relação direta com os instrumentistas através do olhar e dos sinais que emite quando está de frente para a banda

Mesmo de costas uns para os outros, os timbaleiros mantém
a cumplicidade da banda no palco do trio.

como um todo, e o seu papel é muito mais difícil de ser realizado. Entre os próprios percussionistas, a cumplicidade se desintegra na polissemia do espaço festivo. O diálogo entre os instrumentos se fragiliza diante de cada cena insólita, de cada briga violenta que irrompe na multidão, ou de uma carga de energia detonada pelo prazer que a festa suscita. Com tudo isso, o trabalho musical se realiza mais individualmente, mas a interação cotidiana, alcançada nos ensaios intensivos durante o ano, ainda garante uma noção de conjunto, comandada pelos mestres da percussão.

A performance das bandas afro, desenhada num deslocamento contínuo, entre espaços mais ou menos sagrados, num palco móvel e exíguo, é resultado da mestiçagem estética do meio musical de Salvador, que caracteriza a contemporaneidade musical baiana. Ela concatena o artesanato do gesto musical, elaborado no interior das quadras de ensaio dos blocos afro, e o aparato eletrônico que o palco do trio permite manipular.

A estrutura sonora dos trios está cada vez mais sofisticada, e, para enfatizar o desenvolvimento tecnológico, Gilberto Gil denominou o palco ambulante que puxou o bloco da Tropicália, no carnaval de 98, de "trio eletrônico". Segundo o compositor, "o trio, nestes cinquenta anos, teve uma evolução muito grande. De uma primeira fase basicamente elétrica, para esta última, que já é mesmo eletrônica. Todo o material utilizado tanto na luz quanto no som, na amplificação, todos são marcados pela presença primordial da eletrônica. Estamos todos ligados a transistores, a chips, estamos trabalhando com ondas hertzianas".

As bandas afro como Olodum e Timbalada contam com vários vocalistas, e no palco do trio o número de tambores é superior ao número de instrumentos elétricos. Existem pelo menos sete tipos de tambores contra três instrumentos harmônicos, além da bateria e dos sopros. Além de a percussão prevalecer em número e variedade de instrumentos, a presença dos percussionistas no palco implica a possibilidade de a dinâmica do gesto, impressa aos tambores, abafar o som dos harmônicos, até que o operador da mesa de som regule a altura dos instrumentos e restabeleça o diálogo previsto, em que, de qualquer forma, ressalta a supremacia da percussão. Além disso, existem cerca de duzentos homens fazendo a percussão acústica na rua, no chão, cercada pelos associados dos blocos. A relação entre esses elementos sonoros e visuais organiza a performance das bandas no palco dos trios.

Já as bandas de *axé-music*, como Chiclete com Banana, Cheiro de Amor, Asa de Águia, exibem basicamente instrumentos harmônicos, além de um baterista e um percussionista que trabalha com um par de congas e alguns idiofones. Os vários efeitos percussivos utilizados são acionados através do *sampler*, operado pelo técnico de som. E embora as bandas de *axé* tenham eventualmente incorporado surdos e timbaus, no resultado sonoro sobressaem os instrumentos elétricos, como a guitarra, o baixo e o teclado, ao lado da melodia do vocal, pois nesse tipo de palco o vocalista é o grande destaque.

Chiclete com Banana e Asa de Águia não constituem blocos carnavalescos. Elas assinam contratos com os blocos que não possuem bandas próprias. A Asa de Águia, por exemplo, já animou o bloco Eva e o Internacionais. Como se vê, a rotatividade entre blocos é um procedimento bastante comum.

A Banda Eva foi concebida pelo percussionista Jonga Cunha, um dos proprietários do bloco Eva; assim, esta banda de *axé* se particulariza por trabalhar com três percussionistas, além dos outros instrumentistas (baixista, guitarrista, tecladista, saxofonista, baterista). Seus arranjos reforçam a sonoridade dos tambores, com ênfase para o timbau, mas sua grande estrela foi a vocalista Ivete Sangalo, que permaneceu seis anos na banda (entre 1993 e 99), sendo substituída por Emanuelle Araújo.

No trio de Daniela Mercury, os elementos percussivos e harmônicos são bem visíveis. Timbales, timbaus, congas, surdos dividem o espaço do palco com o baixo, guitarra e teclado, mas a vocalista é a grande estrela do trio, que leva o seu nome.

41.
UM TRIO FEMININO:
MARGARETH, DANIELA E IVETE

Existem pelo menos três vozes femininas de grande peso no carnaval de Salvador: Margareth Menezes, Daniela Mercury e Ivete Sangalo. Embora seus nomes estejam ligados à cena carnavalesca, suas trajetórias são diferenciadas.

A primeira mulher a se destacar como cantora, a partir do momento em que a *axé-music* ganhou visibilidade nacional, foi Margareth Menezes. Depois de cantar muitos anos em bares de Salvador, a cantora foi convidada para fazer *backing vocal* na banda de Sarajane, precursora da *axé-music*, em que teve seu primeiro acesso a um trio elétrico. "Sara estava com um trabalho bem atuante. Ela é uma artista que sabe dominar a plateia, foi importante [...] Foi a primeira vez que eu participei do carnaval." Mas foi em 1988, através da gravação da canção "Faraó", do Olodum, que ela passou a ser conhecida e a garantir um certo público em Salvador.

Ainda garota, Margareth Menezes começou a lapidar sua voz no coral da Congregação Mariana da Boa Viagem, bairro proletário onde nasceu. Daí seguiu pelo tradicional circuito de bares, interpretando músicos baianos como o sambista Edil Pacheco e Gerônimo, da turma de Sarajane, que a levou para o universo dos trios.

Antes de conhecer o sucesso nacional, Margareth foi "descoberta" pelo músico americano David Byrne, através de um videoclipe da música "Elejigbô", gravado, mas não veiculado, pelo programa *Fantástico* da Rede Globo. O clipe foi parar na Mango Records, o selo de Byrne. "Isso aconteceu porque em 88 eu comecei a trabalhar com Daniel Rodrigues, que foi empresário de Gilberto Gil, que já tinha uma projeção muito grande fora do Brasil. Daniel mandou a fita e o compacto [da música 'Elejigbô']", conta Margareth.

David Byrne, ex-líder do Talking Heads e produtor de *world music*, estava procurando um artista da América Latina para acompanhá-lo em sua turnê internacional (1989/90). Margareth foi escolhida. "Eu fazia a abertura do show dele, cantando dois samba-reggaes, que era uma novi-

Margareth Menezes se diferencia da padronização da cena *axé* pela performance e escolha do repertório.

dade mesmo. Nunca ninguém tinha ouvido falar em bloco afro, só o David [Byrne], que já tinha estado aqui com o Olodum e o Ara Ketu", conta a cantora, que era apresentada pelo músico americano como uma das mais ricas expressões da música negra no Brasil.

David Byrne não havia visto a cantora pessoalmente antes que ela chegasse a Nova York como convidada do músico. "O princípio foi muito difícil, eu não falava inglês, eu não conhecia ninguém, fui sozinha. Eu tive que tomar uma decisão em menos de uma semana, eu não tinha ideia do que era." Margareth teve que vencer uma certa resistência de outros músicos da banda de Byrne: "Alguns músicos latinos competem um pouco com os músicos brasileiros, com a MPB. Então foi difícil conseguir que os músicos aceitassem o trabalho e a coisa de tocar só percussão, aquela potência do samba-reggae [...] Mas com o David foi fácil, eu fui muito bem recebida por ele".

Margareth Menezes saiu de Salvador diretamente para o ambiente internacional da *world music*, concorreu ao *Grammy* antes de ter público no Brasil. Suas primeiras turnês com banda própria aconteceram na Europa. "Quando eu voltei para cá, a imprensa toda do Rio e São Paulo já sabia, o trabalho foi super bem recebido, e minha pessoa também, foi uma abertura total e eu passei a encaminhar o trabalho aqui no Brasil", relembra a cantora.

Margareth faz um *mix* de vários ritmos que se fundem no caldeirão baiano. Segundo ela, "são muitas fusões que dão certo, samba, reggae com funk, ijexá com rock. E essa parte do molejo, do suingue, tem muito a ver com o Recôncavo baiano, que oferece tudo isso, em termos de melodia, de ritmos". Seu primeiro disco solo, *Margareth Menezes*, saiu em 1987, três anos depois lançou *Um Canto pra Subir*.

O giro pelo mundo enriqueceu o gosto musical de Margareth. "Eu ouço muita coisa, música do Iraque, da Tailândia, música latina", e seus discos pós-David Byrne trazem uma linguagem mais pop, mantendo o peso da percussão e a ênfase na voz poderosa, uma marca da cantora, que, embora colecione elogios da crítica especializada nacional e internacional, jamais conseguiu uma grande aceitação comercial no Brasil.

Margareth Menezes se sentia pouco prestigiada por sua gravadora e, um ano antes de sair da Polygram (Universal), comentava no *Correio da Bahia*: "O lançamento de meus discos sempre atrasa. *Kindala* [o terceiro disco], por exemplo, era pra ter saído em março de 91, mas só foi lançado em junho, quando eu estava numa turnê internacional de três meses". Em 94, a cantora rompe com a Polygram, depois de lançar *Luz*

A cantora Daniela Mercury se inspira nas coreografias dos blocos afro como o Ilê Aiyê (na foto) para construir seu "dendê-style".

Dourada, que vendeu, segundo Margareth, "40 mil cópias, mas não correspondeu nem à minha expectativa, nem à da gravadora. [...] Eu acho que eles investiram muito na confecção do disco e faltou investimento para a divulgação", como declarou ao jornal *A Tarde*.

A então Polygram questionava principalmente o fato de Margareth Menezes não "acontecer" na Bahia. A cantora apontava as falhas da gravadora, que nem sequer enviava seus discos para importantes cidades baianas, como Ilhéus, por exemplo. Mas Margareth vê ainda outros motivos para a sua baixa repercussão comercial: "Eu não tenho uma máquina como acontece com a maioria dos artistas que tem bloco de carnaval. Existe por trás disso uma máquina, que empurra", explicou a cantora na mesma entrevista.

Margareth Menezes lançou, em 1995, *Gente de Festa* pela Warner, mas a mudança de gravadora não resultou em maior aceitação comercial. Ela decidiu investir na montagem de uma produtora, a MM Produções, incumbida da carreira da cantora, que procura se diferenciar da cena *axé*. Margareth Menezes não gosta de ver seu trabalho confundido com *axé-music*. No *réveillon* de 1999, declararia à *Folha de S. Paulo*: "No início eu tive muita dificuldade de aceitar este termo. Eu tinha uma birra, porque *axé* é uma expressão muito importante para a gente aqui na Bahia. E este termo foi usado para definir todas as músicas da Bahia. Acho que muitos de nós fazemos coisas que eu prefiro chamar de afro-pop".

No entanto, Margareth não vê problemas na intensa veiculação dessa música no mapa brasileiro. "Acho que é muito bom que o Brasil esteja impulsionado por uma música alegre como a da Bahia. Tenho o maior orgulho de fazer o trabalho que faço." A cantora, que está mergulhada no universo carnavalesco e dispõe de trio próprio, afirma: "quero recuperar a tradição dos trios, que eram sempre temáticos, por isso usei no meu trio esta inspiração futurista". A cantora colocou na rua, a partir de 1998, um trio prateado, que leva seu nome, onde três homens pintados em tom prata, vestidos apenas com uma tanga da mesma cor, se moviam com gestos robotizados, enquanto o seu afro-pop dominava os ouvidos dos foliões.

Embora Margareth Menezes tenha sido a primeira cantora da música afro-baiana a conquistar um certo espaço e respeito da crítica especializada no eixo Rio-São Paulo, foi Daniela Mercury quem veiculou, com grande repercussão nacional, a nova musicalidade. Ela seguiu o trajeto costumeiro de *crooner* de barzinho, cantando os grandes da MPB, quando ainda era menor de idade. Daniela relembra os problemas com

Espaço que reúne o maior número de *vips* durante o carnaval,
o camarote de Daniela Mercury, próximo ao Farol da Barra, atrai plateias
interessadas nas dobradinhas que a cantora faz com seus convidados.

o juizado de menores: "Quando eles chegavam no bar, eu ia sentar em alguma mesa, fingindo que não estava acontecendo nada. Mas tentaram convencer meus pais a não me deixar cantar", contou à *Folha da Tarde*, de São Paulo, em 1992. Mas a garota, que nasceu no bairro de Brotas, perseguiu sua carreira, que inclui uma participação como *backing vocal* da banda de Gilberto Gil.

Em 87, Daniela assinou contrato com o selo soteropolitano Nosso Som e gravou o seu primeiro disco. "Na hora de escolher o repertório, senti vontade de formar um grupo" — a Companhia Clic, da qual ficou à frente apenas um ano. Em 88, ela gravou pela Eldorado o seu primeiro disco solo, no qual aparecia a canção que a projetou como cantora — "Swing da Cor".

Mas foi com o segundo trabalho individual, lançado em 92, *O Canto da Cidade*, que Daniela alcançou uma avassaladora projeção nacional. O episódio do MASP foi o primeiro sinal de que a cantora baiana tinha conquistado o público paulista. Daniela Mercury conseguiu reunir tanta gente empolgada em seu show do vão livre do Museu de Arte de São Paulo, que abalou a estrutura do prédio, pondo fim ao circuito de shows do meio-dia, que esticavam os almoços na Avenida Paulista.

No mesmo ano, Daniela impressionaria a mídia paulistana com o sucesso de público de seu show no Olympia, que apresentava seu segundo trabalho solo e que lhe rendeu o título de "favorita das multidões", estampado na capa da *Revista da Folha* durante a temporada em 92, e o crítico Eduardo Logullo anunciava: "São Paulo se curva outra vez frente à Bahia: a cantora Daniela Mercury é a artista mais popular da cidade. Quem duvida, que assista a um de seus shows. Se conseguir lugar".

É verdade que os paulistanos se renderam ao "dendê-style" de Daniela Mercury, dançando quase no mesmo pique da cantora, cujo preparo físico vem das maratonas de sete horas seguidas em cima dos trios no carnaval de Salvador: "É do calor dos foliões e do público nas ruas que eu tiro energia para mostrar o meu trabalho em outros estados". Ainda por cima, Daniela somava pontos por assinar direção, texto, cenários e arranjos do show bem cuidado que a cantora apresentou no Olympia.

Nessa época, a mídia nacional ainda via a *axé-music* (da qual Daniela Mercury se tornava então a principal representante) como um produto *made in* Bahia digno de alguma atenção. Afinal, Daniela trazia em seu variado repertório o samba-reggae dos blocos afro, que essa mesma mídia via como uma expressão do regionalismo baiano, que não merecia (ou não precisava) ser desprezado. Daniela cantava funk, rock, samba

O encontro de artistas é bastante comum no circuito de shows de Salvador durante toda a temporada de verão. Na foto, Ivete, Daniela e Netinho.

duro, chorinho, forró, MPB, frevo baiano, baladas, samba-reggae, fazendo uma espécie de panorama rítmico, num formato — um ritmo em cada faixa — que se tornou bastante comum no mercado brasileiro nos anos 90. Para quem ainda não estava acostumado ao novo ritmo e não tinha saído da ressaca causada pela "febre da lambada", Daniela explicava na *Folha da Tarde*: "O samba-reggae foi criado pelo Olodum. É mais cadenciado e surgiu na cultura baiana. A lambada tem outra origem e se dança junto". Muitas vezes entendida como estilo musical, a lambada é uma dança disseminada no Pará desde os anos 70, que pode ser desenvolvida ao som de vários ritmos, inclusive caribenhos. Em 89, o grupo Kaoma, produzido por franceses, detonou a tal "febre da lambada" em Porto Seguro, que foi interpretada como mais um dos produtos *made in* Bahia que costumavam alcançar o mercado brasileiro durante os verões.

As coreografias da cantora e dançarina seguem uma outra linha e são parte fundamental de sua performance. Passos de frevo, aeróbica e dança afro, inspirados no universo dos grupos negros de Salvador, compõem seu jogo cênico, baseado, segundo ela, em três pilares: energia, voz e ritmo. Para o crítico Lauro Lisboa, "ninguém além dela consegue dançar, pular e cantar ao mesmo tempo sem perder o fôlego". Daniela Mercury foi a primeira cantora baiana a colocar a estética carnavalesca de Salvador no palco das grandes casas de espetáculo do país, quando passa a ser considerada a "rainha da *axé-music*".

Mercury traduzia Brasil afora a percussão afro-baiana para a linguagem pop e afirmaria em 98, ao jornal *A Tarde*, que "o surgimento do samba-reggae foi o fato mais importante que aconteceu, nos últimos dez anos, na música brasileira". O sucesso nacional foi seguido da entrada da cantora no mercado latino. O seu terceiro disco, *Música de Rua*, no qual ela aparece também como compositora, foi lançado simultaneamente no Brasil e na Argentina, e lhe rendeu disco de platina no país *hermano*. "Tenho muito orgulho de os argentinos gostarem do meu trabalho, o mais bonito é que eles fazem questão que eu cante em português, embora algumas músicas do meu novo disco já tenham versão em castelhano", disse a cantora a *O Globo* em 1994.

O mercado português também lhe rendeu milhares de cópias vendidas. Daniela lançava então seu quarto disco, *Feijão com Arroz*, e o crítico brasileiro Luiz Antônio Riff, que cobriu o show em Portugal, afirmou: "Desde os Mamonas Assassinas a música brasileira não tinha um sucesso igual em Portugal. Disco duplo de platina, a cantora baiana deve ser um dos quatro ou cinco artistas que ultrapassarão a marca dos cem

Ivete Sangalo brinca de percussionista depois de deixar
a Banda Eva para seguir carreira solo.

mil discos em 1997 no país". Em 1998, a cantora investiu no mercado francês, alcançando alguma visibilidade, também embalada pela Copa do Mundo. Daniela Mercury participou do show brasileiro que abriu o megaevento.

A essa altura a cantora já havia se tornado empresária. Montou em Salvador a editora musical Páginas do Mar e a produtora Canto da Cidade, que lançou a banda Meninos do Pelô, na mesma época em que protagonizava a campanha "Paixão Nacional" da cervejaria Antarctica. A superexposição da cantora e a repetição de uma receita musical desgastada pela multiplicação de bandas de *axé-music*, que invadiam o mercado fonográfico, se reflete no declínio de sua popularidade no país.

Do ponto de vista local, o radialista baiano Anselmo Costa, da Piatã FM, analisa: "O mercado fonográfico baiano pede velocidade, e Daniela só lança um disco a cada dois anos. Ela tem prestígio mas está devendo sucesso". Seu CD *Elétrica* (1998), com regravações de seus grandes *hits*, foi mal recebido pela crítica em geral e vendeu muito menos do que os anteriores, que chegaram à marca máxima de 1,3 milhão de cópias.

Mas Daniela Mercury ainda tem seus trunfos, pelo menos na sua terra natal. Seu camarote carnavalesco, no circuito Dodô, ocupa uma grande área com capacidade para receber 700 convidados. Posicionado próximo ao Farol da Barra, é um dos polos de atração de plateias gigantescas. A infraestrutura montada por ela, que se retirou do circuito central (Osmar) do carnaval em 1995, atende aos grandes nomes do meio musical brasileiro que visitam a festa, aos convidados *vip* e aos profissionais da imprensa nacional e internacional.

A figura de Daniela aglutina essa movimentação carnavalesca, mas no fim dos anos 90, uma nova cantora passou a disputar o título de "rainha da *axé-music*". Seu nome: Ivete Sangalo. A moça começou cantando em casa, nos saraus da família, em Juazeiro, terra de João Gilberto. Foi com um repertório composto de blues e, principalmente, funk que ela fez seus primeiros shows no interior do estado.

Quando se mudou para Salvador não demorou a atrair a atenção dos produtores de *axé-music*, dos quais partiu o convite para ser vocalista da banda que o bloco Eva queria montar. "Eu tinha uma carreira solo, cantando funk, e Jonga [Cunha] tocava percussão na minha banda. Ele era diretor do bloco Eva e toda a diretoria do bloco frequentava os shows [...] Então nasceu a ideia e o convite para ser feita a Banda Eva." O bloco, fundado em 1980, colocou sua própria banda na rua no carnaval de 93, com Ivete como vocalista.

A jogada do bloco Eva era perigosa. A banda Asa de Águia, lidera-da por Durval Lélis, que animava o Eva, é uma das mais bem-sucedidas da cena *axé*. Grande parte dos foliões escolhe o bloco em função da ban-da que comanda o trio. Portanto, o que estava em jogo era a manuten-ção dos três mil associados do bloco, que poderiam simplesmente correr atrás da Asa de Águia, no bloco Internacionais, para o qual a banda se deslocou.

Mas o público do bloco não debandou, pois, desde a primavera de 1992, a Banda Eva emplacou *hits* instantâneos no circuito de shows de Salvador, como "Alô Bye Bye", incluído no repertório do show de Ma-ria Bethânia, que afirmou na época: "Ivete Sangalo será a maior cantora do Brasil" — conforme o texto do *press release* da nova musa. Sangalo rapidamente alcançou notoriedade e gravou seis álbuns com a Banda Eva, que entrou para a lista de maiores vendedores de discos do país. *Banda Eva Ao Vivo*, o quinto álbum, lançado em 1997, vendeu mais de dois mi-lhões de cópias.

Enquanto ascendia como cantora da Banda Eva, Ivete se aproximava da linguagem dos tambores, namorava percussionistas e costumava dar canjas tocando timbau, inclusive em shows de Carlinhos Brown, com quem dividiu o palco do trio do Eva em vários carnavais. Sangalo se ar-riscou também como compositora e a canção "Carro Velho", na qual declara seu tesão pelos negões ("quero meu negão do lado/ cabelo pentea-do, coração dilacerado"), foi o último grande sucesso da cantora como vocalista da Banda Eva.

Em 99, a cantora e compositora compõe uma nova banda, parte para a carreira solo e lança o CD *Ivete Sangalo*, pela Universal, no qual regrava Wilson Simonal e interpreta Herbert Vianna. O disco segue o formato da *axé-music* — traz os vários ritmos difundidos na Bahia, sem mexer na receita carnavalesca. "Sou cantora de trio, minha música é es-sa, não pretendo mudar."

O seu trabalho independente inclui atividade empresarial como pro-prietária da Caco de Telha Produções e Eventos, que é também uma edi-tora musical. Trabalhando com a família, ela passa a empresariar seu próprio nome, além de produzir a banda Dr. Cevada e o trio elétrico Ma-derada, que foi às ruas na Quarta-Feira de Cinzas do carnaval de 99.

A nova posição de Ivete Sangalo no meio musical de Salvador a aproxima ainda mais de Daniela Mercury, com quem já foi inúmeras vezes comparada. Seu disco solo pouco se diferencia de *O Canto da Ci-dade*, de Daniela. Quando Ivete canta "Se Eu Não te Amasse Tanto Assim", de Herbert Vianna, acaba reeditando o dueto que a primeira fez com o líder do Paralamas do Sucesso em "Só pra te Mostrar". Aliás, dueto também aparece no disco de Sangalo, com Ed Motta. Se no início dos anos 90 Daniela gravava músicas dos blocos afro, então vedetes da cena baiana, Ivete grava o cacique Carlinhos Brown. O formato do trabalho é o mesmo.

As duas cantoras usam e abusam da sua naturalidade: são baianas, antes de qualquer coisa, reafirmam o mito do talento inato para a produção musical. Ivete Sangalo, quando recebeu o clipe de ouro da MTV (99), na categoria *axé-music*, agradeceu primeiramente o fato de ser baiana, abraçada a Gilberto Gil e Caetano Veloso, que lhe entregaram o prêmio. Diferentemente de Daniela e Ivete, brancas de classe média, Margareth nunca precisou explicitar sua relação com a afrobaianidade. E, embora tenha uma ligação visceral com o meio local, jamais alcançou o nível de popularidade das outras, nunca foi vista como musa.

Margareth também deu um formato pop à linguagem dos tambores, retrabalhou vários ritmos, seduziu plateias estrangeiras, anotando seu nome no mercado de músicas do mundo. Virou produto de exportação, frequentou durante onze semanas o primeiro lugar de *world music* da *Billboard*, mas nunca foi uma estrela popular na Bahia. Talvez a busca por uma estética *world music* tenha deslocado Margareth do padrão radiofônico local, alimentado pela produção de *axé-music*. As rádios da Bahia são umbilicais; poucas cidades do Brasil ouvem tanto a sua própria produção musical como Salvador.

Enquanto Daniela e Ivete repetem fórmulas de apelo comercial e se fecham em blocos com cordas,[21] cujos associados também brancos classe média e alta são consumidores cativos de *axé-music*, Margareth se move paralelamente. Seu trio independente não segmenta foliões e consequentemente não rende para a cantora as altas receitas que os blocos e suas estrelas faturam e lhes garantem maciça veiculação no *show biz*.

O público de carnaval é o mesmo que alimenta o milionário mercado musical, e o uso das cordas não envolve apenas questões de mercado, que lança luz ou sombra nas trajetórias artísticas dos personagens do meio musical baiano, mas toca também na tensão étnica do tecido social de Salvador.

---

[21] Além de comandar blocos fechados, a partir de 2005 Daniela Mercury também colocou na avenida um trio independente para deleite do folião pipoca.

O folião pipoca utiliza o espaço limitado entre as cordas
e as bordas dos circuitos carnavalescos.

42.
AS CORDAS

Os blocos estão separados da "multidão pipoca" por cordas de isolamento sustentadas pelos cordeiros ou seguranças. O esquema da segurança dos blocos de grande porte, que têm entre 3.000 e 4.500 associados, é o seguinte: ala de homens, que vão fora da corda, à frente dos blocos, orientando o andamento do desfile; ala de frente, já no interior do bloco, que controla a passagem dos associados para uma possível zona de conflito com os foliões pipoca, e coordenadores que controlam a atividade de toda a equipe.

Com esse exército de até 1.500 seguranças investindo contra a multidão, a briga pelo espaço costuma ser pesada. Muitas vezes, seguranças descontrolados extrapolam suas funções e desencadeiam brigas sangrentas, quando partem para a luta corporal com os foliões pipoca que protestam contra sua exclusão dos espaços mais próximos dos palcos.

Os blocos de grande porte trazem as grandes estrelas como principais atrações e cobram altos preços dos associados. Os jovens que podem pagar contam, em média, com um segurança para cada três foliões. Esse esquema de segurança concebido inicialmente pelas bandas brancas foi incorporado pelos blocos negros, que passaram a adotar um esquema semelhante, na medida em que se tornaram também grandes nomes do meio musical.

A efervescência do "gargarejo" (a área mais próxima à banda) é privilégio do público pagante dos blocos, que delimitam zonas diferenciadas no espaço da festa. A presença das estrelas direciona o fluxo dos foliões e garante presença massiva em certas áreas. Em torno dos blocos, as multidões se aglomeram para ver os seus ídolos e desfrutar do show. A quantidade de foliões por metro quadrado nessas áreas é incalculável, e as cenas de violência em torno das cordas se repetem sistematicamente, sobretudo, como já foi indicado, nas áreas mais estreitas dos circuitos.

A questão da legitimidade das cordas no espaço público das ruas é um dos temas mais debatidos pela imprensa durante o carnaval. O principal argumento desse debate é o fato de o folião pipoca estar perdendo espaço no "carnaval-participação" de Salvador. No carnaval de 1998, o jornalista Paulo Henrique Amorim, da TV Bandeirantes, intermediou um debate ao vivo no carnaval, significativamente chamado *Atrás do trio elétrico só vai quem tem dinheiro?*. De um lado da arena, o compositor Walter Queiroz, fundador do primeiro bloco carnavalesco, o Jacu, já extinto, que desfilava sem cordas nos anos 70, e, de outro, Joaquim Nery, diretor do bloco Camaleão, um dos mais caros e mais bem-sucedidos da cena baiana, animado pela banda Chiclete com Banana. Enquanto Walter Queiroz dizia que a privatização do espaço carnavalesco é responsável pela criação de uma "geração de jovens cativos", incapazes de se misturar com a massa negro-mestiça dos foliões pipoca, Joaquim Nery afirmava que a privatização viabiliza a realização de megaespetáculos de rua que podem ser assistidos por todo e qualquer folião.

A pesquisa realizada com a audiência do programa respondeu afirmativamente à questão colocada por Amorim (79 contra 21). Levando em consideração essa pesquisa e todo o espaço que a imprensa abre para a discussão sobre o uso das cordas, é possível afirmar que há indícios de um questionamento do processo de privatização do carnaval baiano. Encurralados pelas cordas dos blocos, os foliões pipoca ainda têm que disputar espaço com os camarotes que, em grande parte dos circuitos, ocupam os dois lados da avenida.

No processo de ascensão comercial da música percussiva, os blocos afro se tornaram espaços atraentes para os branco-mestiços, e a participação nesses espaços se tornou onerosa. Com exceção do Ilê Aiyê, os blocos de inspiração afro, cujas bandas têm trânsito na mídia, são compostos por associados branco-mestiços e, em menor escala, pela classe média negra, que desfilam em espaço segmentado. Assim, o espaço público das ruas é privatizado e uma espécie de território classe média/branco--mestiço se delineia, dentro das cordas dos blocos e nos camarotes, estabelecendo segmentações étnicas e sociais. A violência que resulta dessa segmentação afeta tanto os espaços animados por artistas brancos quanto negros. A mestiçagem do meio musical baiano desfigura a antiga segmentação: espaços negros (blocos afro) *versus* espaços brancos (blocos de trio elétrico), e dá origem a uma outra: blocos de trio (elétrico ou afro) *versus* folião pipoca.

Apesar dessa segmentação, a música que emana dos trios abastece tanto os associados dos blocos como os foliões pipoca. E a própria música é capaz de neutralizar os conflitos, através de um procedimento ético geralmente respeitado. Em caso de briga, depois do silêncio da banda, seguido do discurso pela paz, o bloco executa um ritmo de andamento lento, como um reggae ou um *axé-melody* (*axé-music* de ritmo mais cadenciado e letras românticas), buscando acalmar os ânimos. "Em cima do trio eu vejo como o pessoal se comporta, como está dançando, se eu devo jogar uma música lenta ou mais pauleira", disse Ivete Sangalo em entrevista a Lorena Calábria, para o programa *Metrópolis*, da Rede Cultura/TVE.

Assim, o repertório dos blocos não segue uma ordem rígida — embora preestabelecido, ele pode ser alterado pelo clima da festa ou modificado pela inclusão de alguma canção que se transforme em preferência popular no decorrer do evento, como o caso de "Faraó" no carnaval de 1987. Espaço, ritmo, dança e repertório se concatenam na performance das bandas.

A Timbalada ensaia no Guetho Square as canções que
podem vir a se tornar *hits* no carnaval de Salvador.

43.
OS REPERTÓRIOS

A diversidade rítmica do carnaval de Salvador aparece nitidamente na composição do repertório das bandas locais. Frevo, afro-pop, samba-reggae, *axé-music*, *axé-melody*, reggae, pagode, samba atualizam o processo de criação de um repertório comum que veio a reboque da mestiçagem musical.

Como cada canção é tocada à exaustão durante o carnaval, as letras tornam-se conhecidas pelos membros de quase todos os blocos e também pelos foliões pipoca que se divertem construindo versões, nem sempre simpáticas. Os refrões das canções, mais facilmente memorizados, são frequentemente transformados.

O *hit* do Olodum "Alegria Geral", que diz "Olodum tá hippie, Olodum tá pop, Olodum tá reggae, Olodum tá rock, Olodum pirou de vez", se transformou no seguinte: "Olodum tá rico, Olodum tá pobre? Olodum virou burguês", como uma eventual crítica aos rumos da entidade. "A Latinha", um *hit* da Timbalada que diz "Eu quero uma latinha transbordando você", virou: "Eu quero uma latinha pra atirar [ou pra jogar] em você". No carnaval de 98, tal versão servia de senha para as inúmeras brigas que explodiram no desfile da Timbalada.

Durante o carnaval, as músicas trabalhadas nos repertórios das bandas baianas ganham arranjos de duração alongada, chegando a alcançar doze minutos, em lugar dos três a cinco minutos que normalmente duram em show ou em disco. Esses arranjos longos compactuam com o tempo de duração de cada ritual carnavalesco, que costuma ser bastante extenso se comparado ao tempo dos shows que as bandas realizam no decorrer do ano, que duram, em geral, de duas horas a duas horas e meia.

Essa característica da música produzida em Salvador, observada principalmente nos ensaios dos blocos e bandas afro, se estende a todas as bandas baianas, que, durante o carnaval, permanecem cerca de sete horas na avenida. O hábito de tocar durante várias horas nas quadras dos ensaios dos blocos se reproduz nos palcos dos trios, como mais um reflexo da mestiçagem musical. Inexistentes nos ensaios dos blocos negros, os trios se tornam, durante o carnaval, o palco de emissão dos ritmos.

O repertório dos trios é enriquecido pela presença dos vários músicos do meio musical brasileiro no carnaval de Salvador. Todos os anos vários nomes de peso do pop nacional desembarcam na cidade, a convite das grandes estrelas do meio local, e costumam dar canjas durante os desfiles, proporcionando encontros raros do ponto de vista da emoção e do improviso. Carlinhos Brown descendo do trio no meio da multidão para se colocar aos pés de Milton Nascimento e compor um dueto em "Canção da América", por exemplo, dificilmente se repetirá com tamanha intensidade. A cena aconteceu num camarote de Ondina, no circuito da orla, enquanto Milton assistia ao carnaval de 98.

No mesmo Carnaval da Tropicália, em homenagem ao movimento que comemorava trinta anos, o show tropicalista no Campo Grande ofereceu um banquete rítmico. Além das três canções que fizeram a história do tropicalismo com arranjo de samba-reggae, "Domingo no Parque" cantada por Gilberto Gil, "Alegria, Alegria", por Caetano Veloso, e "Baby", por Gal Costa, houve ainda o baião de Dominguinhos, o pop-rock de Lulu Santos, o frevo novo de Mautner, o samba-jazz de Djavan, o afro-pop de Xexéu (o primeiro cantor da Timbalada, que hoje segue carreira solo), a bossa nova de João Donato e o samba-enredo de Carlinhos Brown, que puxou o tema da Mangueira e foi acompanhado pelo trio de baianos tropicalistas.

O show marcou a estreia de Gal Costa como cantora de trio elétrico. "Não sei se é bom cantar no trio, mas é um palco e certamente vai descer um espírito especial. É bom cantar para a multidão", disse ao jornal *A Tarde*. Assessorada por Gil e Caetano, a cantora fez apenas duas apresentações (uma na Passarela do Campo Grande e outra em frente ao camarote de Daniela Mercury, na Barra), demonstrando uma certa dificuldade de se adaptar às peculiaridades do palco. Caetano Veloso, por sua vez, está em todas no carnaval da cidade. Já dividiu o palco com Daniela Mercury, Ivete Sangalo, Netinho, Carlinhos Brown e Marisa Monte, Olodum, Didá etc. etc.

Muitos outros artistas brasileiros matizam a variedade rítmica do carnaval de Salvador. Só no carnaval de 98, os repertórios foram transformados pelas presenças da brasiliense Cássia Eller, que cantou no trio de Margareth Menezes; da dupla sertaneja goiana Zezé de Camargo e Luciano, que cantou no trio independente de Carlinhos Brown, o Mister Brown; Daniela Mercury trouxe a cantora carioca Fernanda Abreu (e já tinha trazido Marina Lima, em 97); a Bamdamel trouxe o grupo paulista Negritude Jr.; o bloco Tiet Vip's contou com a participação de Sidney Magal e o É o Tchan! trouxe Alexandre Pires, do grupo mineiro de pagode Só Pra Contrariar.

Em 99, Elza Soares, Jair Rodrigues e Edson Cordeiro marcaram presença no trio de Margareth Menezes, e Reginaldo Rossi cantou no trio da banda Cheiro de Amor. Daniela Mercury fez dueto com o cantor Salgadinho, do grupo de pagode Katinguelê. A *Folha de S. Paulo* de 17 de fevereiro de 2000 dava a notícia: "Quando ela passou em seu trio, mandou levar um microfone até o camarote para Salgadinho cantar alguns sucessos do Katinguelê. Como não houve ensaio, Daniela — que não sabia de cor a letra — acompanhou apenas o refrão. Nem precisava. A multidão cantou 'Inara' inteira". No carnaval de 2000, Daúde e Sandra de Sá, no trio de Margareth Menezes, fizeram um show emocionante às 7 horas da manhã de sábado, no final do circuito Barra-Ondina. Margareth contou ainda com Zélia Duncan e Cássia Eller no desfile de seu trio no domingo de carnaval. As canjas de estilos tão variados tornam os repertórios mais flexíveis e menos previsíveis.

Os blocos afro como o Malê Debalê apresentam na avenida danças
inspiradas no universo religioso do candomblé e da capoeira.

44.
AS DANÇAS

O fazer dançar é uma espécie de contrato imaginário entre as bandas e a plateia, e está diretamente associado ao prestígio e à competência musical dos grupos. Na festa, os ritmos sugerem necessariamente a dança — a expressão visual do ritmo. Segundo Violeta de Ganiza, "quando nós escutamos uma música na qual predomina o elemento rítmico, os músculos de todo corpo entram em estado de agitação. Para reprimir ou evitar o movimento seria necessário recorrer ao controle da consciência".

A dança de rua é coletiva. Os dançarinos se organizam em grupos abertos normalmente liderados por um coreógrafo que se encarrega de mostrar aos menos treinados como realizar os movimentos corporais. Quando não se trata de uma música cuja letra determina a dança, os movimentos são alterados de tempos em tempos, sempre através de uma liderança que indica o momento ideal.

As danças de rua trazem elementos das quadras de ensaios dos blocos afro. Para a antropóloga e dançarina Elisabeth Costa, as alas de dança que se formam na avenida dentro ou fora dos blocos são inspiradas nas danças dos orixás. A pesquisadora, que realizou trabalho sobre a dança de Oxum no contexto ritual do candomblé, afirma que "espontaneamente ou influenciada pelos dançarinos afro, amadores ou profissionais, que saem no carnaval, a dança de Iansã aparece na avenida". Segundo ela, "a dança de Iansã é mais sensual e vigorosa, tem movimentos agitados que evocam as ventanias e trovões das tempestades, são fortes, diretos e mais expansivos que os da dança de Oxum, mais malemolente, dengosa. Seus gestos são arredondados pelo movimento circular que a caracteriza".

Muitos blocos afro trazem para as ruas os rituais do candomblé. O Ilê Aiyê antes de trazer para as avenidas do circuito central a performance do desfile, realiza, na Liberdade, seu tradicional ritual de saída, o padê. A ala de dança do Malê Debalê estiliza todo ano um ritual do candomblé. A representação de rituais sagrados no carnaval provoca descontentamento em alguns setores da religião, que não veem com bons olhos a utilização de rituais do candomblé na festa profana. O mundo da religião aparece no universo da festa, andando na contramão. Para o secretário

As letras das canções inspiram as danças
de rua dos blocos carnavalescos.

da Federação Baiana dos Cultos Afro-Brasileiros, Raimundo Pilares, as entidades afro "vão ao candomblé, copiam tudo e saem às ruas fazendo a profanação". Além do repúdio à utilização das danças sagradas e dos cânticos inspirados nos rituais de candomblé, muitos adeptos da religião dos orixás não admitem ver o termo sagrado *axé* secularizado no cenário da mídia.

Mas não são apenas as danças sagradas que modelam as danças de rua realizadas pelos foliões. Durante a festa, esses grupos se movimentam de variadas formas. Segundo Gideon Rosa, "as danças foram surgindo e se renovando em profusão, invadindo as ruas, fazendo surgir em cada esquina uma dança, uma coreografia subordinada a uma música". Essas coreografias organizadas em filas, em rodas ou em corredores, que sempre admitem a participação de novos integrantes, são elaboradas muito antes do carnaval, durante shows e ensaios das bandas baianas. Mas o investimento de certas bandas num didatismo coreográfico não impede que, durante a festa, surjam muitas outras danças, que misturam vários elementos.

Há no espaço carnavalesco uma variedade de danças, inspiradas tanto nas letras das canções como na gestualidade dos bailarinos afro, que buscam valorizar uma performance corporal concebida nas quadras de ensaio dos blocos afro, sob o ritmo dos tambores. As danças de rua são o reflexo corporal dos variados ritmos difundidos na Bahia.

O grupo de pagode É o Tchan! na "dança da cordinha", uma
de suas coreografias que marcaram o estilo da banda.

45.
SEGURA O TCHAN!

A importância da dança nas festas de rua pode estar ligada à explosão de alguns fenômenos musicais baianos como o É o Tchan!, por exemplo. Esse grupo de pagode se notabilizou no cenário da mídia pelas coreografias de suas duas dançarinas e um dançarino. A ex-estrela do grupo, a dançarina Carla Perez, é uma das principais responsáveis pela visibilidade midiática do pagode na Bahia, e o seu estilo, que consiste em enfatizar o movimento dos quadris, inspira as danças dos frequentadores dos shows do grupo, foliões em potencial do carnaval de Salvador.

Segundo Hermano Vianna, o É o Tchan! tem relações estreitas com a história musical baiana, "isso para não falar de suas conexões também evidentes com a música carnavalesca brasileira deste século [XX], com o samba duro do Recôncavo baiano (e suas ramificações recentes nos 'sambas' das festas juninas de Salvador dos anos 80, que acabaram migrando para o carnaval), com o candomblé (um de seus dois principais componentes é ogã, sua mãe é mãe de santo)".

O antropólogo, que aponta a ausência de bandas de axé e pagode na nova versão da *Enciclopédia da música brasileira*, quer chamar a atenção, em artigo intitulado "Condenação silenciosa", publicado na *Folha de S. Paulo*, para o desprezo e a intolerância com que a mídia cultural trata os artistas populares. Mas mesmo condenados ao que ele chama de "cruzada moralizante em prol da 'boa' música (que, por definição, é aquela que o 'crítico' gosta, a partir de critérios nunca seriamente discutidos)", esses grupos alcançam imensa popularidade, e é bem provável que esse sucesso esteja ligado, além de suas raízes históricas e sociais, à corporalidade desses ritmos.

O pagode compõe a paisagem sonora de Salvador há mais de um século e sempre agregou uma infinidade de grupos que realizam encontros nos domingões na praia e em todos os bairros periféricos da cidade, onde geralmente residem os pagodeiros anônimos. O estilo é uma variação do samba e encontrou largos espaços no cenário do carnaval. Os grupos de pagode utilizam basicamente instrumentos percussivos e voz, como os grupos de samba, com algumas variações. Segundo o antropólogo Ari Lima, historicamente o pagode é uma decorrência do samba, e só recentemente ganhou autonomia enquanto estilo. Batatinha, um dos mais famosos sambistas baianos, morto em 98, não gostava de fazer diferença entre o samba tradicional e o pagode, para ele "tudo é samba".

O compositor e sapateiro Nelson Babalaô compartilha dessa opinião. Para ele, "tudo é a mesma coisa, a mesma cachaça com rótulo diferente. Essa polêmica entre samba e pagode não tem sentido, porque os dois sempre existiram, mas a cada tempo um aparece mais que o outro". Babalaô se refere à "febre nacional de pagode" que se reflete no mercado fonográfico e amplia consideravelmente seu raio de atuação em termos de veiculação na mídia. Vários grupos baianos de pagode, como Cia. do Pagode, Terra Samba, Pega no Compasso, alcançaram as grandes gravadoras, e através de uma boa divulgação nas rádios e aparições frequentes em programas de televisão, lançaram o samba baiano na arena pop. O cantor Xandy, do grupo de pagode Harmonia do Samba, foi uma das grandes estrelas do carnaval de 2000. A dança do rapaz empolgou as plateias e ele foi chamado de "Carla Perez de calças".

Tal como aconteceu com o samba-reggae, quando ascendeu comercialmente, nos anos 90, o pagode sofreu transformações estilísticas. Para Ari Lima, o modo de cantar e o conjunto de instrumentos são os principais elementos da nova cara do pagode baiano. De fato, as novas bandas de pagode são compostas por instrumentos harmônicos, o teclado é uma grande estrela e a percussão vai para a "cozinha", ou seja, atua como pano de fundo da estrutura sonora.

No meio musical de Salvador, uma das primeiras expressões da ascensão comercial do pagode foi o grupo Gera Samba, que revelou para o Brasil a dançarina Carla Perez. Quando o Gera Samba estourou com o disco *É o Tchan!*, lançado pela então Polygram (Universal), em 1995, o grupo já contava com treze anos de estrada e três CDs independentes. Em 1994, a exemplo dos blocos afro, a banda passou a realizar "shows-ensaios", todos os domingos no clube Espanhol, templo da juventude de classes média e alta de Salvador, assíduos frequentadores de shows de *axé-music*, que ocorrem frequentemente no local.[22] Conforme noticiava o *Correio da Bahia*, sobre um show do Gera Samba, em 1995: "O público composto em sua maioria por mauricinhos e patricinhas que até então tinham, por princípio, a ideia de que pagode era coisa de pobretão,

---

[22] Os shows deixaram de ocorrer com frequência, e o clube Espanhol foi demolido em 2010.

lotava o espaço". Com duração de cerca de quatro horas, os ensaios costumam ser a preparação para o carnaval, quando a banda puxa blocos de trio que não têm banda fixa.

Diferentemente do ritmo cadenciado do pagode do Sudeste, o Gera Samba adicionou a velocidade rítmica da *axé-music* às letras de duplo sentido, típicas da tradição do forró, que ganham mais força no cenário urbano e alcançam o carnaval.

O Gera Samba sofreu uma cisão em 96 e a dissidência então nomeada É o Tchan!, inspirada no primeiro grande sucesso do Gera Samba, levou dois de seus fundadores, Compadre Washington e Beto Jamaica (vocalistas), além da dançarina Carla Perez, a principal estrela do grupo.

Antes de formar o Gera Samba, Compadre Washington era músico do grupo União do Samba, e Beto Jamaica, percussionista e letrista das canções rastafári dos blocos afro Muzenza e Olodum (para o qual compôs "Salvador Não Inerte"/"Ladeira do Pelô"). "Se não tivesse virado cantor, seria percussionista, sempre gostei e toco direitinho", conta Beto. Os dois são sócios da produtora Bicho da Cara Preta, que administra a carreira do É o Tchan!, e mantêm uma creche em regime de semi-internato para sessenta crianças carentes em Lauro de Freitas (Grande Salvador), o primeiro passo para a fundação que pretendem criar em benefício da comunidade carente de onde vieram.

O sucesso do É o Tchan! está colado ao jogo coreográfico do pagode baiano, que investe no desfrute corporal das danças, criadas coletivamente nas ruas da cidade, na vivência das festas populares, animadas pelo samba em suas diversas formas. Esse aprendizado informal transformou Jacaré no instrutor das dançarinas do É o Tchan!, e é com ele que elas ensaiam as coreografias da banda. Para Lia Robatto, coreógrafa baiana, a dança de Carla Perez traz vários elementos do samba de roda, certamente retraduzidos no contexto popular das festas de rua, onde se reproduziu.

O carisma de Carla Perez foi capitalizado através de uma superexposição da imagem da dançarina no cenário da mídia, e isso pode explicar a extraordinária difusão de seu modo de dançar nas avenidas do carnaval. A dança do grupo, que renova suas dançarinas mas não o jogo coreográfico, enfatiza a sua relação com o sexo. Segundo Carla disse à *Folha de S. Paulo*, em 98, "a minha maior arma para atrair o público continua sendo o rebolado, a bunda. O É o Tchan! joga o ritmo e eu danço". De fato, a sua mensagem é estritamente corpórea e, em muitos casos, simula o ato sexual. Para Marcelo Rubens Paiva, "não existe banda mais erotizada do que É o Tchan!", comenta no mesmo jornal o crítico, que

Tatau, ex-vocalista do Ara Ketu, comandou desde 1987 a primeira banda de bloco afro a usar instrumentos harmônicos.

se surpreende com o sucesso que a banda faz entre as crianças e com seu acesso às grandes casas de espetáculo do Brasil. Em 1999, o É o Tchan! lançou seu quinto disco na sofisticada casa paulista Via Funchal.

Saindo do É o Tchan! para seguir carreira solo como apresentadora e afins, Carla Perez deixou espaço para outras dançarinas, que imitam o seu modo de dançar em megaconcursos televisionados, que rendem vários pontos no Ibope para a rede que os transmite. Em cinco anos de existência, o grupo já vendeu mais de dez milhões de discos com canções que têm como único objetivo fazer o corpo mexer.

O sucesso do pagode influenciou a trajetória do bloco Ara Ketu, que há algum tempo abriu mão de suas características originais enquanto bloco afro, para aderir a procedimentos que transformassem sua música num produto mais atraente para o mercado, se aproximando cada vez mais do universo das bandas de *axé-music*. No meado dos anos 90, o Ara Ketu deslocou os ensaios do seu bairro de origem para a zona central de Salvador. A distância do subúrbio de Periperi parecia ser um obstáculo a uma expansão do bloco, no sentido de conquistar plateias branco-mestiças das classes média e alta.

O deslocamento para uma área na Rua Chile, próxima ao Pelourinho, de fato viabilizou a participação de um público mais eclético do que aquele essencialmente negro-mestiço que frequentava seus ensaios em Periperi. A partir da mudança, o ensaio do Ara Ketu, às sextas-feiras, se transforma num evento de grande visibilidade no meio musical local, atraindo um novo público, que a essa altura já era consumidor, não só de *axé-music*, mas também do novo pagode baiano.

Desde então, o Ara Ketu pode ser visto como uma banda que mescla *axé* e pagode, na qual a percussão fica na "cozinha", e o peso dos tambores, típico do samba-reggae, foi gradativamente dando lugar aos instrumentos melódicos que compõem os grupos de pagode e *axé* da cidade. As letras das canções passaram a temas mais românticos, mais típicos do pagode do Sudeste, ou corpóreos, e não tratam mais dos temas da negritude, com a qual o Ara Ketu parece não mais se identificar. Mas embora a banda tenha tomado novos contornos estéticos a partir de sua ascensão comercial, a entidade ainda desfila como bloco afro no carnaval.

Encontro de caciques: Carlinhos Brown e Ivo Meireles da Mangueira, na visita dos mangueirenses ao carnaval de Salvador.

46.
OS CACIQUES

No carnaval, os músicos são os senhores da festa. Eles orientam o movimento. No Carnaval da Tropicália, em 1998, Carlinhos Brown ficou nu por alguns minutos, durante a exibição de seu trio. A atitude, que rendeu a condenação do músico por atentado ao pudor, atualizava, segundo ele mesmo, a postura contracultural eternizada no *slogan* "É proibido proibir". Para Ivete Sangalo, "o ritmo, o som dos tambores é que enfeitiçam o público, porque eles falam a linguagem da rua". E são também os tambores que encerram o carnaval, num ritual protagonizado pelo cacique Carlinhos Brown — o Arrastão.

Segundo seu idealizador, "o arrastão é uma verdadeira festa de confraternização, que reúne integrantes de todos os blocos e todas as tribos". O evento leva milhares de pessoas a percorrer o trecho Barra-Ondina, no circuito Dodô, a partir das onze horas da manhã da Quarta-Feira de Cinzas. A armação acontece em frente ao Farol da Barra, e quando os garotos de Brown chegam correndo para pegar os tambores, uma percussão acústica toma conta da orla de Salvador, quase uma semana depois de iniciado o carnaval.

Em frente à estátua do Cristo, na praia de Ondina, acontece o ritual de confraternização. O cacique desce do trio e orienta a subida dos timbaleiros até a estátua, e para lá se dirigem com os instrumentos suspensos pelas mãos acima das cabeças. Posicionados em forma de pirâmide, no morro da estátua do Cristo, os tambores soam sob a regência de Carlinhos Brown. O rito dura poucos minutos e rapidamente o mestre e seus discípulos voltam à pista e dão seguimento ao desfile.

O ritual ao som dos tambores, que estende o carnaval até a tarde da Quarta-Feira de Cinzas, demonstra a força dos mestres da percussão na Bahia. Carlinhos Brown, um desses notórios caciques, organiza o movimento através da habilidade de mesclar linguagens musicais, e capitaliza o espaço televisivo que vem a reboque do carisma que possui. A igreja católica se manifesta para protestar contra a continuidade do carnaval durante a Quarta-Feira de Cinzas. O ex-cardeal da Bahia e arcebispo primaz do Brasil Dom Lucas Moreira Neves, que durante anos recriminou

O ritual do Arrastão no Cristo de Ondina (ao fundo) leva
um mar de gente atrás dos tambores da Timbalada.

O DJ Mau Mau experimentou ser cacique ao lado de Daniela Mercury
no trio eletrônico na *mega-rave* do carnaval 2000.

sem sucesso o prolongamento da festa, afirmou em 1998 ao jornal *Folha de S. Paulo*: "A minha opinião é que não deveria haver carnaval na Quarta-Feira, mas não quero falar sobre o assunto outra vez. É como se eu estivesse pregando no deserto". A pressão da igreja católica contra a continuidade da festa no primeiro dia da quaresma levou a prefeitura de Salvador a anunciar o término do carnaval de 2000 às seis e meia da manhã. No entanto, na Quarta-Feira de Cinzas, por volta das onze horas, Carlinhos Brown comandava a multidão pipoca que formava o Arrastão no circuito da orla e contou também com a presença do trio Maderada, de Ivete Sangalo.

O carnaval é a conjunção de minirrituais, cada qual com seu músico-cacique. Ele é a trama musical em movimento, (re)criada coletivamente. Daniela Mercury trouxe a cena eletrônica para a festa de 2000 e surpreendeu as plateias com um trio independente, de estética *clubber*, onde os DJs Mau Mau, de São Paulo, e Jon Carter, de Londres, mesclavam *techno* com samba-reggae e *axé-music*. Claudio M., pesquisador do Núcleo Pragatecno, disse a Erika Palomino, da *Folha de S. Paulo*: "Os DJs fizeram um *crosssover* dos *grooves* sobre o que há de mais tribal no *axé*; quem sabe daí não saia algo local?". O desfile do trio eletrônico de Daniela no sábado de carnaval foi uma *rave* que Salvador ainda não havia experimentado. A riqueza dessa festa de ritmos é a troca de informação musical. Em uma semana de música ouve-se de tudo, o meio musical se atualiza e se renova. O ritmo das atividades do meio musical baiano tem essa festa como referência. Seu movimento cíclico indica o fim e o começo da trama dos tambores da cidade.

Na Liberdade, bairro de Salvador, o Ilê Aiyê é a tradução
popular e visceral da alma de uma comunidade negra.

47.
DESFECHO

A Bahia não virou Jamaica. Salvador não é Kingston nem Dacar, mas essas cidades, que trilham seus próprios caminhos musicais, se assemelham nas mesclas de tradição e modernidade em que tecem seus ritmos. Testemunhas de processos de sincretismo e mestiçagem, elas traduzem experiências sensíveis e visões de mundo particulares que reinventam paisagens sonoras.

Assim foi com o jazz e o blues nos Estados Unidos, a salsa em Cuba, o calipso em Trinidad e Tobago, o reggae na Jamaica e o samba no Brasil. Os ritmos do Novo Mundo são um reservatório de ideias musicais e de conceitos estéticos inovadores que vêm influenciando o cenário pop internacional, através da incorporação de seus elementos, como o *swing*, o *groove*, o *dub* e o *fusion*, tidos como signos negros.[23]

Simon Frith afirma que a característica mais marcante da música popular ocidental no século XX é como ela absorve e, ao mesmo tempo, é absorvida pelas formas e convenções afro-americanas. De fato, etnomusicólogos e socioantropólogos tendem cada vez mais a afirmar, como Isabelle Leymarie, que em todas as sociedades negras e mestiças, nas várias partes do planeta nas quais as diásporas encontraram lugar, a música é uma forma de expressão popular, visceral e privilegiada. A Bahia é um desses lugares.

Os ritmos baianos são uma parte importante da história musical brasileira e têm sido um dos principais elementos divulgadores da imagem da Bahia. Mas a sua massiva divulgação e ascensão comercial fomentou, entre os personagens do meio, uma ufania. Margareth Menezes chegou a declarar em 1993 ao jornal *A Tarde*: "Os baianos precisam se cons-

---

[23] *Swing*: intraduzível nos parâmetros da musicologia tradicional, o termo se refere a uma qualidade flexível de natureza pulsativa, orgânica, um fenômeno que é da ordem da duração e não do tempo, que anima o ritmo sugerindo a dança. *Groove*: gíria que designa uma batida (*beat*) ou uma interpretação com *swing*. *Dub*: dobra, repetição de frases musicais, feita principalmente pelo baixo, acompanhada de falas performáticas. *Fusion*: mesclas de estilos musicais populares. (Segundo Cristophe Pirenne, *Vocabulaire des musiques afro-americaines*, Paris, Minerve, 1994.)

cientizar de que estamos sendo a mola mestra deste país em todos os níveis. Estamos chamando a atenção do mundo para cá". A autoestima dos músicos baianos, a despeito das críticas que apontam uma baixa qualidade artística da maior parte de sua produção, pode estar fincada não somente em razões históricas, mas também na sua capacidade de satisfazer e perpassar todas as camadas sociais de Salvador. A música é uma das formas de expressão mais acessadas da cidade.

Mas, depois de quinze anos de estrada, a produção musical mais conhecida como *axé-music* vive um declínio como fenômeno de mídia. A mídia especializada comemora uma derrocada em termos de shows, vendagem de discos e veiculação televisiva. E isso não passa despercebido pelos músicos baianos. Para Carlinhos Brown, "não existe mais aquele sucesso que havia. É preciso ter frieza para encarar essa realidade. Eu procurei caminhos, como um protagonista deste movimento, mas creio que eles não interessam ao mercado. [...] A beleza foi substituída pela abundância, pela necessidade de se dar bem".

É certo que o mercado tem suas regras, um gosto pela homogeneidade. No caso do afro-pop baiano, há uma acomodação no padrão negociado com a indústria fonográfica. Os modelos musicais mestiços exigem uma pesquisa para que se possa perceber que tipo de sonoridade vai realmente sofisticar os ritmos e as melodias. Mas a inclusão dos instrumentos harmônicos nas bandas de samba-reggae, por exemplo, não se originou desse tipo de estratégia.

Não raro, o samba-reggae é considerado uma versão *standard* das fusões que deram origem à *juju music* ou ao *afro-beat* de Fela Kuti, Salif Keita, Youssou N'Dour ou Dodou Rose, músicos africanos que dialogam com ritmos latinos e anglo-saxões, como a salsa, o calipso, o pop-rock e o *rhythm'n'blues*. A ausência de pesquisa musical e a acomodação numa fórmula de sucesso podem ser as grandes responsáveis por uma pobreza estética, que desgasta o ritmo afro-baiano e coloca a falta de criatividade como pauta do dia.

Esse desgaste é um prato cheio para aqueles que insistem em rotular as diversas formas de expressão musical da Bahia como "música baiana". Mas não acontece o mesmo com a música de outras regiões do país. Não se fala em "música carioca", "música paulista" ou "música mineira". Por que razão o baião, o maracatu, o samba-reggae, enfim, os produtos musicais do Nordeste são tratados como "música regional"?

Os estilos produzidos em Salvador são música popular brasileira. Estão enraizados na vida cotidiana de um povo. Não são um parque de diversões que abre e fecha. Assim como os ritmos sertanejos e o pop-rock, que também tiveram momentos de pico comercial, terminam garantindo algum espaço no mercado, não desaparecem depois da queda de consumo. No carnaval do ano 2000, o frevo, por exemplo, retornou à cena para comemorar cinquenta anos de trio elétrico. Moraes Moreira colocou na rua seu trio independente, o Chame Gente, para deleite dos fãs de antigos carnavais.

Assim como a "velha fobica" inaugurava, no meado do século, um novo estilo de brincar o carnaval e, nos anos 80, o samba-reggae mudava a cara da música produzida na Bahia, a grande festa dos ritmos pode sempre revelar surpresas.

Apêndice
A LINGUAGEM DO SAMBA-REGGAE

Ouvir, olhar, imitar. Esse é o método de aprendizagem da percussão afro-baiana. Na foto, Paulinho Munhoz, professor da Escola de Música Didá, ao lado da aprendiz Titi.

48.
ORALIDADE, IMPROVISAÇÃO E CORPORALIDADE

Uma das principais características da linguagem percussiva popular é a oralidade, a transmissão oral de conhecimento, que lhe confere o *status* de música popular, deixando-a definitivamente fora do polo erudito. A linguagem percussiva é transmitida por observação e audição seguidas de imitação. Trabalha principalmente com a exploração do som e com a improvisação.

Na música erudita, ao contrário, trabalha-se com composições anotadas em partituras que devem ser interpretadas o mais fielmente possível pelos executantes (embora isso dificilmente aconteça, pois cada executante interpreta a partitura com alguma singularidade). É uma outra maneira de estruturar, de compor. A divisão de papéis que se verifica na música erudita entre compositor (criador) e instrumentista (executante), não é observada na música percussiva. Além disso, enquanto a primeira enfatiza a melodia e a harmonia, a segunda enfatiza o elemento rítmico. Essa predominância do ritmo na música percussiva, embora os outros elementos também estejam presentes, influencia a forma de composição, mostrando que as ideias musicais andam de mãos dadas com os modelos sonoros que se criam.

A percussão é dificilmente capturada pela notação musical que foi elaborada para dar conta da música harmônica erudita. Na verdade, a teoria musical que orienta sua grafia, no caso da percussão sinfônica ou erudita, tem muito pouco a ver com o que acontece em termos de produção popular. Ela serve apenas como um material de base para a análise, mas não tem muita serventia para a música percussiva. Foi criada para a melodia, para a harmonia, ou para a relação entre linhas melódicas.

A notação ocidental aplicada à percussão afro-baiana vale para dar uma noção de alguns conceitos básicos, mas a percussão precisa ainda de outras informações, outros conhecimentos para ser abordada de forma completa. Segundo a etnomusicóloga Angela Lühning, "a música percussiva tem muito mais recursos e outras riquezas que não fazem parte da música ocidental erudita, então não adianta correr atrás dessa teoria musical que você não vai achar uma resposta, e também não faz sentido reinterpretar conceitos porque eles estão presos a um determinado tipo de música".

Dos elementos básicos da música afro-baiana— ritmo, melodia e harmonia —, o ritmo é o que apresenta mais dificuldades para a escrita, pois sua duração e altura não correspondem aos padrões ocidentais. O ritmo é uma maneira de decompor o tempo, uma combinação de sons e silêncios. Segundo Henri Lefebvre, "os ritmos implicam repetições e podem se definir como movimentos e diferenças na repetição", que originam diversas formas de tensão entre o tempo e o espaço, reguladas por leis racionais e sensoriais.

Há tentativas de criar convenções, padrões de escrita, segundo Lühning, "através da criação de sinais, de alternativas para expressar a duração daquela batida em relação a outras durações dentro dos sinais convencionais que existem. Mas, muitas vezes, pode ser que você tenha que criar, porque a técnica de como produzir aquele som pode não ter sido abordada pela notação ocidental". A partir disso, pode-se chegar perto do resultado auditivo; no entanto, essa forma gráfica não substitui a audição do evento sonoro e serve, no máximo, como um mapa para o percussionista.

De fato, a escrita percussiva está em desenvolvimento, talvez por ter alcançado reconhecimento ou ainda impulsionada pelos contatos interculturais. Busca-se escrever para capturar as mais variadas formas de percussão que podem ser observadas em todo o planeta e a partir daí reproduzi-las fora de seus contextos de origem. Mas os resultados são quase sempre indicações mais ou menos precisas, já que a capacidade de criar, de improvisar, vai muito além da possibilidade de decifrar graficamente o evento sonoro. A prática é muito mais rica que a teoria.

A leitura de partitura é vista, por alguns atores da cena de Salvador, como um passo evolutivo na carreira do percussionista. Segundo Roni, professor de percussão da Oficina de Investigação, "este aprendizado permite não somente dialogar com músicos de todo o mundo como também eleva os cachês dentro dos estúdios". Para Shafick Patriarca, professor de percussão da Escola Manoel Novaes, a leitura de partitura é importante para o desenvolvimento da percussão, "ela dá uma noção maior para ouvir e interpretar. É a base a partir da qual se pode compor". Esse conhecimento mais amplo, mesmo não sendo largamente disseminado, ainda segundo Patriarca, serviu entre outras coisas para profissionalizar o mundo da percussão. "As pessoas tocavam em troca de favor, agora elas tocam em troca de cachês."

No entanto, esse interesse pela teoria ocidental existe da parte de alguns poucos personagens que receberam a informação clássica europeia, ou ainda entre aqueles que tiveram experiências musicais fora do Brasil. Mas a maior parte dos percussionistas não compartilha desse ponto de vista, preferindo defender a validade das teorias musicais africanas. O *reggaeman* Ubaldo Waru, que conhece teoria musical ocidental e foi professor de percussão da autora, acredita que o ritmo "é um comportamento" que não pode ser determinado por regras impressas em códigos rígidos. "É certo que dentro de um estúdio de gravação com músicos das mais variadas formações isso pode ajudar, mas não é o mais importante, porque não é ela que vai dar forma ao trabalho do músico."

O trabalho do percussionista nos últimos anos não passa pelo domínio da teoria musical europeia. Mesmo desconhecendo inteiramente o aparato teórico ocidental, eles recebem cachês por apresentação que têm valor mínimo estipulado em R$ 100 e pode alcançar até R$ 300, dependendo do evento. Além disso, realizam viagens nacionais e internacionais e boa parte já registrou seu trabalho em CD.

Segundo Paulinho Munhoz, professor da Escola de Música Didá, "a partitura não faz parte do mundo da percussão, pegou [o ritmo], vai embora". Os arranjos também são elaborados "de ouvido" pelo mestre ou produtor. No caso da Didá, antes da oralidade se estabelecer como forma exclusiva de transmissão de conhecimento, houve tentativas no sentido de aproximar as percussionistas das matérias clássicas da teoria musical europeia, mas todas fracassaram. Apesar dos esforços do idealizador da banda, Neguinho do Samba, em incutir um gosto pelo aparato escrito da arte musical, as aulas de musicalização tiveram vida curta.

A diretora de cultura da Didá, Víviam, afirma: "Nós fizemos de tudo pra empurrar partitura, contratamos professores muito bons, mas elas não querem". A maestrina Adriana Portela tenta explicar os motivos da rejeição: "A partitura é uma coisa muito complicada, parece uma matemática. Você não pode piscar e sair fora de jeito nenhum". Segundo Eliana, percussionista da Didá, "na percussão, você não precisa ler partitura, você precisa é de ouvido musical", comenta.

Tudo leva a crer que a dificuldade de capturar graficamente a percussão reside na impossibilidade de superar uma diferença básica: a escrita é estática, o ritmo é movimento. No mundo da percussão, a transmissão oral sobrevive como estilo e demonstra a tese de Pierre Lévy, para quem "a persistência da oralidade primária nas sociedades modernas" deve-se sobretudo "à forma pela qual as representações e as maneiras de ser continuam a transmitir-se independentemente dos circuitos da escrita e dos meios de comunicação eletrônicos".

Mesmo a partir dos anos 70, com as transformações tecnológicas e a crescente circulação de informação musical, promovida também pela presença de músicos estrangeiros (que forneceu algum tipo de subsídio teórico ocidental para os percussionistas que apareceram nos anos 80 e 90), o quadro se alterou timidamente. O conhecimento oral continua sendo a regra entre os percussionistas baianos.

Um outro elemento da linguagem percussiva é a improvisação. O improviso é um evento sonoro que se cria no instante mesmo da execução musical. Ele é fruto do imprevisto, da inspiração do músico durante a realização de um solo. Sua realização confere o direito de modificar as peças da base sonora e de inventar novos modelos musicais. O improviso já foi um procedimento comum na música erudita na época barroca mas foi perdendo força com o domínio do classicismo na escola europeia, embora não seja ignorado. Segundo Jean Düring, o improviso confere respeito ao músico, que ganha *status* de solista, já que implica uma contribuição pessoal à forma musical, e permite ultrapassar a situação de executante neutro ou passivo. No instante do improviso, os outros músicos passam a agir como acompanhantes, estabelecendo-se, assim, uma relação entre o solista e o conjunto.

A improvisação não se adéqua às circunstâncias em que a música se reveste de um caráter funcional ou protocolar como na música erudita, na qual o executante se apresenta para repassar fielmente o trabalho do compositor. Ao contrário, na música percussiva, nota-se uma grande flexibilidade de interpretação num contexto informal, em que as partes improvisadas correspondem a um crescimento do *impacto expressivo* e são frequentemente desejadas tanto pelos músicos como pela audiência.

Ainda segundo Düring, improvisar é se adaptar aos ouvintes e às ocasiões, é uma maneira de se dirigir ao público, de interagir com ele. "É preciso interessar o ouvinte trazendo uma parte de imprevisto à interpretação. É preciso neste caso provar que não se é apenas um hábil executante e afirmar sua liberdade, sua criatividade." O público não espera uma performance padrão, ele quer uma interpretação personalizada, colorida por rasgos de criatividade e inspiração. No entanto, nem sempre os ouvintes têm conhecimento musical suficiente para reconhecer as nuances do improviso.

Grande parte dos musicólogos e etnomusicólogos concordam em diferenciar pelo menos dois tipos de improviso, chamados de *improvisa-*

ção criativa e *improvisação estratégica*. A primeira cria no ato novos elementos estético-musicais, que, quando bem realizados, terminam por revelar um completo domínio da lógica do sistema musical do qual participa. A segunda opera com diferentes possibilidades de improviso já realizados e registrados, podendo ser repetido por qualquer músico em outros eventos musicais. De qualquer forma, improvisar é falar subjetivamente uma linguagem musical. É colocar em jogo uma expressão espontânea do músico, de seus sentimentos, manifestando os signos da reverência (no caso da estratégia) ou do gênio (no caso da criação).

Um terceiro elemento da linguagem percussiva é a corporalidade. Um dos cânones da música africana ou de inspiração africana, como a música percussiva afro-americana, é a inseparabilidade entre música e dança. O ritmo propõe a dança e isso se manifesta no próprio corpo do percussionista, fazendo do ato de percutir uma verdadeira coreografia. Esse é um outro elemento complicador da escrita percussiva.

O gesto é o elemento-chave da arte de percutir, um fator criativo em si mesmo, uma fonte inesgotável de ideias musicais. Para Bernadete Zagonel, "é o gesto que engendra o som. Assim, a uma certa qualidade gestual corresponde inevitavelmente uma certa qualidade sonora, tanto na dinâmica quanto no timbre do som". A reprodução do gesto perfeito corresponde à realização da intenção do executante, que compreende a postura corporal em relação ao instrumento, a dinâmica das mãos, o movimento dos braços e a qualidade e intensidade do som.

A gestualidade é aperfeiçoada também através de exercícios de coordenação motora, que buscam desenvolver a ambidestreza, e de respiração, que varia de acordo com o instrumento tocado. Depois de alcançada essa sintonia, que exige muita concentração, cabe ao mestre ou maestrina ensinar cautelosamente a cada aprendiz como fazer para percutir, em determinado instrumento, o conjunto de toques característico do ritmo em questão. Cabe ao discípulo realizar os exercícios corporais para ver, ouvir e imitar todos os gestos do mestre.

A visualização de todo o gestual do mestre e a audição do som são condições *sine qua non* para realizar o evento sonoro. A imitação é a chave do processo de aprendizagem da música percussiva. Como a imitação raramente é perfeita, a repetição do gesto introduz elementos mais ou menos aleatórios de flutuação, de modificação, de improviso ou de criação. Nas músicas de tradição oral, se comparadas às músicas eruditas, o conhecimento se transforma muito mais rapidamente, permitindo uma maior liberdade criativa.

A predominância da imitação como forma de transmissão de conhecimento implica uma aproximação com o meio em que essa forma musical se cria e se desenvolve. É preciso ouvir o evento sonoro, ver de que forma o músico toca, para então saber como o som é produzido. Só o contexto pode informar como se produz o som, como se percute, como se ensina e aprende, como se imita o gesto percussivo, enfim como a linguagem percussiva se reproduz. O contexto é o lugar da convivência, no qual a linguagem musical é atualizada cotidianamente pelas múltiplas interações que estão continuamente modificando padrões, criando novas rítmicas, novas linhas melódicas e outras formas de percutir.

49.
OS INSTRUMENTOS

O primeiro passo para o aprendizado da percussão é a escolha do instrumento que vai ser tocado. De modo geral essa escolha corresponde a uma expressão de personalidade e estilo. O instrumento deve se adequar ao corpo do percussionista, sendo uma espécie de prolongamento dele. A música percussiva é feita basicamente em tambores. O tambor é um instrumento muito variado, existe uma infinidade de tipos, e a banda de samba-reggae é composta geralmente de sete modelos: fundo, marcação (ou dobrando) de uma, marcação (ou dobrando) de duas, repique, tarol, timbau e timbales.

Esses instrumentos, cuja origem é difícil determinar, têm procedências variadas. Tanto a Europa como a África e a América Central contribuíram para a formação do conjunto de tambores difundidos no universo percussivo brasileiro. Esses tambores, hoje considerados afro-brasileiros, delinearam o mundo da percussão na Bahia, e a efervescência provocada pelo samba-reggae permitiu a transformação dos instrumentos. Segundo o fabricante Bira Reis, "depois do Ilê Aiyê começou um tal de pegar lata pra fazer tambor, comprar máquina de solda, e se fazia de tudo, repique com oito varões, surdo com quinze, em vez de pele colocava lona, botava fita crepe. Foram experiências, porque você tinha cem surdos na mão, então podia fazer o que queria, desmontava, trocava pele, afinava diferente".

É verdade que os principais blocos dispunham de uma quantidade considerável de tambores, pois suas baterias contavam com cerca de 200, 300 homens. Desde os anos 60, com as baterias dos blocos de índio, os tambores deixaram de ser de madeira (na sua maioria) e passaram a ter seus bojos confeccionados em alumínio. Além disso, a pele de animal foi substituída em larga escala pela pele sintética, fabricada industrialmente, e as baquetas também sofreram transformações.

Neguinho do Samba esteve diretamente envolvido nesse processo. "Como o samba-reggae era um ritmo diferente eu resolvi mexer no tamanho dos aros dos surdos, o alumínio e os varões eu mandava fazer aqui mesmo, e as peles, Humberto, da Gope [fábrica de instrumentos de São

TIPOS DE SURDOS

Fundo

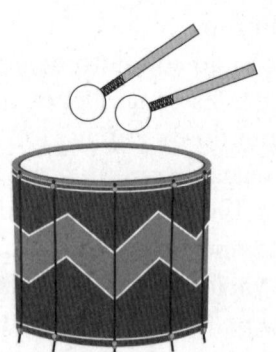

Marcação de uma

Marcação de duas

Paulo], me mandava. Eu resolvi experimentar fechar os surdos embaixo, porque nas bandas que eu participava quando era menino não tinha pele embaixo, e era o mesmo aro daqueles instrumentos de escola de samba, na verdade era escola de samba aqui na Bahia", explica o mestre. A partir daí, esses novos instrumentos passaram a ser utilizados pela maior parte das bandas percussivas de Salvador. Mas é preciso deixar claro que apesar de haver um padrão no conjunto de instrumentos das bandas de samba-reggae, existem variações, seja no tipo ou no número de cada um deles. Essas diferenças dependem não somente do grupo, mas também do espaço onde a atividade percussiva está sendo desenvolvida: na rua, no palco ou no estúdio — na rua, por exemplo, o número de tambores é muito maior do que no estúdio.

Os tambores da maioria das bandas de samba-reggae de Salvador são membrafones de tipos e tamanhos variados e ocupam as seguintes posições no conjunto: um timbales para o mestre que rege; na linha de frente, três repiques; na linha intermediária, um tarol, um timbau e os surdos: uma marcação de uma e duas marcações de duas; na linha de fundo, dois surdos maiores, chamados surdão ou fundão.

Os *surdos*, na banda samba-reggae, são basicamente os mesmos das baterias das escolas de samba cariocas. A procedência destes surdos das bandas brasileiras é africana, com influência europeia. Eles têm três tipos muito semelhantes: o fundo, a marcação de uma e a marcação de duas. Estas diferenciações, que têm terminologias variadas dependendo da região do país, são apenas diferenças nos aros e no peso dos instrumentos. (No Rio de Janeiro, por exemplo, são chamados de *surdo de primeira*, *surdo de segunda* e *surdo de terceira*.) O *fundo* tem um aro de 24 polegadas de diâmetro e chega a pesar 11 kg; a *marcação de duas*, um aro de 22 polegadas, com peso médio de 10 kg; e a *marcação de uma* comporta um aro de 20 polegadas, com peso de 9 kg. Ao tamanho dos aros e ao peso dos instrumentos correspondem as variações de timbre, que oscilam do mais grave ao menos grave passando pelo médio. Os surdos são compostos das seguintes partes:

Bojo — é o corpo do instrumento, feito em alumínio, de formato cilíndrico; do seu peso depende o tipo de som que será produzido.

Pele — é a cobertura do tambor, uma membrana sintética na qual o som será produzido, por meio dos toques que percutem sobre ela.

Aro — diâmetro de ferro que serve para acoplar as peles superior e inferior ao bojo do instrumento, assim como para fixar os varões.

Varão — é um fino pedaço de ferro que interliga a parte superior de um aro à parte inferior do outro aro. Um tambor geralmente comporta seis ou sete varões e sua extremidade superior é envergada.

Porca — pequeno utensílio de cobre que prende o varão ao aro. É o ponto final da armação de um tambor e é por ela que se inicia o processo de afinação do instrumento.

Arruela — é uma peça de cobre que fixa o varão e permite a afinação, dando suavidade ao som do tambor, ajudando a definir sua sonoridade.

Esses três tipos de surdos maiores são percutidos com duas baquetas fabricadas artesanalmente. Cada baqueta é feita com um pedaço de cabo de vassoura de cerca de 35 cm de comprimento, espumas finas e grossas, cordão, tecido, fita crepe e cola. A fabricação da baqueta consiste em serrar o cabo da vassoura no tamanho desejado, passar cola em uma das pontas e em seguida enrolar uma tira de espuma grossa na extremidade, obtendo-se uma forma esférica. A espuma fina recobre essa parte, dando-lhe uma forma ainda mais arredondada, e é presa com cordão, que deve ser amarrado firmemente, e deixa-se a cola secar. Depois de seca, a cabeça é forrada com tecido e novamente amarrada com barbante. O acabamento fica por conta da fita crepe que envolve a circunferência da madeira logo abaixo da cabeça redonda de espuma. Isso feito, a baqueta está pronta para percutir a membrana dos tambores.

O *repique* é um pequeno surdo de 5 kg, antes chamado de repinique. Ele é feito em latas de manteiga de alumínio, tem de 12 a 13 polegadas de altura, produz um som agudo e se posiciona na linha de frente da banda de samba-reggae. Diferentemente do Rio de Janeiro, onde o instrumento é percutido com uma vareta e uma mão nua, em Salvador ele sofreu modificações não somente na terminologia mas também na maneira de ser tocado. Segundo o fabricante Bira Reis, "o vime é uma invenção de Neguinho do Samba, mas o tocar com duas varinhas vem do candomblé. Antes, aqui na Bahia, o repique era tocado com uma mão e uma varinha [como no Rio], mas já tinha um jeito diferente de fazer o som, parecia escola de samba mas era uma coisa mais cadenciada, mais ritmada, com uns solos que pareciam jazz". A modificação na forma de tocar o

AS PARTES DE UM SURDO

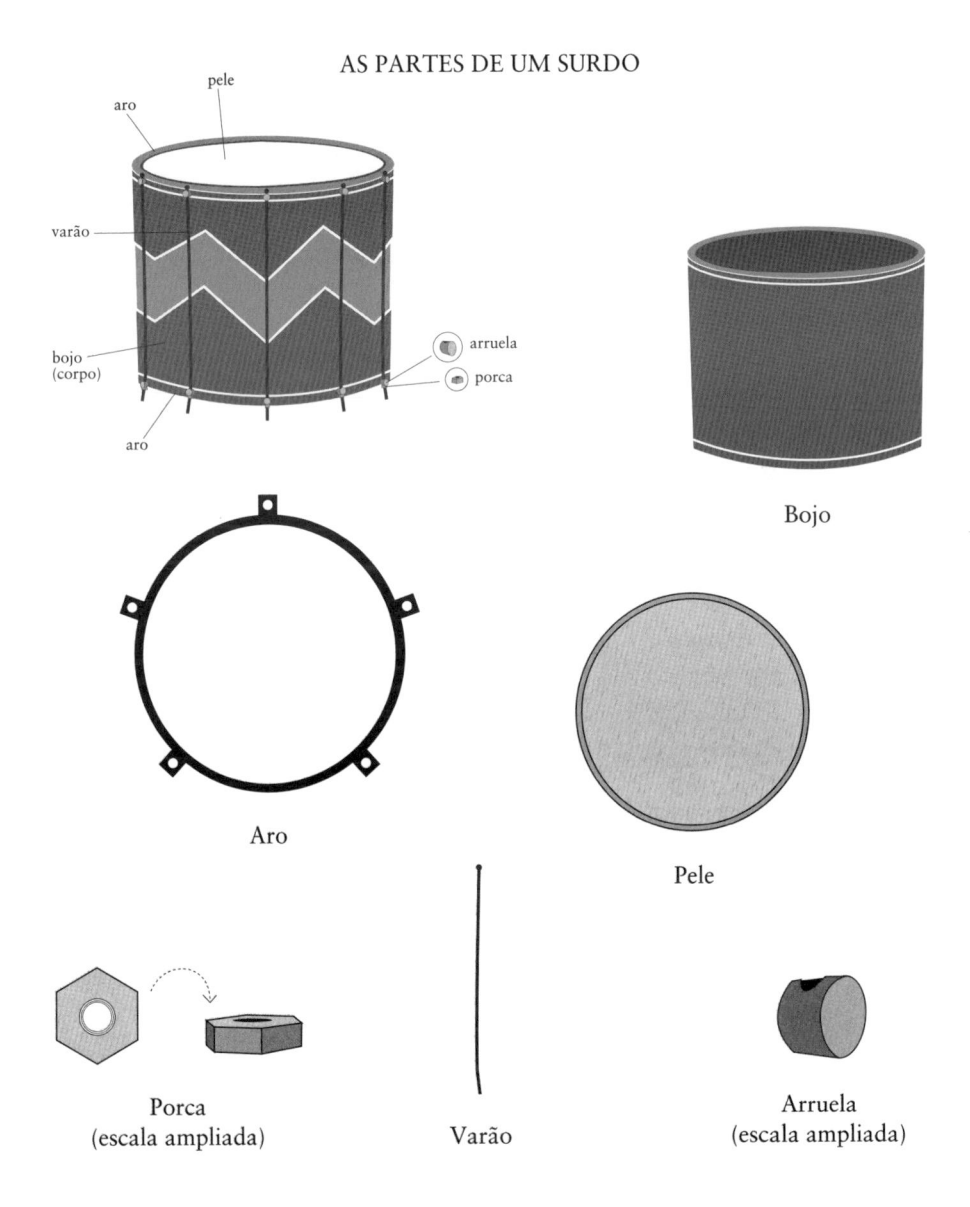

pele

aro

varão

bojo
(corpo)

aro

arruela

porca

Bojo

Aro

Pele

Porca
(escala ampliada)

Varão

Arruela
(escala ampliada)

repique coincide com a invenção do samba-reggae, e consiste na utilização de duas varetas de vime com cerca de 50 cm de comprimento que batem sobre a pele sintética. Normalmente as baquetas de vime são adquiridas de marceneiros que trabalham com esse tipo de madeira; elas são molhadas e depois de secas têm uma de suas pontas envolvidas em fita crepe: é esta ponta do vime que percute a membrana do repique.

O *tarol* ou caixa de guerra é um tambor de procedência europeia. Segundo o estudioso Bira Reis, "essas caixas eram usadas nas guerras inglesas e francesas para fazer caminhar os soldados". Os diâmetros embaixo e em cima, bem como a esteirinha de metal, sinalizam que se trata de uma versão europeia. É um instrumento de 14 polegadas de diâmetro, com duas membranas, uma em cima outra embaixo, que produzem um som agudo, e é percutido com um par de baquetas pequenas de madeira. Diferentemente das baquetas dos surdos, que são produzidas artesanalmente, estas que percutem o tarol são adquiridas em fábricas, totalmente em madeira, e têm cabeças levemente arredondadas que precisam ser polidas em tamanho padrão.

O *timbau* é um tambor brasileiro que, segundo o fabricante Bira Reis, "foi industrializado nos anos 30. Mas ele vem de um outro instrumento muito usado no Rio de Janeiro, que é o caxambu, do jongo". Na Bahia, o timbau é usado desde os primórdios do afoxé Filhos de Gandhy, "mas com outra versão, em tamanho pequeno, com pele de cobra, e cordas. Agora, o timbau desta forma que a Timbalada usa, com tarraxas [parafusos], aparece no Bando da Lua, que acompanhava Carmem Miranda", informa o estudioso. É um instrumento de madeira, com cerca de 5 kg, de bojo afunilado de 60 a 70 cm de altura, com 14 polegadas de diâmetro, coberto com pele apenas na parte superior. Essa membrana é percutida com as mãos e emite um som agudo.

O *timbales* é um instrumento afro-cubano. Ele é composto de dois tambores de formato semelhante ao do tarol, mas que têm apenas uma membrana cada, sendo que um deles tem 13 polegadas de diâmetro e o outro tem 14 polegadas. As duas "bocas" são sustentadas por uma armação de ferro. Ele vem sendo utilizado por muitos mestres de bandas de samba-reggae que dispensam o uso do apito (típico das escolas de samba cariocas) como meio privilegiado de condução da banda.

Cada instrumento desempenha um papel específico na construção da linguagem musical. Na banda de samba-reggae, o *timbales* é o instrumento do mestre, que conduz a banda; o *fundo* sustenta a base (ou o andamento) do ritmo; a *marcação de duas* sustenta a base do fundo; a *mar-*

OUTROS TIPOS DE TAMBOR

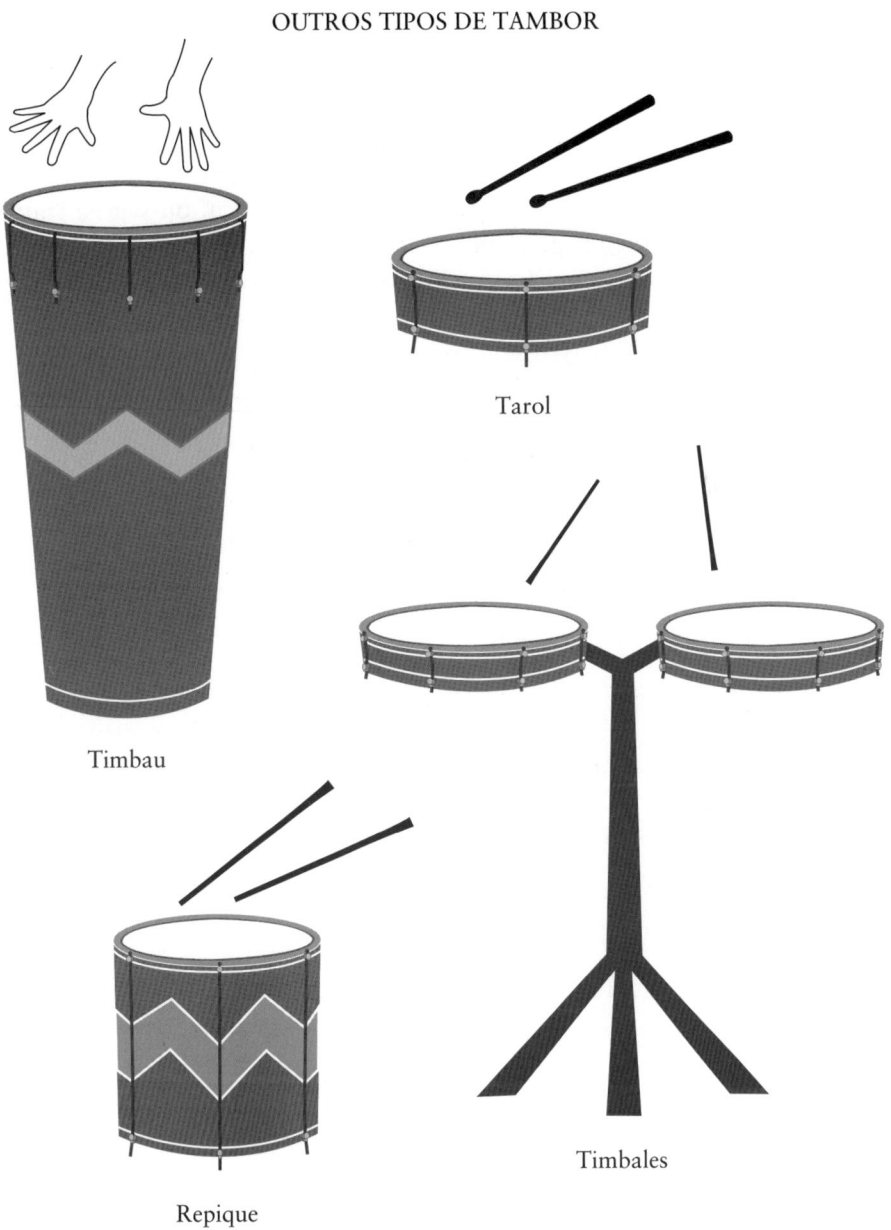

Timbau

Tarol

Repique

Timbales

cação de uma é base da marcação de duas; o *tarol* ou caixa é a base do repique; o *repique* serve de base para todos os outros instrumentos; e o *timbau* é um instrumento independente, que trabalha a partir da improvisação. A esse conjunto somaram-se, no início dos anos 90, os instrumentos harmônicos. O *teclado*, que define a estrutura melódica da canção; a *guitarra*, que cumpre uma função semelhante à do repique; o *sax*, que enfeita os arranjos, com solos ornamentais. As bandas utilizam também um *baixo*, porém de forma intermitente, o que permite afirmar que esse instrumento não parece ter uma função específica, ou seja, a trama musical do samba-reggae pode prescindir do baixo, cuja sonoridade grave é facilmente abafada pelo peso dos surdos.

50.
AFINAÇÃO DOS TAMBORES

A afinação é um dos aspectos mais complexos da percussão na Bahia. Trata-se de um trabalho absolutamente experimental, embora seja um procedimento fundamental. A afinação de tambores é quase sempre uma tarefa para mestres de percussão e se constituiu num processo particular. Novamente é a oralidade que vai caracterizar o aprendizado e a transmissão do conhecimento de mestre para aprendiz. Os procedimentos de afinação também foram modificados no processo de criação do samba-reggae. "No começo a afinação era muito deficiente, até porque as peles de animal desafinavam quando molhadas pela chuva. Com as peles sintéticas a coisa foi se aprimorando, foi se pegando afinações em [intervalos de] terças e quintas, refinando mais. Hoje em dia, você pode transformar a sonoridade dos surdos, deixá-los agudos, antes era tudo muito mais grave", explica Bira Reis.

Para ilustrar o trabalho de afinação dos instrumentos da banda samba-reggae, será descrito o procedimento realizado por Neguinho do Samba, enquanto mestre da banda Didá, levando em consideração a particularidade do método. "Aqui na banda nós temos uma afinação diferente da banda do Olodum, do Ara Ketu, do Ilê. Cada banda de percussão tem uma afinação diferente", explica o mestre em uma sessão de afinação realizada no pátio da gravadora WR, quando da gravação do primeiro CD da Didá Banda Feminina, em 19 de julho de 1997. O mestre estava cercado de aprendizes que olhavam atentamente a execução da tarefa responsável pela qualidade de som dos tambores.

Os primeiros instrumentos afinados foram os surdos. Neguinho do Samba pegou um dos fundões e iniciou o processo de afinação, que consiste basicamente no ajuste dos varões que fixam a membrana no bojo do instrumento a fim de estendê-la adequadamente. O trabalho começa pela retirada desses varões, um de cada vez. O passo inicial é o afrouxamento das arruelas ou roscas de baixo e de cima que permitem que o varão fique folgado o suficiente para ser removido. Depois da remoção, sua ponta é levemente diminuída com um serrote e ele é recolocado no bojo. Depois de recolocar também as arruelas nos varões, o afinador

Neguinho do Samba afina o tarol da banda Didá
no Verde Studio em Salvador.

utiliza uma chave de fenda para apertá-las. O segredo da afinação consiste na medida desse aperto, que deve provocar na membrana a tensão ideal para receber os golpes percussivos. Depois de apertar todos os varões, o mestre percute o instrumento para perceber a sonoridade produzida. Se o som emitido estiver perfeito, segundo seu "ouvido", a afinação estará concluída.

Depois de afinar os três tipos de surdo, e os repiques, nos quais o mesmo procedimento é repetido, o mestre pega o tarol e inicia a afinação. O trabalho se repete no que diz respeito aos varões, mas essa afinação é um pouco mais complexa por causa da esteira de metal que compõe o instrumento. Ela deve estar muito bem estendida e tem que ser protegida por uma porção de espuma, presa ao bojo com fita crepe. Esse "remendo" serve para abafar a ressonância que os varões emitem no momento do toque. A quantidade de espuma e o lugar exato onde ela deve ser fixada são os maiores segredos da afinação do tarol. A afinação dos timbales obedece ao mesmo procedimento do tarol, e o último instrumento a ser afinado é o timbau. Sua afinação consiste em apertar adequadamente as tarraxas que seguram a membrana. Segundo o mestre, "cada afinação que se dá em um instrumento pode emitir várias tonalidades de som, mas é preciso ajustar bem, pois se você aperta muito, o som sai abafado, e se você folga muito, fica com ressonância".

Este é um exemplo de um processo de afinação relativamente novo, que coincide com a invenção do samba-reggae e a modificação dos instrumentos nos anos 80. Um dos raros trabalhos em organologia afro-brasileira é a descrição de Melville J. Herskovits, publicada em 1946, *Tambores e tamborileiros no culto afro-brasileiro*, que mostra que os tambores eram muito diferentes até os anos 50. O texto focaliza os tambores utilizados nos rituais e mostra que o material empregado para sua confecção era madeira (troncos ou barris), pele de animal (veados, cabras ou bezerros), cordas, azeite de dendê e verniz. E as baquetas, chamadas *agidavi*, eram feitas "de madeira resistente — pitanga ou ingá", que resistiam cerca de três a cinco anos.

Até os anos 60, tambores desse tipo foram levados às ruas na ocasião das procissões e dos carnavais. A partir de então, as inovações tecnológicas puderam ser notadas com mais clareza e os instrumentos passaram a ser fabricados com outros materiais, que os tornaram mais leves. As madeiras começaram a ser substituídas pelo alumínio; as peles de animal, pelas membranas sintéticas; e as cordas, pelos varões de ferro ou por tarraxas. Além disso, muitos outros detalhes, como aros, arruelas, porcas, foram acrescentados como elementos fundamentais da fabricação de tambores. E toda essa dinâmica de reinvenção de instrumentos alcançou um clímax no processo de invenção do samba-reggae, responsável pela proliferação de baterias.

51.
A TERMINOLOGIA

A elaboração da terminologia dos grupos percussivos é um processo altamente dinâmico e microcontextual, pois vai sendo inventada ou transformada no momento mesmo da produção musical. Na verdade, cada conjunto percussivo desenvolve no processo interativo uma terminologia própria. A oralidade é, de fato, um campo fecundo para a criação de uma infinidade de terminologias que não são apenas verbais mas também gestuais. Além dos vocábulos usados para descrever o fato sonoro, como *variação*, *quebrada*, *levada*, *convenção*, *suingue*, o mestre (regente) da banda trabalha com sinais gestuais que orientam a execução musical dos percussionistas. Esses gestos, bem como os vocábulos, apresentam uma natureza mutante que depende da interação dos atores em cena. Assim, a terminologia da percussão, sendo particular a cada grupo percussivo, embora muitos vocábulos sejam comuns, é outro elemento que só pode ser apreendido no contexto da reprodução musical.

É interessante anotar a significação particular que os vocábulos adquirem no contexto de cada banda de samba-reggae, bem como os sinais gestuais utilizados para conduzi-la. Os termos utilizados nem sempre têm uma interpretação consensual. Até mesmo a noção de ritmo, que pode ser entendida como uma maneira de decompor o tempo na construção de um modelo sonoro, não é compartilhada. Alguns percussionistas afirmam que "ritmo é a combinação de toques de cada surdo", como Víviam Caroline, da banda Didá. Para a maestrina da mesma banda, Adriana Portela, "o ritmo é a pulsação da música"; já para o mestre Neguinho do Samba, "o ritmo é a alma da música". Sem as amarras de conceitos estabelecidos, o evento sonoro é muito mais sentido do que compreendido no mundo da percussão.

O termo *improviso* não é utilizado nesse meio: ele é substituído pelo vocábulo *variação* ou *quebrada* e é entendido como uma modificação no ritmo em curso. Em termos etnomusicológicos, a variação é definida como batidas combinadas que dão ênfase a um determinado fraseado, conforme o professor de percussão Shafick Patriarca. *Convenção* é um outro vocábulo frequentemente utilizado no universo popular, também chamado de *uníssono* no meio erudito. Trata-se de uma variação coletiva, preestabelecida, que deve ser executada ao mesmo tempo, por todos os instrumentistas e se configura enquanto padrão rítmico: é o improviso estratégico. A oralidade joga um papel-chave nesse processo de construção particular de terminologia. É o fator que melhor explica as indefinições e variações terminológicas no interior de cada banda de samba-reggae, pois elas estão diretamente ligadas às trajetórias musicais dos atores e dos meios em que foram formados.

Além dos vocábulos (geralmente empregados nas pausas da execução musical, durante os ensaios), existem os gestos ou sinais visuais emitidos pelo mestre e/ou maestrina das bandas. Durante a execução de uma música, o gesto do mestre é, segundo Zagonel, "o meio mais importante que possui para fazer nascer a música existente em sua imaginação ao levar os instrumentistas a tocar". Esses sinais-imagens são resultado da dinâmica da interação do grupo. Eles mudam cada vez que uma *convenção* é estabelecida ou uma nova *variação* é incorporada ao universo sonoro de uma banda; quando isso ocorre inventa-se um sinal, um gesto que as descreva. O gesto realizado com as mãos (ou com varetas de vime usadas pelo mestre/maestrina) faz da imagem um recurso de comunicação entre mestre e percussionista. Os sinais visuais servem para indicar os silêncios, as pausas, as continuidades e suas devidas velocidades, a altura do som emitido pelos tambores, a finalização e o recomeço das frases musicais. A criação dessa linguagem é parte integrante do processo interativo entre os atores em questão, daí o seu caráter singular.

52.
O ENSAIO

O ensaio é o lugar da trama musical. É aí que a estrutura da linguagem sonora é construída. A descrição de um ensaio de uma banda de samba-reggae pode ajudar a imaginar esse processo de criação.

Quem desce e sobe a Rua João de Deus no Pelourinho já está acostumado a ouvir o batuque samba-reggae que soa o dia todo no sobrado 19. A velha casa abriga a sede da Escola de Música Didá, fundada em 1993 pelo então mestre da bateria do Olodum Neguinho do Samba. É ali também que acontecem os ensaios diários da Didá Banda Feminina, que inovou ao constituir um espaço feminino no universo da percussão.

Pelourinho, manhã de segunda-feira. As percussionistas da Didá se preparam para o trabalho. No último piso do casarão, num pequeno estúdio, a música se desenrola. De frente para a banda, o maestro Neguinho do Samba avisa que compôs uma letra e vai preparar uma música. Com suas baquetas ele vai até um *fundo* e faz o toque, repete uma ou duas vezes e a percussionista que porta o instrumento procura imitar o gesto que produz aquele som. Uma vez fixado, ela continua repetindo o toque que é a base do ritmo, ou seja, aquele que determina o seu andamento. Isso feito, o mestre dirige-se ao *tarol*, o instrumento que auxilia a manutenção do ritmo feito pelo fundo, que entre um toque e outro cede um espaço para o toque do tarol, que então é mostrado.

Entre os toques dos dois instrumentos continua sobrando um espaço e é aí que se inserem os novos toques produzidos pela *marcação de duas* (que sustenta a base do fundo) e pela *marcação de uma* (que sustenta a base da marcação de duas). Esses toques, como os outros, são mostrados individualmente. Cada uma das percussionistas se incumbe de repetir e fixar aquilo que lhes foi ensinado, e então o mestre dirige-se para o *repique*, instrumento da linha de frente, responsável pelo toque mais suingado, pelo movimento mais ágil, que propõe a dança. Por fim, larga as baquetas, vai até o *timbau*, e com as mãos nuas percute velozmente, sugerindo um improviso.

A essa altura, todas as garotas estão procurando reproduzir os toques ensinados. Então, o mestre pega o vime e se dirige ao *timbales* da maestrina, mostrando como reger a banda. A mímica agora é fundamental para orientar o conjunto dos toques que produz o ritmo. Erros e acertos no momento certo de fazer o toque e na forma de fazê-lo das percussionistas acontecem sob o olhar e o ouvido atentos do mestre. A cada toque errado, uma nova tentativa — a repetição do gesto é a base do aprendizado.

O ritmo passa a existir na medida em que todas as percussionistas conseguem uma dinâmica adequada, a precisão do toque feito no tempo certo e o entrosamento necessário para compor o conjunto de toques. Nesse ponto, elas alcançaram aquilo que se chama de *convenção*. Um padrão rítmico foi criado; no entanto, ele pode ser modificado no decorrer do processo. Diante do fato sonoro que está sendo produzido dentro daquele padrão, o mestre pode decidir inserir ou transformar determinadas frases musicais realizadas por alguns instrumentos. Ele está pretendendo fazer uma *variação* no ritmo.

E o trabalho recomeça. O gesto mímico informa que o fundão deve continuar naquele padrão, mantendo inalterada a base do ritmo; já o timbau deve *quebrar* o padrão, ou seja, deve variar ou improvisar desenvolvendo novos argumentos musicais a partir daquele que foi convencionado. O mesmo procedimento pode ser indicado para os três repiques, que devem desenvolver uma variação coletiva, em tempo pré-determinado. Assim o ritmo se enriquece, se desdobra, se move. E o ensaio continua.

Nesse momento de troca de experiências musicais transparece a relação que envolve mestres e percussionistas. No mundo da percussão, o mestre é quase uma entidade, a quem se deve respeito e obediência. Seu saber é inquestionável, seu ouvido é sempre o melhor. Alessandra, percussionista da Didá, comenta a respeito de Neguinho do Samba: "Depois de meu tio, que foi meu primeiro mestre, ele me ensinou tudo". "Ele é ótimo, porque passa segurança pra gente. Ele marca na hora certa, nunca vacila", afirma Lucélia. "A criatividade dele é muito grande", diz Elisângela, e a timbaleira Titi resume: "É um mestre perfeito". Um misto de reverência e fascínio une o discípulo ao mestre, visto como alguém que possui um dom divino.

A crença no dom musical é muito forte no meio percussivo. E os mestres sempre sugerem a influência de algo de sobrenatural quando convidados a falar sobre inspiração. "Quando as músicas nascem em mim, nascem com a tradução que elas querem. Elas são devoluções, eu só faço devolver o que não me pertence", afirma Carlinhos Brown. O mestre Neguinho do Samba gosta de recorrer ao divino para explicar o seu processo

Nos ensaios das bandas, os mestres mostram a cada
percussionista como realizar o toque perfeito.

criativo. "Eu tenho uma coisa que só os deuses podem responder pra mim. Esses ritmos eu não sei como acontecem, acho que tinha chegado o momento, e só o universo pode dizer por quê." A crença no dom, compartilhada no meio, é uma das razões para que o mestre seja tratado como uma "quase entidade" pelos discípulos.

Mas a observação do cotidiano musical dos mestres e seus discípulos mostra que o processo criativo passa por um aprendizado de experiências musicais que nasce na interação e não exatamente de uma iluminação. E isso não passa despercebido pelos discípulos. Para algumas percussionistas da Didá, pupilas de Neguinho do Samba, "ele tem o dom, mas a criação dele depende da gente, se a gente tá concentrada, tá tudo bem", afirma a percussionista Cristina. Segundo Elisângela, "cada ensaio que ele faz com a gente, ele cria variações e até mesmo ritmos". Se o talento e a inspiração são uma expressão do divino, como querem os mestres, é difícil saber, mas certamente tais "dádivas" são, também, o resultado de um trabalho intensivo, cotidianamente repetido pelos músicos em seus ensaios.

POSFÁCIO

A imagem de Neguinho do Samba (1955-2009) regendo a bateria do Olodum no Pelourinho para a performance de Michael Jackson no clipe da música "They Don't Care About Us", em 1996, dirigido por Spike Lee, foi uma das cenas mais acessadas do planeta naquele ano. Neguinho do Samba assinou o arranjo que fez dançar o corpo mágico do rei do pop. Mas esta não foi sua maior façanha.

Desde os anos 80, a música da Bahia está ligada ao seu nome, ao seu ouvido, aos seus gestos. O maestro é a imagem de um momento maior da história da música baiana-brasileira: a invenção do samba-reggae, um estilo percussivo que se caracteriza pela recriação de sonoridades afro--americanas e se tornou a marca dos blocos afro de Salvador.

Neguinho do Samba é a espinha dorsal desta forma de produzir som que renovou a musicalidade baiana. Isso incluiu tanto a modificação de instrumentos percussivos quanto a forma de tocá-los. Certamente nem é possível mensurar todos os feitos do Maestro, mas a presença das mulheres no mundo da percussão é uma das suas conquistas mais vigorosas.

Ao criar a Banda e a Escola de Música Didá, pediu licença à tradição e constituiu um espaço feminino no mundo da percussão. Feito por mulheres ou por homens, o samba-reggae enviou sinais para os quatro cantos do mundo, realçando o porto de Salvador da Bahia no mapa do "Atlântico Negro".

Goli Guerreiro

DISCOGRAFIA COMENTADA

1. MPB

MORAES MOREIRA

Mestiço É Isso, Continental, 1986
Um dos maiores compositores do carnaval da Bahia,
responsável pela inclusão de letras nos repertórios dos
trios, na segunda metade dos anos 70; mostra neste disco
a variedade dos ritmos difundidos na Bahia.

GILBERTO GIL

A Gente Precisa Ver o Luar, WEA/Warner, 1989
O disco traz o registro da versão "Não Chore Mais"
(de "No Woman, No Cry"), o reggae de Bob Marley de
maior sucesso no cenário brasileiro.
Quanta Gente Veio Ver [ao vivo], WEA/Warner, 1998
O disco premiado pelo Grammy de *world music* é um
passeio pela carreira do compositor.

GAL COSTA

Gal Plural, BMG, 1990
A cantora apresenta neste disco dois samba-reggaes,
"Brilho e Beleza", do Muzenza, e "Salvador Não Inerte",
do Olodum, devidamente acompanhados pelos tambores
nos quais o ritmo foi gerado.

CAETANO VELOSO

Livro, Polygram, 1997
O disco mais percussivo do compositor traz grande
variedade de instrumentos de percussão, executados
principalmente pelos músicos da Timbalada.

SÉRGIO MENDES

Brasileiro, Rodramusic, 1992
Este disco, que traz cinco composições do percussionista
Carlinhos Brown, ganhou o *Grammy* de *world music*.

ARMANDINHO

Retocando o Choro, Tom Brasil Estúdio, 1999
O disco mostra o trabalho instrumental de guitarra e
bandolim do filho prodígio de Osmar Macedo, um dos
inventores do trio elétrico. Armandinho revisita vários
estilos musicais, como o frevo, o samba e o chorinho.

2. BLOCOS AFRO

ILÊ AIYÊ

Canto Negro, Polygram, 1984
Canto Negro nº 2, Eldorado, 1989
Canto Negro nº 3, Velas, 1996
Os três únicos registros em estúdio do primeiro bloco
afro da Bahia mostram a fidelidade do grupo aos
elementos originais da estética percussiva que deu origem
ao samba-reggae.

OLODUM

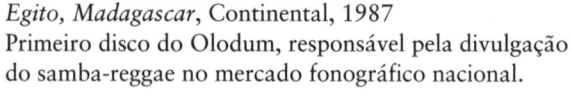

Egito, Madagascar, Continental, 1987
Primeiro disco do Olodum, responsável pela divulgação
do samba-reggae no mercado fonográfico nacional.

O Movimento, Continental, 1993
Um bom exemplo da transformação da estética do
samba-reggae a partir do diálogo com os instrumentos
harmônicos.

Liberdade, Continental, 1987
A audição deste disco mostra a retomada da estética
percussiva no final dos anos 80 por parte dos blocos afro
que penetraram no *show biz* e na *world music*.

ARA KETU

Ara Ketu, Continental, 1987
Ara Ketu de Periperi, EMI/Odeon, 1993
Dividindo Alegria, Sony, 1996
A audição destes três discos permite apontar a
transformação estética que o bloco sofreu ao longo de sua
trajetória, terminando por se converter numa banda de
trio de matriz afro.

MUZENZA

Muzenza do Reggae, Continental, 1988
Som Luxuoso, Continental, 1989
A Liberdade É Aqui, EMI, 1996
Chegou Quem Faltava, EMI, 1998
Os dois primeiros registros mostram o conjunto instrumental original da banda, no qual a fusão do samba com o reggae aparece no diálogo entre instrumentos percussivos. Os dois últimos ilustram a tendência afro-eletrônica, à qual a banda aderiu depois de sete anos sem registros fonográficos.

PAUL SIMON

The Rhythm of the Saints, Warner, 1991
Disco do compositor americano cuja canção "Obvious Child" foi gravada com a bateria do Olodum. Este álbum marca a entrada do samba-reggae no cenário da *world music*.

3. BANDAS E BLOCOS DE TRIO

ARMANDINHO, DODÔ E OSMAR

Eletrizando o Brasil, Musicolor, 1983
Uma boa amostra do frevo baiano — a música carnavalesca baiana que sonorizava o Brasil na estação de estio — produzido pelos inventores do trio elétrico: Dodô, Osmar Macedo e o filho deste último, o guitarrista Armandinho.

COLETÂNEA

Bahia, Carnaval e Cerveja, PolyGram, 1986
A coletânea reúne os principais blocos carnavalescos de trio elétrico dos anos 80, tais como Jacu, Beijo, Pinel, Eva, Flerte, Frenesi, Pike e Papa Léguas, além do afoxé Filhos de Gandhy (única banda percussiva incluída). Bom para conhecer o momento anterior à *axé-music*, quando o frevo baiano reinava absoluto no mercado fonográfico.

BANDA MEL

Força Interior, Continental, 1987
Disco da primeira banda de trio a gravar o samba-reggae "Faraó", do Olodum, inaugurando a incorporação das canções afro pelos repertórios dos blocos de trio. Mais tarde, a banda mudaria a grafia do nome para Bamdamel.

CHEIRO DE AMOR

Salassiê, Continental, 1988
Um bom exemplo da assimilação da estética afro pelas bandas/blocos de trio elétrico.

CHICLETE COM BANANA

Chiclete com Banana, PolyGram, 1987
O Chiclete com Banana é reverenciado como precursor das fusões rítmicas da *axé-music*. Este disco é uma boa amostra da estética mestiça e da variedade rítmica no universo das bandas/blocos de trio.
É Festa, BMG, 1997
Primeiro disco da banda gravado ao vivo, em cima de um trio elétrico, no carnaval da Bahia.

---

3. AXÉ-MUSIC

LUIZ CALDAS

Magia, Nova República, 1985
Um dos primeiros músicos a utilizar elementos da estética negra em blocos de trio. Responsável pela divulgação nacional do "fricote", o artista é um dos precursores da *axé-music* e foi músico e vocalista de vários blocos de trio.

SARAJANE

Sarajane, EMI-Odeon, 1985
Primeiro álbum da cantora que, ao lado de Luiz Caldas, foi uma das primeiras a pesquisar elementos da estética negra para incorporá-los ao universo dos trios. Responsável pela divulgação nacional das danças da Bahia, Sarajane foi também precursora da *axé-music* e musa do carnaval da Bahia em meados dos anos 80.

BANDA REFLEXU'S

Kassiêsselê, EMI, 1989
Bom exemplo do diálogo entre o samba-reggae e a sonoridade pop eletrônica.

BANDA EVA

Banda Eva ao Vivo, Polygram, 1997
Álbum que insere a banda no rol dos maiores vendedores de discos do país.

DANIELA MERCURY

O Canto da Cidade, Columbia, 1992
Segundo disco solo da "rainha da *axé-music*", responsável pela ampliação do espaço da música produzida na Bahia no mercado nacional, no qual a qualidade técnica aprimora o diálogo entre os instrumentos percussivos e o aparato eletrônico. O disco foi produzido por Liminha e contou com a participação de Herbert Vianna em uma das faixas.

IVETE SANGALO

Ivete Sangalo, Universal Music, 1999
Primeiro disco solo da cantora, em que reedita a fórmula da *axé-music* inaugurada por Daniela Mercury no início dos anos 90.

4. AFRO-POP

TIMBALADA

Timbalada, Polygram, 1993
Andei Road, Polygram, 1995
Mãe de Samba, Polygram, 1997
A audição destes três discos permite acompanhar a transformação da estética musical da banda. Uma das mais importantes representantes do estilo, depois de enfatizar o aparato eletrônico em *Andei Road* — se comparado ao primeiro disco da banda (*Timbalada*) —, volta a investir na sonoridade dos instrumentos percussivos em *Mãe de Samba*.

CARLINHOS BROWN

Alfagamabetizado, EMI Odeon/Delabel, 1996
Primeiro disco solo do percussionista Carlinhos Brown, lançado simultaneamente em vários países, e que lhe rendeu o prêmio da RFI (Radio France Internationale) de melhor músico de *world music*.

MARGARETH MENEZES

Margareth Menezes, Polygram, 1987
Primeiro disco da cantora, que foi apresentada às plateias internacionais pelo compositor americano David Byrne, com quem participou de uma turnê por vários países.

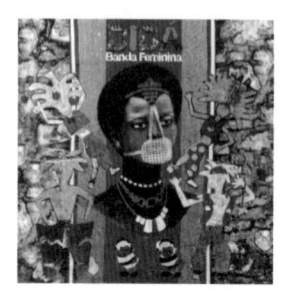

DIDÁ BANDA FEMININA

Didá Banda Feminina, BMG/Ariola, 1997
Primeiro disco da banda produzida por Neguinho do Samba.

---

5. REGGAE

GERÔNIMO

Macuxi Muita Onda, Continental, 1986
Disco *single* cujo lado B — mais conhecido como "Eu Sou Negão" — se transformou num manifesto afro no ano-marco de 1987.

Dandá, Continental, 1987
Disco que mostra a influência dos ritmos caribenhos na produção de músicos baianos.

LAZZO

Atrás do Pôr do Sol, BMG/Ariola, 1988
Um bom exemplo da influência do reggae no trabalho de músicos de blocos afro é Lazzo, que deixou o Ilê Aiyê para fazer uma turnê internacional com o músico jamaicano Jimmy Cliff.

Nada de Graça, Warner, 1999
Mais recente trabalho do compositor.

COLETÂNEA

Reggae in Bahia, Brasidisc, s.d.
Coletânea que reúne várias bandas baianas de reggae.

EDSON GOMES

Apocalipse, EMI, 1997
Um dos maiores nomes do *reggae-roots* (um tipo de
reggae básico, pós-ska e *rock-steady*, marcado pela
pulsação forte do baixo) na Bahia, cujas canções veiculam
a ideologia rastafári.

---

6. SAMBA E PAGODE

BATATINHA

50 Anos de Samba, WR Discos, 1994
Um balanço da obra de um dos maiores mestres do samba
na Bahia.
Diplomacia, EMI, 1998
Disco póstumo, com participações de Maria Bethânia,
Caetano Veloso, Chico Buarque, Gilberto Gil e outros.

GERA SAMBA

Gera Samba, Sony, s.d.
Primeiro disco do grupo que mais tarde se dividiria,
dando origem ao mais bem-sucedido grupo de pagode do
meio musical baiano, o É o Tchan!

TONHO MATÉRIA

Tonho Matéria, RCA/Victor, 1989
Tá na Cara, Warner Music Brasil, 1994
Os dois discos são boas amostras da produção de samba e
pagode na Bahia.

É O TCHAN!

É o Tchan do Brasil, PolyGram, 1997
Álbum que vendeu dois milhões de cópias e marca a saída
da dançarina Carla Perez do grupo.

BIBLIOGRAFIA E FONTES

REFERÊNCIAS BIBLIOGRÁFICAS

ALBUQUERQUE, Carlos. *O eterno verão do reggae*. São Paulo: Editora 34, 1997.

ANDRADE, Nair de. "Musicalidade do escravo negro no Brasil", in *Novos estudos afro--brasileiros*. Recife: Massagana, 1988.

AZEVEDO, Thales de. *As elites de cor*. São Paulo: Companhia Editora Nacional, 1954.

BACELAR, Jeferson. *Etnicidade: ser negro em Salvador*. Salvador: Ianamá, 1989.

BARCELOS, Luiz Cláudio. "Mobilização racial no Brasil: uma revisão crítica", in *Afro-Ásia*, nº 17, Salvador: CEAO/UFBA, 1996.

BARSAMIAN, Jacques. *Encyclopédie black music*. Paris: Michel Lafond, 1994.

BASTOS, Rafael de Menezes. "A origem do samba como invenção no Brasil: sobre 'Feitio de Oração' de Vadico e Noel Rosa (por que as canções têm música?)", in *Antropologia em primeira mão*. UFSC, 1994.

BÉHAGUE, Gerard. "Correntes regionais e nacionais na música do candomblé baiano", in *Afro-Ásia*, nº 12, Salvador, jun. 1976.

CABRAL, Sérgio. *As escolas de samba do Rio de Janeiro*. Rio de Janeiro: Lumiar, 1996.

CACO DE TELHA. *Press release*, 24/8/1999.

CÂMARA CASCUDO, Luís da. *Dicionário do folclore brasileiro*. Rio de Janeiro: s.n., 1962.

CARNEIRO, Edison. *Candomblés da Bahia*. Rio de Janeiro: Ediouro, s.d.

_____. *Folguedos tradicionais*. Rio de Janeiro: Funarte, 1982.

CARVALHO, José Jorge. "Hacia una etnografía de la sensibilidad musical contemporánea", in *Cuadernos de música iberoamericana*, vol. I, Madri, 1996.

CONSTANT, Denis. *Aux sources du reggae*. Marselha: Parenthèses, 1995.

COSTA, Elisabeth Rodrigues da. *Etnografia da dança: Oxum e seu referencial simbólico*. Salvador: FFCH/UFBA, 1992 (monografia).

DANTAS, Marcelo. *Olodum: de bloco afro a holding cultural*. Salvador: Edições Olodum, 1994.

DUMAS, Ana. *Do brown ao brau: o salto de uma cultura de rua*. Brasília/Salvador: UnB/UFBA, 1997, texto inédito.

DÜRING, Jean. *L'improvisation dans les musiques de tradition orale*. Paris: Selaf, Collection Etnomusicologie (organizada por Arom Simha), 1987.

DUTERRE, François. *L'air du temps: du romantisme à world music*. Famat: St-Jouin-de--Milly, 1993.

Enciclopédia da música brasileira: popular, erudita e folclórica, 2ª ed. revista e atualizada. São Paulo: Art Editora/PubliFolha, 1998.

Falcon, Gustavo. Panfleto de divulgação do CEAO/CEASB (Centro de Educação Ambiental São Bartolomeu). Salvador, s.d.

Ferreira, Juca. *Tudo sobre a CPI do racismo*, set. 1999, s.n.

Frith, Simon. "Towards an æsthetic of popular music", in *Music and society*. Cambridge: Cambridge University Press, 1987.

Fry, Peter *et alii*, "Negros e brancos no carnaval da Velha República", in *Escravidão e invenção da liberdade*. São Paulo: Brasiliense, 1988.

Galvão, Luiz. *Anos 70: novos e baianos*. São Paulo: Editora 34, 1997.

Ganiza, Violeta de. *Apud* D'Avilla, Nicia Ribas. *Approche semiotique du fait musical brésilien: batucada*. Paris: Universidade de Paris (Sorbonne), 1987.

Gerischer, Christiane. *Die Blocos Afro aus Bahia (Brasilien: Entwicklung eines populären Musikstils)*. Berlim: Universidade Livre de Berlim, julho de 1996 (dissertação de mestrado).

Gilroy, Paul. *The black Atlantic: modernity and double consciousness*. Londres: Verso, 1993. Edição brasileira: O *Atlântico negro: modernidade e dupla consciência*. São Paulo: Editora 34/CEAA-UCAM, 2001

Godi, Antônio. "De índio a negro ou o reverso", in *Cantos e toques: etnografias do espaço negro na Bahia*. Salvador: Fator, 1991.

_____. "Música afrocarnavalesca: das multidões para o sucesso das massas elétricas", in *Ritmos em trânsito*. São Paulo: Dynamis, 1998.

_____. "Reggae and samba-reggae in Bahia: a case of long-distance belonging", in Perrone, Charles A. e Dunn, Christopher. *Brazilian popular music & globalization*. Nova York: Routledge, 2001.

Góes, Fred. O *país do carnaval elétrico*. Salvador: Corrupio, 1982.

Herskovits, J. Melville *et alii*, "Tambores e tamborileiros no culto afro-brasileiro", in *Boletim latino-americano de música*, nº 5, ano IV, Rio de Janeiro, 1946.

João Jorge. "Olodum: embaixador do turismo", in *Análise & Dados*, nº 4, vol. II, Salvador, mar. 1993.

Le Monde de la Musique, nº 195, jan. 1996.

Lefebvre, Henri. *Éléments de rythmanalyse: introduction à la connaissance des rythmes*. Paris: Syllepse, 1992.

Lévy, Pierre. *As tecnologias da inteligência*. São Paulo: Editora 34, 1993.

Leymarie, Isabelle. *Du tango au reggae: musiques noires d'Amerique Latine et des Caraïbes*. Paris: Flammarion, 1996.

Lima, Ari. *A estética da pobreza: música, política e estilo*. Rio de Janeiro: ECO/UFRJ, 1995 (mestrado do programa de pós-graduação em Comunicação e Cultura).

_____. *A experiência do samba da Bahia*. Salvador: UNIFACS, 10/8/1999 (intervenção oral).

Lühning, Angela. *Palestra no ICBA*. Salvador: ICBA, 8/4/1997 (intervenção oral).

Matta, Roberto da. *Carnavais, malandros e heróis*. Rio de Janeiro: Zahar, 1983, 4ª ed.

MENEZES, Rogério. *Um povo a mais de mil: os frenéticos carnavais de baianos e caetanos*. São Paulo: Scritta, 1994.

MONTES, Maria Lúcia. "O erudito e o que é popular". Dossiê "Sociedade de Massa e Identidade", in *Revista da USP*, n° 32, s.d.

MORALES, Anamaria. "O afoxé Filhos de Gandhy pede paz", in *Escravidão e invenção da liberdade*. São Paulo: Brasiliense, 1988.

MOURA, Clovis. *Dialética radical do Brasil negro*. São Paulo: Anita, 1994.

MOURA, Milton. "Faraó, um poder musical", in *Cadernos do CEAS*, n° 12, 1987.

OLIVEIRA, Waldir Freitas e LIMA, Vivaldo da Costa. *Cartas de Édison Carneiro a Arthur Ramos*. São Paulo: Corrupio, 1987.

PINHO, Osmundo. "The songs of freedom: notas etnográficas sobre cultura negra global e práticas contraculturais locais", in *Ritmos em Trânsito*. São Paulo: Dynamis, 1998.

REIS, João José. *Rebelião escrava no Brasil: a história do levante dos Malês (1835)*. São Paulo: Brasiliense, 1986.

REITZ, J. G. "The survival of ethnic groups", in *Ethnic group survival as a sociological problem*. Toronto: McGraw-Hill, 1980.

RISÉRIO, Antonio. *Carnaval ijexá*. Salvador: Corrupio, 1981.

_____. "Bahia com H: uma leitura da cultura baiana", in REIS, João José (org.), *Escravidão e invenção da liberdade: estudos sobre o negro no Brasil*. São Paulo: Brasiliense, 1988.

RISÉRIO, Antonio e MIGUEZ, Paulo. *Relatório de inquérito sobre racismo no carnaval de Salvador*. Salvador, 1999.

RODRIGUES, Nina. *Os africanos no Brasil*. Brasiliana: São Paulo, 1977, 5ª ed.

ROSA, Gideon. "*Brésil Brazil* Afro-brasileiro", in *Revue Noire*, n° 22, Lyon, França, 1996.

SANSONE, Lívio. "O local e o global na afro-Bahia contemporânea", in *RBCS*, n° 29, ano 10, São Paulo, out. 1995.

SANTOS, Juana Elbein dos. *Os nagôs e a morte*. Petrópolis: Vozes, 1976.

SANTOS, Jocélio Teles dos. "Divertimentos estrondosos: batuques e sambas no século XIX", in *Ritmos em trânsito*. São Paulo: Dynamis, 1998.

SCHAEBER, Petra. "Música negra em tempos de globalização: produção musical e *management* da identidade étnica: o caso do Olodum", in *Ritmos em trânsito*. São Paulo: Dynamis, 1998.

SILVA, Carlos Benedito Rodrigues da. *Da terra das primaveras à ilha do amor: reggae, lazer e identidade cultural*. São Luís: Edufma, 1995.

SILVEIRA, Renato da. "Pragmatismo e milagres de fé no Extremo Ocidente", in REIS, João José (org.), *Escravidão e invenção da liberdade*. São Paulo: Brasiliense, 1988.

TINHORÃO, José Ramos. *História social da música popular brasileira*. São Paulo: Editora 34, 1998.

TOMICH, Dale. *Afro-Ásia*, n° 17, Salvador: CEAO/UFBA.

VEIGA, Ericivaldo. *Bloco afro Muzenza: clareza de vida e voo da imaginação*. Salvador: FFCH/UFBA, 1991 (tese de mestrado).

_____. "O errante e apocalíptico Muzenza", in SANSONE, Lívio e SANTOS, Jocélio Teles dos (orgs.), *Ritmos em trânsito*. São Paulo: Dinamys, 1998.

VERGER, Pierre. *Notícias da Bahia: 1850*. Salvador: Corrupio, 1981.

_____. *Orixás*. Salvador: Corrupio, 1981.

VIANNA, Hermano. *O mundo funk carioca*. Rio de Janeiro: Zahar, 1988.

_____. *O mistério do samba*. Rio de Janeiro: Zahar/UFRJ, 1995.

_____. "Condenação silenciosa", in *Folha de S. Paulo*, 25/4/1999.

VIEIRA FILHO, Raphael. "Folguedos negros no carnaval de Salvador (1880-1930)", in *Ritmos em trânsito*. São Paulo: Dynamis, 1998.

ZAGONEL, Bernadete. *O que é gosto musical*. São Paulo: Brasiliense, Coleção Primeiros Passos, 1992.

ARTIGOS DE JORNAIS E REVISTAS

"A Bahia virou Jamaica", in *Folha de S. Paulo*, 31/1/1988.

"A baianização do Brasil", in *A Tarde*, 30/5/1995.

"A favorita das multidões", in Revista da Folha, *Folha de S. Paulo*, 14/10/1992.

"A garota da hora", in *Folha de S. Paulo*, 31/1/1999.

"A memorável celebração da Tropicália", in *A Tarde*, 25/2/1998.

"A polêmica baixa no terreiro", in *O Globo*, 23/1/1993.

"A revolução do baticum", in *Festa & Folia*, nº 6, ano 2, set./nov. 1999.

"A tomada da bastilha pela cultura baiana", in *Jornal do Brasil*, 28/7/1996.

"BA contraria Dom Lucas e faz arrastão", in *Folha de S. Paulo*, 25/2/1998.

"Bahia de olho na Argentina", in *O Globo*, 26/8/1994.

"Blocos afro-baianos ainda estão em estágio tribal", in *A Tarde*, 6/1/1991.

"Brown boca de siri", in *A Tarde*, 17/2/1998.

"Caetano, de novo", in *Folha de S. Paulo*, Ilustrada, 22/11/1997.

"Candomblé or not candomblé na avenida", in *Jornal da Bahia*, 2/3/1987.

"Cantores aparecem de surpresa em trio de amigos", in *Folha de S. Paulo*, 17/2/1999.

"Capiba acha que MPB não tem futuro", in *Folha de S. Paulo*, 11/2/1995.

"Como se cria uma nova batucada", in *Jornal do Brasil*, 1/2/1993.

"Dança baiana precisa correr atrás do prejuízo", in *Correio da Bahia*, 28/3/1998.

"Daniela canta para a cidade", in *Folha da Tarde*, 12/10/1992.

"Daniela Mercury 'descobre' Portugal", in *Folha de S. Paulo*, 2/12/1997.

"Domínio baiano", in *A Tarde*, 12/7/1995.

"É o Tchan! faz matinê para crianças assanhadas", in *Folha de S. Paulo*, 14/9/1999.

"Emtursa antecipa saída dos afros na avenida", in *Correio da Bahia*, 28/1/2000.

"Encanto da cidade", in *O Estado de S. Paulo apud Correio da Bahia*, 14/10/1992.

"Filhotes do Olodum", in *Correio da Bahia*, 19/12/1991.

"Frevo declara guerra a *axé-music*", in *Jornal do Brasil*, 24/12/1992.

"Gera Samba promete grande festa de samba-pop", in *Correio da Bahia*, 15/9/1995.

"Gil e Caymmi falam sobre poesia e raízes", in *Folha de S. Paulo*, 26/4/1994.

"Gil, o equinócio do carnaval", in *A Tarde*, 26/2/1998.

"Ilê Aiyê veta brancos e reclama de racismo", in *Folha de S. Paulo*, 25/2/1995.

"Mostrando a Bahia na Guiana Francesa", in *A Tarde*, 9/10/1988.

"Negra, a cor da beleza", in *A Tarde*, 30/1/1988.

"Negros assumem a negritude e mudam os costumes", in *Correio da Bahia*, 15/1/1991.

"No meio das estrelas", in *Folia Ação*, nº 7, ano 1, jun. 1995.

"No mundo dos trios, ninguém quer ser princesa", in *Folha de S. Paulo*, 15/2/1998.

"O batente do batuque", in *Veja*, 20/1/1988.

"O herói da guitarra baiana", in *Festa & Folia*, nº 6, ano 2, set./nov. 1999.

"O mais doce dos bárbaros", in *Correio da Bahia*, 7/12/1999.

"O samba morreu na Bahia?", in *Tribuna da Bahia*, 19/5/1988.

"O suingue didático dos blocos afros", in *A Tarde*, 23/2/1990.

"Olodum cria grife de moda e inaugura Fábrica de Carnaval", in *Tribuna da Bahia*, 19/12/1991.

"*On the road* influencia CD da Timbalada", in *Folha de S. Paulo*, 14/11/1995.

"Os homens que seguram o Tchan", in *Festa & Folia*, nº 6, ano 2, set./nov. 1999.

"Os pagodeiros esquecidos da Bahia", in *Tribuna da Bahia*, 24/1/1987.

"Os tambores da raça", in *Veja*, 5/4/1995.

"Ping-Pong: Margareth Menezes", in *Correio da Bahia*, 22/9/1993.

"Que não percamos a espontaneidade", in *A Tarde*, 28/2/1998.

"Rataplã-plã-plã", in *Veja*, 15/7/1998.

"Salvador vira a capital da percussão", in *Folha de S. Paulo*, 9/3/1995.

"Sou grande, não sou pequeno, diz Caetano", in *Folha de S. Paulo*, 15/4/1998.

"Tchau, Olodum", in *A Tarde*, 10/8/1996.

"Timbalada Mineral", in *A Tarde*, 13/12/1996.

"Tropicália vira 'canibália' aos 30 anos", in *Folha de S. Paulo*, 1/12/1997.

"Uma estrela entre nós", in *A Tarde*, 14/10/1994.

"Voz, percussão e liberdade", in *A Tarde*, 20/9/1997.

ENTREVISTAS

Antônio, Cícero. Entrevista concedida à autora em 6/11/1997.

Araújo, Josélio de. Entrevista concedida à autora em 8/11/1993.

Araújo, Zulu. Entrevista concedida à autora em 16/10/1997.

Becker, André. Entrevista concedida à autora em 22/3/1997.

Brito, Hagamenon. Entrevista concedida à autora em 2/10/1998.

Brown, Carlinhos. Entrevistas concedidas à autora em novembro de 1996 e agosto de 1999.

Conceição, Giba. Entrevista concedida à autora em 3/4/1997.

Costa, Boghan. Entrevista concedida à autora em 12/8/1997.

Costa, Elisabeth Rodrigues da. Entrevista concedida à autora em 3/3/1998.

Gerônimo. Entrevista concedida à autora em 27/9/1995.

Huol, Ivan. Entrevista concedida à autora em 15/5/1997.

Jaeke, Klaus. Entrevista concedida à autora em 31/8/1998.

João Jorge. Entrevista concedida à autora em 9/12/1993.

Lacerda, Vera. Entrevista concedida à autora em 15/11/1993.

Matéria, Tonho. Entrevista concedida à autora em 29/11/1995.

Menezes, Margareth. Entrevista concedida à autora em 18/5/1995.

Millet, Mônica. Entrevista concedida à autora em 28/10/1997.

Munhoz, Paulinho. Entrevista concedida à autora em 20/7/1998.

Neguinho do Samba. Entrevista concedida à autora em 8/11/1995 e 15/3/1997.

Patriarca, Shafick. Entrevista concedida à autora em 6/7/1997.

Pereira, Givaldo. Entrevista concedida à autora em 25/7/1998.

Portela, Adriana. Entrevistas concedidas à autora em 14/3/1997 e 7/8/1997.

Queiroz, Víviam Caroline. Entrevistas concedidas à autora em várias datas, entre março de 1997 e julho de 1998.

Rangel, Wesley. Entrevista concedida à autora em 29/7/1995.

Reis, Bira. Entrevista concedida à autora em 20/11/1997.

Reis, Rosiel. Entrevista concedida à autora em 4/12/1997.

Sarajane. Entrevista concedida à autora em 14/9/1995.

Vicente Augusto. Entrevista concedida à autora em 27/4/1995.

Vovô. Entrevista concedida à autora em 10/11/1993.

Waru, Ubaldo. Entrevista concedida à autora, 4/9/1997.

VÍDEOS

COGNET, Cristophe e JOURDAIN, Stephane. *La voix des génies* (vídeo). Burkina Faso/França, Paris, 1992.

CONRAT, Philippe. *Paris c'est l'Afrique*. Paris: Centre George Pompidou, 1990 (vídeo com Youssou N'Dour).

SANGALO, Ivete. "Metrópolis em Salvador", entrevista a Lorena Calábria, 23/2/1998.

ÍNDICE REMISSIVO

CRÉDITO DAS MÚSICAS

"Afro Olodum Multimídia" (Lucas Santana, Quito). Editora: Natasha.
"Barrela" (Neguinho do Samba). Editora: BMG Music Publishing.
"Brilho e Beleza" (Participação). Editora: Warner Chappell.
"Chame Gente" (Armandinho e Moraes Moreira). Editora: Warner Chappell.
"Domingo no Candeal" (Lucas Santana, Quito). Editora: BMG Music Publishing.
"Faraó" (Luciano Gomes dos Santos). Editora: Stalo.
"Filhos de Gandhy" (Gilberto Gil). Editora: Gege.
"Fricote" (Luiz Caldas, Paulinho Camafeu). Editora: Warner Chappell.
"Guerrilheiros da Jamaica" (Ytthamar Tropicália, Roque Carvalho). Editora: Warner
    Chappell.
"J. América Brasil" (Julinho Leite, Cláudio do Reggae, Guza, Eloi Estrela). Editora:
    EMI.
"Lendas e Magias" (Malê Debalê). Letra inédita.
"Luz e Blues" (Paulo Jorge, Jamoliva). Editora: Warner Chappell.
"Macuxi Muita Onda" (Gerônimo). Editora: Warner Chappell.
"Minha História" (Tatau). Editora: EMI.
"Negros Sudaneses" (Lázaro Boquinha). Letra inédita.
"O Mais Belo dos Belos (A Verdade do Ilê)"/"O Charme da Liberdade" (Guiguio/
    Valter Farias, Adailton Poesia). Editora: BMG Music Publishing.
"Protesto do Olodum" (Betão). Editora: SBK.
"Tiro Seco" (Bida, Lazinho). Editora: EMI.
"Um Frevo Novo" (Caetano Veloso). Editora: Warner Chappell.
"Uma História de Ifá" (Ytthamar Tropicália, Rei Zulu). Editora: Warner Chappell.

CRÉDITO DAS FOTOGRAFIAS

Este livro foi composto em Sabon pela Bracher & Malta, com CTP e impressão da Edições Loyola em papel Alta Alvura 90 g/m² da Cia. Suzano de Papel e Celulose para a Editora 34, em novembro de 2010.